로버트 맥키의 액션

ACTION:

The Art of Excitement for Screen, Page, and Game

by Robert McKee, Bassim El-Wakil

Korean translation edition is published by arrangement with

McKim Imprint, LLC through KCC.

로버트 맥키의

시나리오
어떻게
쓸 것인가 4

액션

ACTION

로버트 맥키 · 바심 엘-와킬
방진이 옮김

ROBERT MCKEE

민음인

일러두기

1. 본문에서는 단행본으로 출간된 경우 『』, 그 외 작품에는 「」로 표기하였으며, 책 뒤편에 실린 부록에서는 '영화' '소설' 'TV시리즈' '희곡' 등의 장르로 구분했습니다.
2. 부록에 작품 소개, 인명 원어 표기가 수록되어 있습니다.

미아에게

당신의 사랑이 내 삶을 구원합니다.

차례

머리말 — 8

들어가며 — 9

프롤로그 | 액션 장르에 대한 사랑 — 11

제1부 액션의 핵심 요소 — 14

1장 현대 장르 — 17

2장 액션의 핵심 가치 — 37

3장 액션의 핵심 인물 — 40

4장 액션의 핵심 사건 — 56

5장 액션의 핵심 감정 — 64

제2부 액션의 배역 구성 — 74

6장 삼각구도 — 77

7장 힘의 관계 — 107

제3부 액션의 설계 — 138

8장 도발적 사건 — 141

9장 액션의 중추 — 150

10장 맥거핀 — 162

11장 전술 — 176

12장 세트 피스 — 191

13장 칭찬과 조롱 — 205

14장 위기와 절정 — 214

15장 속도 조절과 진행 — 222

16장 깊이와 폭 — 250

제4부 액션의 부속장르 — 262

17장 액션 모험 — 267

18장 액션 서사극 — 274

19장 액션 결투 — 280

20장 액션 스릴러 — 289

21장 장르의 혼합과 융합 — 297

22장 순수모험 — 304

23장 형식 vs 공식 — 326

감사의 말 — 330

부록 — 331

머리말

액션 장르는 인류가 삶과 죽음 사이에서 끝없이 치러 내야 하는 모든 투쟁에 관한 은유다.

스토리 가득 펼쳐지는 자기중심적인 악당과의 대결에 자기희생적인 영웅을 밀어넣는다. 영웅은 악당의 악행을 막고 불쌍한 피해자를 구한다. 이 캐릭터들, 즉 영웅, 악당, 피해자는 모든 인간의 내면에서 충돌하는 세 가지 욕구를 나타낸다. 바로 승리하고 싶은 의지, 파괴하고 싶은 충동, 살아남고 싶은 희망이다.

이 책은 액션 창작자인 당신을 위해 썼다. 매력적인 장르를 탐험하고, 그 고귀한 전통 안에서 최고의 걸작을 탄생시키는 데 필요한 영감을 제공해 줄 것이다.

이 책의 구성

1부 액션의 핵심 요소(1~5장)

1장은 오늘날 스토리를 장르로 분류하는 방식을 개략적으로 소개한다. 이 시스템은 모든 이야기를 기본 장르(내용의 차이)와 기법적 장르(표현 형식의 차이)로 나눈다. 2장부터 5장까지는 기본 장르의 핵심 구성 요소를 탐구할 것이다. 각각 핵심 가치, 핵심 배역 구성, 핵심 사건, 핵심 감정을 다루면서 각 필수 요소들이 어떻게 액션의 영감으로 작용하는지 살펴본다.

2부 액션의 배역 구성(6~7장)

2부에서는 액션의 내적 에너지를 생성하는 삼각구도인 영웅/악당/피해자의 관계성을 집중적으로 다룬다.

3부 액션의 설계(8~16장)

3부에서 도발적 사건부터 절정에 이르기까지 액션 스토리의 구성 방법을 살펴본다.

4부 액션의 부속장르(17~23장)

4부에서 액션의 부속장르 4개와 각 부속장르에서 갈라져 나온 하위부속장르를 살펴본다. 그리고 액션 장르에서 가장 추앙받는 양식인 순수모험 장르에 대해 알아본다. 마지막으로 독창성이 얼마나 중요한지 강조하면서 4부를 마무리한다.

예시 작품들에 대하여

각 장의 내용을 구체적으로 설명하기 위해 활용한 예시들은 처음 상영되거나 출간되었을 때 인기를 끈 작품들로 골랐다. 물론 액션 장르의 원칙을 정확하고 명료하게 보여 줄 수 있는 작품인지가 더 중요한 기준이었다. 「다이 하드」, 「미션 임파서블: 고스트 프로토콜」, 「터미네이터」 1편과 2편, 「백 투 더 퓨처」 1~3편, 「맨 인 블랙」 1~3편, 「스타워즈」 시리즈, 「가디언즈 오브 갤럭시」, 「다크 나이트」, 「007 카지노 로얄」, 「매트릭스」, 「루퍼」, 「어벤져스: 엔드게임」을 아직 보지 않았다면 지금부터라도 이 작품들과 친숙해지기를 권한다.

프롤로그

액션 장르에 대한 사랑

수만 년 동안 우리의 유목민 선조들은 모닥불을 피워 놓고 춤을 추면서, 주먹이 오가고 욕설이 난무하고 죽고 죽이는 모험을 찬미했다. 언어가 진화하자 서사시 시인들(호메로스가 가장 유명하다.)은 이렇게 안무로 표현된 위대한 모험들을 수백만 개의 단어로 이루어진 구전 운율 서사로 구체화했고, 이를 토씨 하나 틀리지 않고 암송했다. 그로부터 수십 년 후에 이 장대한 구술 공연은 문자로 옮겨졌고, 그렇게 고대 그리스의 『오디세이』와 『일리아스』, 고대 인도의 『마하바라다』, 바빌로니아의 『길가메시 서사시』와 같은 대작이 탄생했다.

호메로스의 등장 이후 3000여 년이 지난 시기에, 교육을 받은 엘리트층은 이 장르를 『베어울프』, 『냘 영웅전(Njal's Saga)』, 『니벨룽겐의 노래』, 『롤랑의 노래』, 『알-아히르 바이바스의 생애』와 같은 운문과 산문으로 보존

했다. 그러다 마침내 글쓰기 능력과 영화 같은 매체가 사회의 모든 계층으로 퍼졌고, 현재의 액션 장르가 되었다. 오늘날 액션 장르는 세계적으로 가장 인기 있는 스토리텔링 장르다.

액션에 대한 우리의 사랑은 어린 시절 놀이가 모험으로 변모될 때부터 싹튼다. 네 발로 기어다니다가 두 발로 어설프게 걷게 되고, 또 이 방에서 저 방으로 달리게 되면서 우리의 상상력도 풍부해진다. 계단을 오르는 행위는 요새를 공격하는 장면이 되고, 계단을 뛰어내려 가는 행위는 괴물로부터 탈출하는 장면으로 바뀐다. 거실 카펫은 전장이 되고 장난감은 영웅과 악당이 된다. 우리는 상상 속에서 무고한 사람들을 구출하고, 나쁜 놈들에게 벌을 준다. 본능적으로 선과 악의 영원한 투쟁을 재연하는 것이다.

나이가 들면서 액션에 대한 우리의 사랑 또한 성숙해지고, 우리는 액션 장르에 대한 기대를 키우면서 점점 더 대단한 혁신을 바라는 쪽으로 변화한다. 그리고 매년, 꾸준하게, 뛰어난 액션 전문가들이 우리의 그런 바람을 충족시켜 줄 뿐 아니라 빛나는 독창성으로 자신의 비전을 구현해 낸다. 실제로 최고의 액션 창작자들의 손을 거친 액션 장르의 관습은 새로 태어난 옛 친구처럼 우리를 반겨 준다. 변했지만 변하지 않은 모습으로.

워낙 인기가 높다 보니 액션은 오히려 가장 까다로운 스토리텔링 장르가 되었다. 독창성을 확보하는 것이 제일 큰 도전과제다. 지난 세기만 돌아봐도 지면, 화면, 게임에서 수만 번, 심지어 수십만 번 같은 스토리가 반복되었다. 액션 장르에는 클리셰가 넘쳐난다. 작품이 대량으로 쏟아져 나오는 범죄 장르, 공포 장르와 마찬가지로 액션 장르 또한 엄청난 작품량으로 인해 포화점에 도달했다.

어떻게 하면 오늘의 작가가 과거에 무수히 많이 보거나 읽어 보지 않은 액션 시퀀스를 고안해 낼 수 있을까? 어떻게 하면 현대 작가가 오래전부터 이어진 클리셰와의 전쟁에서 승리할 수 있을까? 어떻게 하면 단순히 좋은 액션 스토리가 아닌 위대한 액션 스토리를 창작할 수 있을까? 이 책은 이런 도전과제를 더 자세히 들여다보고 명쾌하게 해석하면서 작가를 독창성의 길로 안내할 것이다.

제1부

액션의 핵심 요소

ACTION

액션 장르와 액션 스토리에 접근하기에 앞서 '장르'의 구분과 '스토리'의 핵심 요소들을 이해해야 한다. 1부에서는 장르를 구분하는 기준, 기본 장르와 기법적 장르의 차이, 기본 장르의 핵심 구성 요소를 살펴볼 것이다. 기본 장르의 핵심 구성 요소인 가치, 인물, 사건, 감정 등이 액션 장르에서 실질적으로 어떻게 작용하는지 다른 장르와 함께 비교하며 살펴보자.

1장

현대 장르

삶의 다양성은 한 개의 스토리는커녕 천 개의 스토리로도 다 담아낼 수 없다. 일어날 수 있는 모든 사건부터, 예술가가 상상할 수 있는 모든 인물, 머릿속을 복잡하게 채우는 모든 가치, 사람이 느낄 수 있는 모든 감정에 이르기까지, 작가는 이 모든 것에서 무엇을 강조하고 무엇을 뺄지 선택해야만 한다. 그런 선택들은 수천 년 동안 구전, 공연, 서술, 상영된 작품들이 탄생하는 과정에서 우리가 '장르'라고 부르는 스토리의 유형들을 중심으로 합쳐졌다.

자신이 가장 사랑하는 장르를 반복해서 즐겨 온 독자와 관객은 특정 경험에 대한 기대를 키우고, 그런 기대에 부응하는 즐거움이 없으면 당혹감을 느낀다. 그러므로 한 장르 내에서 창작하는 작가들은 자연히 익숙하면서도 독창적인 내용과 형식을 통해 그런 기대에 부응하고자 노력하게 된다.

기본 장르 VS 기법적 장르

기본 장르	기법적 장르
무엇에 관한 이야기인가?	어떻게 이야기를 보여 주는가?
스토리의 **내적** 구성 요소인 핵심 가치·배역 구성·사건·감정이 기반이 된다.	스토리의 내용을 특정 스타일에 따라 **외부로** 표현한다.

기본 장르(principal genres)는 사건, 캐릭터, 감정, 가치와 같은 내용을 중심으로 형성된다. 이야기는 캐릭터의 삶을 긍정적인 또는 부정적인 방향으로 전환해서 관객과 독자에게 의미 있는 감정적 경험을 제공한다. 이런 원초적 스토리에는 범죄 스토리부터 러브 스토리, 가족 드라마, 액션에 이르기까지 다양한 스토리 종류가 폭넓게 존재한다.

기법적 장르(presentational genres)는 내용을 표현한다. 이야기를 코믹하거나 드라마틱하게, 현실적으로 또는 시적으로, 사실적으로 또는 환상적으로 등 스타일에 따라 특정 설정에서, 주어진 공연 시간에 맞춰 지면, 무대, 화면에서 펼쳐 나간다. 이런 스타일에 관한 선택지는 뮤지컬부터 다큐멘터리, 풍자극, 비극에 이르기까지 다양하다.

기본 장르의 기원

스토리텔링의 기본 장르는 삶에서 본질적인 갈등이 일어나는 네 가지 층위, 요컨대 물리적 · 사회적 · 개인적 · 내적 갈등에 대한 반응에 따라 발전했다. 화재, 홍수, 지진, 번개, 야수와 같은 자연의 힘에 맞서는 투쟁은 스토리텔러에게 물리적 역경을 드라마틱하게 표현하도록 영감을 제공한다. 그러나 우리의 목숨에 대한 가장 치명적인 위협은 대개 다른 인간에게서 비롯된다. 그래서 스토리텔러는 사회적 · 개인적 충돌에 관한 이야기를 지어냈다. 이들 세 가지 층위 —물리적 · 사회적 · 개인적 층위— 는 캐릭터의 외부 삶에서 운(fortunes)의 변화곡선을 만들어 낸다. 캐릭터의 내적 본성 안에서의 변화는 외부인의 눈에 보이지 않는 자기인식과 잠재의식이라는 사적 영역에서 일어난다.

사건들이 하나의 갈등 층위에서 한정되어 벌어질 정도로 순수한 스토리는 별로 없다. 현대 액션 장르는 빈번하게 다른 원초적 형식과 혼합되거나 융합되고, 적대 세력의 원천도 여러 군데에 있다. 그러나 장르별 스토리를 서로 구별할 수 있도록 현재 우리에게 익숙한 장르들이 어떤 갈등의 층위에 의해 생성되었는지 살펴보자.

자아 vs 자연

고대 서사시

원초적 모험담은 자연의 힘을 신으로 인격화해 영웅과 대치시킨다. 오디세우스는 포세이돈의 입김이 만들어 낸 폭풍과 전투를 벌이고, 길가메시는 하늘나라의 황소를 죽이는 등 이런 고대 서사시의 예시는 수천 개도 넘는다.

공포 스토리

고대인들은 자연을 신으로 인격화하는 것 외에도 히드라, 키메라, 미노타우로스, 키클롭스, 뱀파이어 모르모, 늑대인간 리카온, 고르곤의 메두사와 같은 괴물로도 형상화했다. 모두 악몽 같은 상상의 산물이다.

자아 vs 사회

전쟁 스토리

부족 간 전쟁은 국가 간 전쟁으로 확대되었고, 그런 전쟁을 영감의 원천으로 삼은 것이 트로이 전쟁을 운율에 담아낸 스펙터클, 즉 호메로스의 『일리아스』다.

정치 스토리

기원전 508년, 도시국가 아테네가 민주주의를 제도화한 직후 생겨난 권력 다툼은 소포클레스(『안티고네』, 『아이아스』, 『필록테테스Philoctetes』)뿐 아니라 아리스토파네스(『말벌들The Wasps』, 『구름The Clouds』, 『개구리The Frogs』)의 풍자극에도 영감으로 작용했다.

범죄 스토리

범죄 수사는 에드거 앨런 포의 『모르그가의 살인 사건』과 포가 창조한 추리 천재 오귀스트 뒤팽의 등장으로 유명세를 얻기 시작했다. 아서 코난 도일이 세상에 셜록 홈즈를 소개하면서 범죄 소설은 열광적인 호응을 불러일으켰다.

현대 서사극

독재 정권이 떠오르고 개인들을 탄압하는 것을 목격하면서 현대 작가들은 모험담을 되살려 자유를 위한 투쟁으로 바꾸었다. 그렇게 고독한 영웅이 무소불위의 독재자에게 맞서는 이야기들이 만들어졌다. 언더독 대 오버독 서사는 사실주의와 비사실주의를 모두 아우른다. 「스파르타쿠스」, 『1984』, 「브레이브 하트」, 『시녀 이야기』, 「스타워즈」 등이 여기에 속한다.

사회 드라마

격변하는 19세기에는 성차별과 인종차별뿐 아니라 경제적·정치적 불공정 문제도 공개적으로 거론되기 시작했다. 사회 드라마는 사회갈등을 포착하고 그런 갈등을 풀어 가는 이야기를 만든다. 소설가 찰스 디킨슨과 극작가 헨릭 입센은 다양한 사회적 불평등을 고발하는 데 자신의 작가 경력을 바쳤다. 오늘날 사회변화를 지지하는 이야기들은 주요 문화 세력이 되었다.

성공 신화 스토리

이 이야기들은 과학자, 운동선수, 기업가, 건축가, 발명가 같은 전문가들의 삶에서 실패의 위험에 직면한 경험을 비롯해 성공을 위해 분투하는 과정을 추적한다.

자아 vs 친밀한 관계

친밀한 관계의 여러 층위는 가족, 친구 또는 연인과 겪는 개인적 갈등의 설정을 제공한다.

가족 스토리

『메데이아』와 『리어왕』에서부터 「석세션」에 이르기까지 가족 스토리는 마르지 않는 영감의 원천이다. 가족 스토리는 부모와 자녀를 하나로 결속시키거나 뿔뿔이 흐트러뜨리는 헌신과 배신을 스토리에 담아낸다.

러브 스토리

중세 후반, 강간이 마치 유행병처럼 유럽을 휩쓸자 음유시인들은 남성들의 행동을 변화시키기 위해 순결과 기사도적 사랑을 찬양하는 노래와 이야기로 로맨스를 이상화했다. 그 이후 낭만주의 물결 뒤에는 반낭만주의 사조가 밀려들었고, 서구문화에서는 이런 식으로 러브 스토리가 번갈아 가며 부침을 겪었다.

자아 vs 자아

이야기는 캐릭터의 내적 본성의 변화곡선을 다룬다. 그 변화곡선은 어떤 캐릭터의 내적 자아가 도발적 사건에서의 '나'에서 시작해 절정에서의 '나'에 도달할 때까지 왜, 어떻게 변화했는지를 보여 준다. 작가가 캐릭터의 감춰진 내적 자아에서 바꿀 수 있는 것은 무엇일까? '도덕성', '정신성', '인간성' 중 하나인데, 각각 긍정적 또는 부정적 방향으로의 변화곡선이 가능하다.

도덕성(Morality)은 캐릭터가 타인을 어떻게 대하는가, 예컨대 타인을 대하는 태도가 선한가 악한가를 말한다. **정신성**(Mentality)은 주인공이 현실과 그 현실 안에서의 자신을 어떻게 바라보는가를 말한다. **인간성**(Humanity)은 주인공의 인간으로서의 잠재성이 어떻게 변하는가, 예컨대 성장하는가 퇴행하는가를 말한다.

이런 내적 변화곡선은 작가에게 캐릭터의 변화를 도모할 여섯 개의 길을 제시한다.* 세 개는 긍정적인 방향으로, 세 개는 부정적인 방향으로 나아간다.

액션 스토리에서 내적 본성의 변화곡선을 직접적으로 다루는 일은 드물다. 액션 스토리는 물리적·사회적·개인적 층위에서 변화를 꾀하는 것을 선호한다. 따라서 감춰진 갈등은 후반 장들로 잠시 미루고 캐릭터의 외적인 운명의 변화를 드라마틱하게 보여 주는 10가지 기본 현대 장르를 먼저 살펴보자. 다음 목록을 읽어나가면서 갈등이 일어나는 삶의 층위에서 영감을 얻은 간단한 스토리 유형이 어떻게 복잡한 형태로 진화했는지에 주목하라. 또한 액션이 나머지 9가지 기본 장르와 어떻게 같고 다른지, 어떤 부분에서 겹쳐지는지에 주목하라.

* 내적 삶의 변화곡선을 나타내는 여섯 개의 장르에 대해 더 알고 싶다면 『로버트 맥키의 캐릭터』 14장 '장르와 캐릭터'를 참고하라.

외부 변화를 다루는 기본 장르 열 가지

모든 기본 장르에는 네 가지 핵심 요소인 핵심 가치, 핵심 인물(배역 구성), 핵심 사건, 핵심 감정이 존재한다.

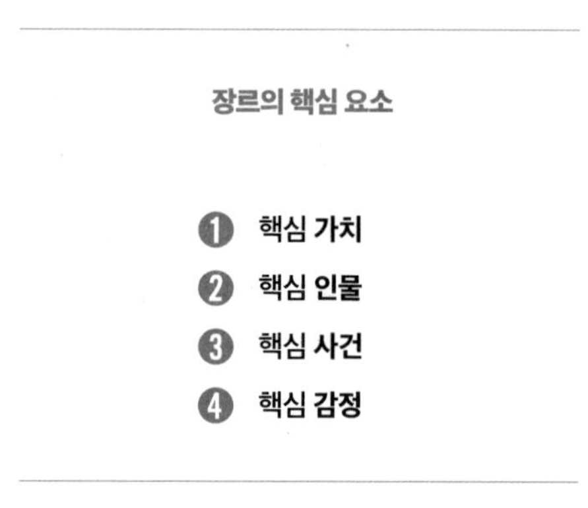

여기서 말하는 **가치**(value)는 긍정적인 가치값과 부정적인 가치값의 대립항을 가리킨다. 예컨대, 생/사, 사랑/증오, 선/악, 승리/패배, 정의/불공정, 자유/예속, 진실/거짓 등이 있다.

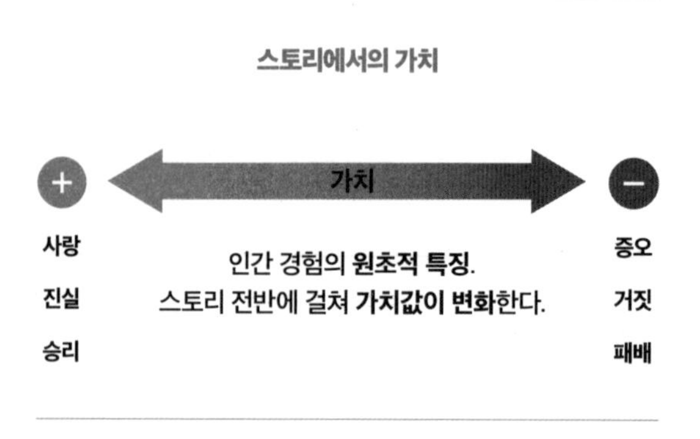

여기서 **핵심**(core)이라 함은, 그 가치가 이야기에 필수불가결한 가치라는 것을 의미한다. 즉 그 가치가 없다면 스토리는 "○○했다. 그다음에는 ○○했고, 그다음에는 ○○했고, 그다음에는……."의 공허한 반복이 되고 만다. 모든 기본 장르는 이런 이분법적인 가치 중 하나를 스토리를 끌고 가는 의미와 에너지의 원천으로 삼는다.

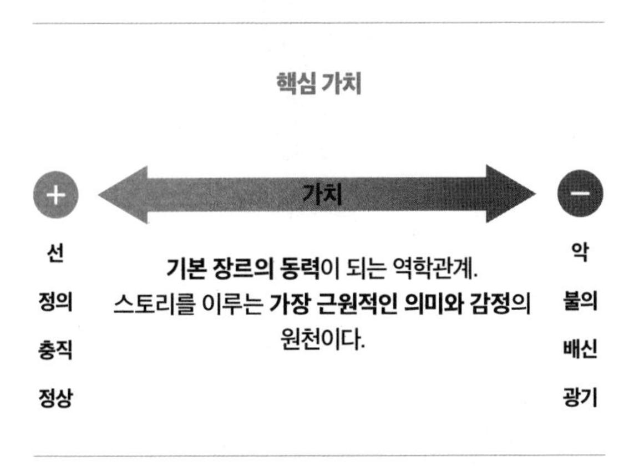

여기서 말하는 **핵심 인물**(core cast)은 장르에 필수적인 배역들을 의미한다.

그리고 **핵심 사건**(core event)은 장르의 주요 전환점을 의미한다. 이 중심축 장면이 없으면 플롯의 사건 흐름(chain of events)이 끊어져서 스토리에 요점이 없거나 스토리가 지루해진다.

또한 **핵심 감정**(core emotion)은 장르가 관객 또는 독자에게 불러일으키는 고유한 경험을 의미한다.

이제 캐릭터의 외적인 부분을 변화시키는 기본 장르 열 가지와 각 장르의 네 가지 핵심 요소를 살펴볼 것이다. 앞으로 계속 보게 되겠지만, 이러한 장르는 자주 액션과 혼합되고 융합된다. 그러나 여기서는 일단 각 장르를 하나하나 개별적으로 살펴볼 것이다.

범죄 장르의 핵심 배역 구성

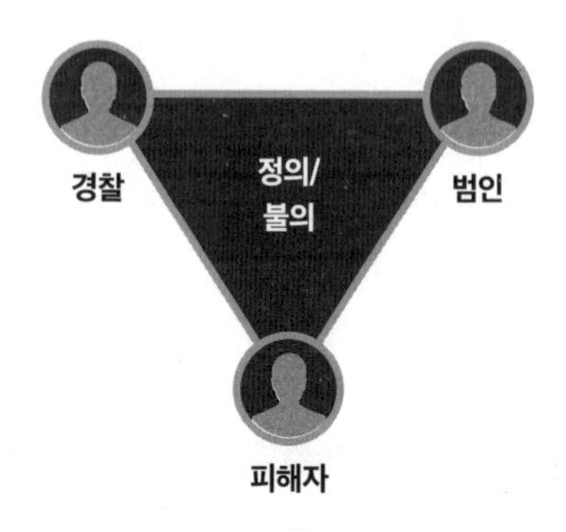

러브 스토리 장르의 핵심 배역 구성

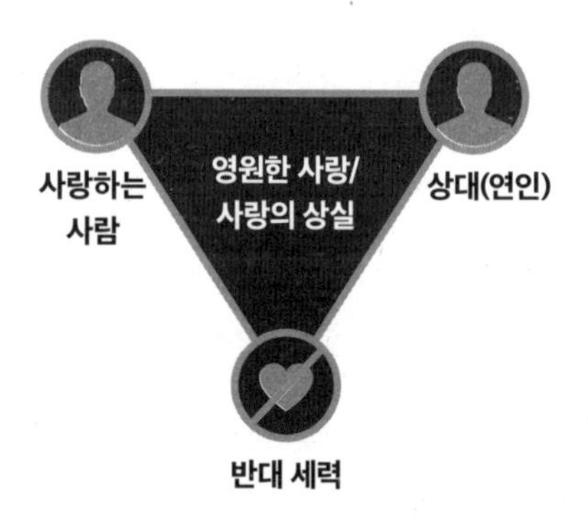

전쟁 장르의 핵심 배역 구성

1. 범죄 장르

- 핵심 가치: 정의 vs 불의
- 핵심 인물: 경찰, 범인, 피해자
- 핵심 사건: 범죄의 발각
- 핵심 감정: 서스펜스

지난 두 세기 동안 범죄 장르의 주인공은 엄격한 도덕성과 독창적이고 냉철한 사고력을 지닌 수사관에서 유연한 윤리관을 따르고 심리적·정서적으로 복잡한 남녀 주인공으로 진화했다. HBO 드라마 시리즈 「메어 오브 이스트타운(Mare of Easttown)」처럼.

2. 전쟁 장르

- 핵심 가치: 승리 vs 패배
- 핵심 인물: 군인, 적군
- 핵심 사건: 결정적 전투
- 핵심 감정: 참혹한 두려움

군사 전략의 성공 여부는 그 전략을 실행에 옮길 수 있는 용기에 달려 있다. 이 장르는 두려움을 느끼면서도 행동하는 캐릭터를 필요로 한다. 영화 「퓨리(Fury)」처럼.

3. 서사극 장르

- 핵심 가치: 폭정 vs 자유

- 핵심 인물: 독재자, 반역자
- 핵심 사건: 반역 행위
- 핵심 감정: 도덕적 분노

이 장르의 주인공은 독재에 항거한다. 판타지 대서사 장르에서는 항상 독재자가 제거된다. 「헝거 게임」, 「스타워즈」, 「왕좌의 게임」처럼. 역사 대서사 장르에서는 항상 주인공이 제거된다. 「스파르타쿠스」, 「브레이브하트」, 「더 굿 로드 버드」처럼.

4. 정치 장르

- 핵심 가치: 권력 있음 vs 권력 없음
- 핵심 인물: 정쟁을 벌이는 두 집단
- 핵심 사건: 권력의 쟁취 또는 상실
- 핵심 감정: 승리에 대한 갈망

정치적 숙적들이 권력 다툼을 벌일 때 그들의 당파적 신념은 사실상 설 자리가 없어진다. 정쟁에서의 대량살상무기는 스캔들이다. 뇌물, 배신, 그리고 무엇보다 불륜이나 부정한 성관계는 치명적이다. 범죄 집단 간 갈등 이야기는 범죄와는 무관하고 오히려 정치 이야기와 더 공통점이 많다. 드라마 「갓파더 오브 할렘(Godfather of Harlem)」처럼.

정치 장르의 스토리 범죄, 전쟁, 서사극, 정치 드라마를 염두에 둔 듯한 구성에서 시작할 수 있다. 그러나 이후 주인공과 반대 세력이 각각 영웅과 악당으로 탈바꿈하면서 액션으로 진화한다.

5. 공포 장르

- 핵심 가치: 생존 vs 지옥살이
- 핵심 인물: 괴물, 피해자
- 핵심 사건: 괴물에게 속수무책으로 당하는 피해자
- 핵심 감정: 비이성적인 공포

공포 장르는 액션 히어로를 배제하고 괴물과 피해자의 갈등에 초점을 맞춘다. 액션 장르가 흥분을 불러일으킨다면, 공포 장르는 두려움을 불러일으킨다. 액션물은 독자와 관객을 감정적으로 안전한 거리에 두지만, 공포물은 관객의 잠재의식을 공격한다. 액션 장르가 독자/관객의 외부에서 휘몰아치는 힘(force)이라면, 공포 장르는 독자/관객을 직접 공격하고 침투(invasion)한다.

액션의 악당은 자연의 법칙에 순응하지만, 괴물은 초자연적 능력으로 자연법칙을 깨거나 상상을 초월하는 엄청난 힘으로 자연법칙을 굴절시킨다. 액션 장르의 악당이 나르키소스라면, 공포 장르의 괴물은 사디스트다. 악당이 자기도취적 영혼을 지녔다면, 악귀에는 악령이 깃들어 있다. 악당의 허영심은 부, 권력, 명예로 충족시킬 수 있지만, 피해자가 몸부림치는 것을 보면서 절정의 쾌락을 얻는 괴물은 피해자에게 상처를 입히고 그 고통을 오래도록 지속시킨다. 영화「나이트메어」처럼.

6. 사회 장르

- 핵심 가치: 문제 vs 해결
- 핵심 인물: 사회 지도자, 피해자

- 핵심 사건: 사회문제가 위태로운 수준에 도달함
- 핵심 감정: 도덕적 분개

사회 장르는 빈곤, 인종차별, 성차별, 아동학대와 같은 문제를 포착한 다음, 주인공이 그 해결책을 찾아가는 과정을 드라마화한다. 영화 「블랙클랜스맨(BlacKkKlansman)」처럼.

7. 성공 신화 장르

- 핵심 가치: 성공 vs 실패
- 핵심 인물: 주인공, 사회 기관
- 핵심 사건: 직업적 손실
- 핵심 감정: 성공에 대한 집착

야심찬 주인공—기업가, 운동선수, 과학자 등—이 자신의 야망을 실현하기 위해 고군분투한다. 「포드 V 페라리(Ford v Ferrari)」처럼.

8. 러브 스토리 장르

- 핵심 가치: 영원한 사랑 vs 사랑의 상실
- 핵심 인물: 연인들
- 핵심 사건: 사랑에서 비롯된 행위
- 핵심 감정: 사랑의 갈구

진정한 사랑의 행위는 오직 무언의 자기희생뿐이다. 진정한 사랑을 말하려면 인정이나 보상을 바라지 않은 채 사랑하는 사람에게는 도움이 되지만 행위자는 큰 희생을 치러야 하는 행동을 묵묵히 실행해야 한다. 그 외의 것들은 아무리 깊은 감정에서 비롯되었다 하더라도 결국 단순한 애정 표현에 불과하다. 사랑에 고통이 따르지 않는다면 그것은 진짜 사랑이 아니다. 러브 스토리 장르의 관건은 당신의 캐릭터에게 고유하면서도 독자/관객에게 감동을 안기는 사랑의 행위를 창조하는 것이다.

「레이더스」 등 많은 액션 영화가 보조플롯으로 러브 스토리를 추가한다.

9. 가족 장르

- 핵심 가치: 결속 vs 분열
- 핵심 인물: 가족 구성원
- 핵심 사건: 위기에 맞닥뜨린 가족에 대한 헌신
- 핵심 감정: 유대에 대한 갈망

가족 드라마의 배역 구성은 혈연관계에 있을 수도 있고, 없을 수도 있다. 어떻게 구성된 집단이건 구성원들은 서로 사랑하지 않을 때조차도 함께하기 위해 노력하면서 결속을 다진다. 예를 들어 「인크레더블 2」처럼.

10. 액션 장르

- 핵심 가치: 생 vs 사
- 핵심 인물: 영웅, 악당, 피해자
- 핵심 사건: 악당에게 속수무책으로 당하는 영웅
- 핵심 감정: 흥분

액션의 핵심 배역 구성은 도덕적 원형(原型)의 삼각형을 구성한다. 영웅의 필수 자질은 이타주의, 악당의 필수 자질은 자기도취, 피해자의 필수 자질은 취약성이다.

지금까지 살펴본 10가지 기본 장르는 각각 여러 개의 부속장르를 지닌다. 예를 들어 범죄 장르에는 14개의 부속장르가, 연애 장르에는 6개, 액션 장르에는 4개의 부속장르가 있다. 액션의 부속장르 4개와 16개의 하위부속장르에 대해서는 4부에서 다룬다.

액션 장르의 핵심 요소

1. **핵심 가치 :** *생 vs 사*
2. **핵심 인물 :** *영웅, 악당, 피해자*
3. **핵심 사건 :** *악당에게 속수무책으로 당하는 영웅*
4. **핵심 감정 :** *흥분*

장르 조합

한 장르의 중심플롯을 다른 장르의 보조플롯과 교차시키면 대비를 통해 인물의 복잡성이 확장된다. 대표적인 예가 액션 중심플롯과 러브 스토리 보조플롯이 연결되는 것이다. 그런 이야기에서 주인공은 액션에서 요구하는 강인함과 로맨스에서 요구하는 세심함 사이를 오가게 된다. 「로맨싱 스톤」처럼.

표현 방식을 구성하는 기법적 장르 열 가지

일단 작가가 기본 장르를 선택하고 그 장르 내에서 이야기를 구성했다면 그 이야기의 사건에 목소리를 부여해야 한다. 기법적 장르는 작품의 표현과 관련된 선택에 초점을 맞춘다. 어떤 매체가 작가의 이야기를 가장 잘 전달할까? 화면, 지면, 혹은 무대? 어떤 설정에서 이야기가 펼쳐져야 할까? 어떤 스타일이 이야기의 분위기를 시각적·청각적으로 가장 잘 살려낼까? 이야기가 얼마나 길어야 할까? 진행 속도는? 시대는 언제인가? 현재, 과거, 미래? 다음은 작가가 선택할 수 있는 10가지 기법적 장르들이다. 모든 선택지가, 심지어 뮤지컬조차도 액션 스토리를 표현하는 기법이 될 수 있다.

기법적 장르

❶	톤	❻	다큐멘터리
❷	뮤지컬	❼	애니메이션
❸	SF	❽	자서전
❹	역사	❾	전기
❺	존재론	❿	순수예술

1. 톤

톤(tone)의 스펙트럼은 비극부터 익살까지, 정극부터 풍자까지 폭넓게 펼쳐진다. 어떤 기본 장르든지 처음에는 인생을 진지하게 대하다가 살짝 유쾌한 어조로 돌아섰다가, 다시 암울함으로 되돌아갈 수 있다. 또는 그런 순서를 뒤집어서, 희극에서 정극으로 갔다가 다시 희극으로 되돌아갈 수 있다.

2. 뮤지컬

모든 기본 장르는 노래와 춤으로 표현할 수 있다.

3. SF

모든 기본 장르는 미래 세계 또는 기술중심주의적 현재나 과거를 배경으로 이야기를 풀어 나갈 수 있다.

4. 역사

모든 장르는 옛날 시대에서 펼쳐질 수 있다.

5. 존재론

여기서 **존재론**(Ontology)은 이야기의 배경과 특성을 의미한다. 모든 장르는 자연이나 마법 세계, 판타지, 초자연, 황당무계한 배경까지 다양한 비현실적인 설정에서 펼쳐질 수 있다.

6. 다큐멘터리

모든 장르는 사실 정보 위주로 이야기를 전달할 수 있다.

7. 애니메이션

모든 장르는 애니메이션으로 표현될 수 있다.

8. 자서전

모든 장르는 회고록의 형식으로 드라마화할 수 있다.

9. 전기

모든 장르는 한 인물의 삶을 드라마화할 수 있다.

10. 순수예술

예술영화, 실험극, 순수문학은 모두 훌륭한 스타일이 될 수 있다. 액션 장르에서의 순수예술은 순수모험(High adventure)이다.(22장에서 다룰 예정이다.)

분명히 말해 두지만 장르는 이야기에 내용과 외형을 부여하는 기본 틀이다. 작곡가가 클래식, 재즈, 락, 힙합 중에서 하나를 선택한 다음 자신의 곡을 가장 잘 표현할 수 있는 솔로 가수 또는 악기, 앙상블, 오케스트라를 선택하듯이 작가는 장르를 선택한다. 작가는 '어떤 기본 장르가 내 비전을 가장 잘 구현하는가?' '어떤 기법적 장르가 내 비전을 가장 잘 표현하는가?'를 고민해야 한다.

장르 진화

문화는 오랜 시간에 걸쳐 천천히 진화한다. 문화가 진화하면 스토리텔링도 변화한다. 따라서 작가들은 주변 세계에 촉각을 세우고서 관객과 독자의 변화하는 인식에 맞춰 장르의 관습을 비틀거나 깨야 한다. 당대의 문화와 정치의 주류 흐름에 맞춰 기본 장르를 개조하고, 인터넷과 같은 혁신기술을 새로운 방식으로 활용하면서 기법적 장르를 조율하는 것이다. 이를테면 여성 영웅은 눈부시게 진화했다. 그 결과 현재 우리가 만들어 내는 액션 스토리는 바로 10년 전에 듣던 스토리와도 몇 광년만큼 차이가 난다.

일단 액션의 구조와 기법을 익히고 나면 작가가 필요하다고 생각하는 어떤 방식으로도 장르의 관습을 자유롭게 사용하고, 변형하고, 아예 무시할 수도 있다. 액션 장르는 당신에게 어떤 설정 · 매체 · 분량 · 목소리든 제공할 수 있다. 가장 중요한 창작적 선택권은 언제나 당신에게 있다.

앞으로 이런 선택들을 적용해 보면서 액션의 네 가지 핵심 구성 요소—핵심 가치, 핵심 인물, 핵심 사건, 핵심 감정—을 하나씩 살펴볼 것이다.

2장

액션의 핵심 가치

기본 장르를 구성하는 네 가지 핵심 측면(가치, 인물, 사건, 감정) 중 가치는 기본 장르를 명확하게 규정하는 특성이며, 각 장르를 확실하게 구분하는 특성이기도 하다. 핵심 가치는 장르의 주제를 결정하고 그 주제의 의미를 형성할 뿐 아니라, 그 주제의 서술에 에너지를 불어넣어서 생생하게 살려낸다.

스토리의 가치는 진실/거짓, 사랑/증오, 자유/예속처럼 긍정적인 가치값과 부정적인 가치값이 상충하는 대립항으로 이루어진다. 하나의 스토리에서 그 사건들에 역동적인 도덕적 패러독스(선/악), 사회적 딜레마(정의/불의), 내적 갈등(충직/배신), 치열하게 다투는 내면 상태(정상/광기)를 집어넣는 것도 가능하다. 어떤 스토리든 이야기가 진행하는 과정에서 이분법적인 핵심 가치가 가장 근원적인 감정의 동력으로 작용한다. 핵심 가치가 긍정적인 가치값에서 부정적인 가치값으로, 부정적인 가치값이 긍정적인 가치값으로 바뀌면서 캐릭터들은 승리하거나 패배하고, 고통당하거나 살아남으며 사건을 절정으로 이끈다.

관객/독자가 캐릭터의 삶을 관통하는 가치를 느낄 수 없으면 관심이 흩어지면서 혼란에 빠지고 감정은 무심함으로 흘러간다. 핵심 가치가 없으면 사건들은 의미를 잃고, 캐릭터는 아무런 감흥도 불러일으키지 못하게 된다.

액션 장르의 핵심 가치는 생/사다.

이 가치의 역동성 덕분에 『길가메시 서사시』(기원전 2000년)부터 「007 노 타임 투 다이」(2021년)에 이르는 모든 액션담이 탄생할 수 있었다. 『오디세이아』, 『모비딕』, 「다이 하드」, 「스타워즈」 같은 액션 드라마와 「가디언즈 오브 갤럭시」, 「쿵푸 허슬」, 「맨 인 블랙」 같은 액션 코미디는 모두 동일한 핵심 가치를 공유한다. 역사를 통틀어 모든 문화에서 액션 스토리는 무한하게 변주되었지만, 결국 호흡을 1초라도 더 유지하기 위한 투쟁을 동력으로 삼는다.

범죄 장르의 스토리는 불의의 법적 결과에 초점을 둔다. 구원담(tales of

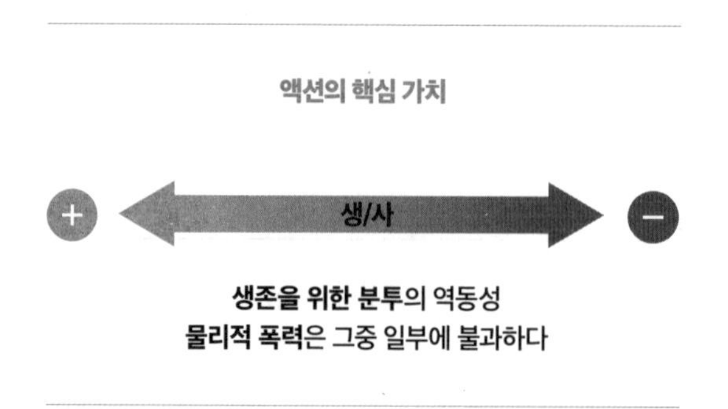

redemption)에서는 주인공이 비도덕성에서 도덕성으로 이동하는 변화곡선을 그린다. 그러나 액션 장르는 합법성과 도덕성 모두를 무시한다. 대신 영웅과 악당의 자질을 철저히 양극화시킨다. 영웅은 심지어 법을 어겨도 여전히 영웅이다. 악당은 악당들끼리 아무리 충성을 다해도 여전히 악당이다. 이런 도덕적 이분법 덕분에 액션 작가는 가장 큰 흥분을 불러일으키는 것에 집중할 수 있다. 그것은 당면한 죽음이다.

생/사는 액션에 본질적인 의미를 부여한다. 소멸할 위기에 놓여 있지 않다면 흥분은 흩어지고 지루함만 남을 것이다. 죽음의 위협이 없다면 액션 스토리는 아무리 폭력적이어도 무의미한 안무에 불과하게 된다.

액션의 핵심 가치는 긍정적인 가치와 부정적인 가치의 다양성과 미묘한 변주들을 만들면서 아드레날린이 치솟는 환희부터 사랑하는 사람을 잃은 비통함에 이르기까지 수없이 많은 감정 경험을 낳는다. 따라서 보조플롯으로 다른 가치를 끌어들이기도 하지만, 생/사는 충분히 다채로운 갈등을 공급하므로 그 자체만으로도 하나의 장편 작품 전체를 끌고가는 동력이 될 수 있다.

3장

액션의 핵심 인물

기본 장르의 필수 사건을 실행하는 데 필요한 최소한의 배역들이 있으며, 그 인물들을 묶어서 배역 구성이라고 부른다.

이상적인 배역 구성에서는 각 캐릭터가 주변 사람을 대하는 태도, 심지어 삶을 대하는 태도도 모두 제각각이다. 더 나아가 모든 캐릭터의 본성이 서로 대비되거나 때로는 서로 대립한다. 그 결과 똑같은 행동을 하거나 어떤 사건에 대해 똑같이 반응하는 캐릭터가 없다. 모든 배역은 특정 과제를 특정 방식으로 수행한다.

우리에게 친숙한 예시 세 가지를 들어 보겠다.

러브 스토리에서는 세 개의 핵심 배역이 필수적이다. 사랑하는 사람, 상대(연인), 이들의 사랑을 방해하는 반대 세력. 일단 사랑하는 두 사람이 만나면 두 사람은 자신들이 느끼는 친밀감을 백년가약을 향해 키워 나간다.

그러나 이야기의 어느 지점에서 반대 세력이 등장해 두 연인의 정절을 시험한다. 세 번째 배역인 반대 세력의 유형은 특정되어 있지 않다. 반대하는 가족, 사회, 인종, 종교부터 연적에 이르기까지 가능성은 무궁무진하다. 반대 세력은 연인들의 내부에서 나온 것일 수도 있다. 이를테면 두 사람의 심리적·정서적 성향이 충돌하면서 다툴 수도 있다. 「색, 계」에서는 격동하는 국제 정세의 정치적 갈등이 연인의 사랑을 파괴할 뿐 아니라 두 사람의 생명 또한 앗아 간다.

범죄 장르를 이끌어 가는 핵심 배역 구성은 경찰, 범인, 사회다. 경찰은 범죄를 수사하면서 범인을 특정하고, 체포하고, 법의 심판을 받게 하려고 노력하고, 이를 통해 사회정의를 실현하고자 한다.

전쟁 스토리에 필수적인 배역은 전사와 적, 단 두 개다. 두 배역은 최종 승리 또는 패배를 향해 전투를 벌인다. 각자 아군의 승리를 위해 목숨을 걸고 싸운다. 「태평양의 지옥」에서는 무인도에 추락한 미군 전투기 조종사와 낙오된 일본군 병사가 둘 중 한 명이 죽을 때까지 싸운다.

액션 장르

액션 장르의 필수 핵심 배역은 영웅, 악당, 피해자, 이렇게 세 사람이다.

이 삼각구도가 악당이 피해자를 위험에 빠뜨리고, 영웅이 그 피해자를 구해야 하는 액션 스토리를 구성한다. 각 캐릭터는 그 캐릭터를 규정할 뿐 아니라 캐릭터들의 관계를 대비시키는 고유한 정신을 투사한다.

액션 장르의 핵심 배역 구성

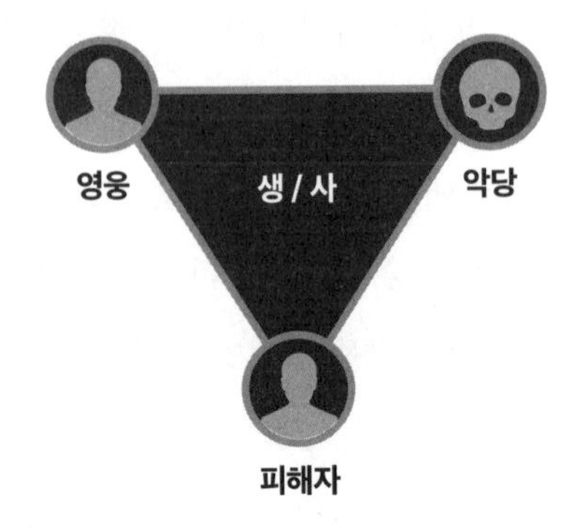

영웅의 내면: 이타주의 정신

영웅의 능력은 슈퍼히어로(슈퍼맨)부터 액션 영웅(라라 크로프트), 그리고 일반인 영웅(캡틴 필립스)까지 스펙트럼이 넓다. 슈퍼히어로는 초인적인 능력을 사용해 초인적인 악당과 싸운다. 액션 영웅은 전형적인 악당에 맞서 자신의 힘을 시험한다. 일반인 영웅은 특별한 능력이 없으며, 오직 감내하는 의지력만 있을 뿐이다.

영웅의 다양성

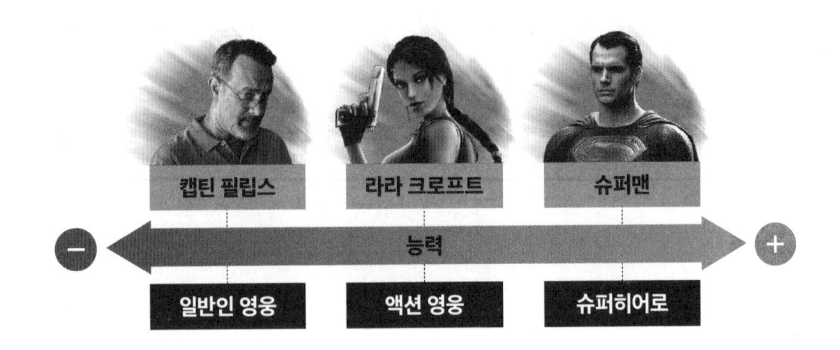

고전적인 서사의 주인공은 스토리의 사건을 완결, 즉 관객이나 독자가 다른 결말은 상상할 수 없다고 느끼는 최종 전환점까지 끌고 간다. 이 절정에서 주인공의 잠재력이 시험대에 오른다. 액션 장르에서는 중심인물이 이 모든 것을 해내는 동시에 완벽한 영웅으로서도 활약해야 한다.

영웅(hero)이라는 용어는 단순히 용기나 전투력 이상의 의미를 담고 있다. 우리는 수술대에서 생명을 살리는 외과수술의의 평정심에 감탄하거나 약물 중독에 빠진 아이를 구하는 사회복지사의 열정을 존경한다. 그러나 그런 경우에도 직업인의 사적인 삶은 환자나 복지 대상자의 삶과 일정한 거리를 유지한다. 이와 달리 진정한 영웅적 행동은 영웅과 피해자의 삶을 연결시킨다. 한 사람이 자신의 목숨을 희생해 다른 사람의 목숨을 구하는 행위이기 때문이다.

공포 장르와 같은 고긴장 장르(high-tension genre)에서는 주인공이 끔찍한 죽음으로부터 자신의 목숨을 지키기 위해 싸운다. 다른 누구의 목숨도 아닌 오직 자신의 목숨만을 구하고자 한다. 공포 장르를 보면서 관객과 독자는 끔찍한 곤경에 빠진 피해자와 자신을 동일시하기 때문에 온몸이 절

영웅의 내면 : 이타주의 정신

영웅주의

단순히 **용기**나 **전투력** 이상의 것을 의미한다.
영웅은 **자기희생** 본능이 있다. **타인의 목숨을 구하기 위해**
본능적으로 **자신의 목숨을 희생시키는** 특징을 보인다.
관객은 영웅에게 **감정이입**을 한다.

로 떨리는 공포와 두려움을 느낀다.

액션 스토리의 영웅은 악당이 가하는 치명적인 위험에서 피해자를 구해 낸다. 이타주의 정신이 영웅을 용기 스펙트럼의 최극단으로 몰아가는 동안 영웅의 행동은 관객들에게 흥분을 불러일으킨다. 영웅은 위험을 감수하고, 필요하다면 무고한 생명을 구하기 위해 스스로를 위험에 빠뜨린다. 자기희생 본능에 의해 영웅은 스토리 내부에서 선의 구심점에 서게 된다.

선의 구심점

우리는 허구의 사건을 통해 그 스토리가 마치 우리에게 일어난 일인 듯 경험하고 싶어 한다. 이를 위해서는 먼저 스토리 세계에 들어가 캐릭터들의 자질과 특징을 찾고 선과 악, 긍정적인 것과 부정적인 것으로 분류해야 한다. 우리는 그 사건에 휘말리기를 바란다. 그것도 단순히 머리로만이 아니라 온몸과 마음으로. 우리의 직감이 어떤 캐릭터의 내면에서 긍정적인 불빛이 발산되는 순간을 포착하면 우리는 본능적으로 그 캐릭터에게 동화되고 그 캐릭터와 연결된다. 그 캐릭터에 감정을 이입하면서 자신과 동일시하며, 그 캐릭터의 삶에 빠져든다. 그 캐릭터는 스토리에서 선의 구심점이 된다.

우리는 본능적으로 **선**(good)과 연결되고 싶어 한다. 우리는 누구나 자신이 본질적으로 선하다고 생각하기 때문이다. 우리에게 결함이 있고, 더 나은 사람이 되기가 좀처럼 어렵다는 것을 알지만, 우리의 가슴만큼은 옳은 일을 하고 싶어 한다고 굳게 믿는다. 스토리에서 주인공에게 긍정적인 특성을 심은 다음, 그 인물의 주변을 그보다 못한, 더 어리석고 어두우며 부정적인 특성을 지닌 캐릭터들로 채우면 우리는 주인공의 내면에서 흘러나오는 빛에 끌려 그 인물에게 감정을 이입하고 정서적으로 몰입한다. 일단 연결되고 나면, 우리는 주인공에게 일어나는 일이 마치 자신에게 일어나는 일인 양 마음껏 기뻐하거나 괴로워할 수 있다.

관객과 독자는 허구의 세계에 발을 들이는 순간 가치로 가득한 우주를 탐색하기 시작한다. 옳고 그름, 선과 악 같은 가치 대립항을 기준으로 긍정적인 것과 부정적인 것을 분류하면서 자신의 감정을 이입할 안전한 장소를 물색한다.

선의 구심점은 긍정적인 가치값(정의, 선, 사랑)을 이야기의 중심에 둠으로써 그 주위를 에워싼 부정적인 가치값(독재, 악, 증오)과 명료하게 대비시킨다. 인간은 본능적으로 부정적인 가치값이 아닌 긍정적인 가치값과 스스로를 동일시한다. 왜냐하면 자신의 결함에도 불구하고 자신의 내면 깊숙한 곳, 자신의 본질적 특성은 긍정적인 가치값이라고 믿기 때문이다. 그래서 독자와 관객은 본능적으로 긍정적인 특성이라고 인식한 것에 공감을 보낸다.

액션 장르에서 선의 구심점은 영웅의 이타주의에 뿌리를 내린다. 영웅의 자기희생 본성으로 인해 독자와 관객은 영웅의 개인적인 고통으로부터, 그것이 아무리 많은 피로 얼룩져 있다 하더라도 안전한 정서적 거리를 유지할 수 있다. 이것이 독자와 관객이 영웅의 도덕적 강인함을 곧 자신의 특성이라고 생각할 수 있는 이유다. 따라서 액션 장르의 아슬아슬한 위험은 독자와 관객에게 엄청난 흥분을 불러일으키기는 해도 호러의 공포는 물론이거니와 스릴러의 극심한 두려움과 같은 것을 야기하지는 않는다.

예를 들어 「터미네이터 2」에서 악당 T-1000는 영웅적인 T-800의 사지와 살점을 날려 버린다. 살점이 떨어져 나간 곳에서는 끊어진 전선이 이리저리 팔딱거리면서 불꽃을 일으킨다. T-800은 최종적으로 스스로를 희생하기로 하고, 펄펄 끓는 액체 금속 속으로 사라진다. 그러나 그 장면을 보면서 관객은 끔찍함에 몸서리치는 대신 T-800의 고통과 자기희생에 엄청난 흥분을 느낀다.

영웅의 변화곡선

영웅의 내적 본성은 거의 변화하지 않는다. 대신 액션 스토리를 움직이는 사건들은 영웅의 외부 환경을 전환시킨다. 스토리 초반부의 죽음의 위협(부정)은 절정에서 삶(긍정) 또는 죽음(부정)으로 변화곡선을 그린다. 죽음의 위협 앞에서 영웅이 어떤 선택을 하는지는 영웅의 내적 본성을 드러내주지만 그것이 영웅의 본성을 바꾼 것은 아니다. 스토리의 절정에서 영웅은 스토리가 시작했을 때와 본질적으로 동일한 사람임이 밝혀지지만, 독자와 관객은 그때야 비로소 통찰을 얻는다. 겉모습 아래에 있는 영웅의 진짜 모습—영웅이 얼마나 기술이 뛰어난지, 얼마나 의지가 굳은지, 얼마나 지적인지, 얼마나 이타적인지—을 정확하게 알게 된다.

혼합 및 융합 장르의 영웅적 행위

여러 장르의 스토리라인이 교차할 때 장르가 혼합된다. 액션 중심플롯이 다른 장르의 보조플롯과 교차하면 영웅은 그 장르에서 요구하는 자질을 갖춰야 하므로 더 복잡한 인물이 된다.

우리가 흔하게 접하는 장르의 혼합은 액션 장르에 버디 장르와 범죄 장르 보조플롯을 집어넣는 것이다. 「맨 인 블랙」, 「리썰 웨폰」, 「러시 아워」가 그런 예다. 이런 장르 혼합물은 주인공의 중심에 영웅적 이타주의를 두고, 거기에 우정의 필수 요소인 위트와 배려, 그리고 형사의 분석 능력을 더한다.

장르를 융합시키면 한 장르의 스토리라인에서 다른 장르의 결과가 도출된다. 이를테면 액션 스토리가 캐릭터 변화의 여섯 가지 방식 중 하나와 융합하면 영웅이 자신의 미션을 완수하려고 노력하는 동안 영웅의 도덕성, 정신성, 인간성이 더 좋게 또는 더 나쁘게 변한다.

예컨대 「주먹왕 랄프」에서는 주인공의 도덕성이 선한 사람에서 악한 사람으로 변화곡선을 그린다. 엄청난 인기를 끌고 있는 비디오게임 '다고쳐 펠릭스(Fix-it-Felix)'의 게임 캐릭터인 랄프는 게임에서 악당을 연기하는 자신의 삶이 지긋지긋하다. 게임에서 무식하고 덩치만 큰 악당 캐릭터인 랄프가 하는 일이라고는 게임의 영웅인 다고쳐 펠릭스에게 매일, 게임을 할 때마다 매번, 철저하게 당하는 것이다. 우울해진 랄프는 비디오게임 악당 캐릭터들이 북적대는 집단 심리치료 모임에 참석한다. 그곳에 모인 악당들은 끊임없이 반복하며 낭송한다. "나는 나쁜 사람이고, 그것이 좋은 거다. 나는 절대로 좋은 사람이 되지 않을 것이고, 그것은 나쁘지 않다." 랄프는 그들의 구호를 거부하고, 대신 다른 비디오게임의 영웅 배역을 따내기 위한 모험에 나선다.

랄프는 옮겨 간 게임 세계에서 목숨이 위태로운 한 캐릭터를 만나게 되는데, 본능적으로 그 캐릭터를 살리고자 자신의 목숨을 버리는 특단의 결정을 내린다. 랄프의 그런 선택은 최상의 이타주의, 즉 보상 없는 희생에 해당한다. 주저하는 악당에서 이타적인 영웅으로 탈바꿈하는 랄프의 변화곡선은 구원 플롯이다.*

「가디언즈 오브 갤럭시」는 액션에 구원 플롯과 버디 스토리 플롯(러브 스토리의 부속장르) 두 가지를 섞음으로써 장르 융합을 한층 더 심화한다. 「가디언즈 오브 갤럭시」의 주인공들은 비도덕적인 범죄자에서 서로를 살리기 위해 죽을 각오가 된 영웅적인 동지로 탈바꿈한다.(덧붙여 말하자면, 멘토는 액션 장르에 등장하는 배역이 아니다. 「다이 하드」, 「조스」, 「가디언즈 오브 갤럭시」에는 멘토도, 안내자도 없다. 멘토는 종종 진화 장르의 부속장르인 성장 플롯의 보조배역으로 등장한다. 액션 플롯이 성장 스토리와 융합한다면 주인공에게 멘토가 필요할 수도 있다. 이를테면 「스타워즈」 시리즈 후속 3부작의 레이에게 루크 스카이워커와 요다가 필요했듯이 말이다.)

장르를 혼합하거나 융합하면, 캐릭터의 자질이 점점 복잡해지면서 영웅의 본성 중에서 특히 더 부각되는 측면들이 생기기 마련이다. 따라서 어떤 측면이 가장 중요한지 정해야 한다. 당신의 주인공은 로맨틱한 영웅인가 아니면 영웅적인 연인인가? 그 둘은 엄연히 다른 인물이다. 창작자가 스토리라인의 균형을 어떻게 조율하는지에 따라 어떤 측면이 우위를 점하고, 어떤 측면이 보조하고, 그런 측면들이 어떻게 상호작용하는지가 달라진다.

---

* 캐릭터 변화의 여섯 가지 장르는 구원 플롯, 타락 플롯, 교육 플롯, 환멸 플롯, 진화 플롯, 퇴화 플롯이다. 이에 대해 더 알고 싶다면 『로버트 맥키의 캐릭터』 14장 '장르와 캐릭터'를 참고하라.

악당의 내면: 자기도취

악당의 스펙트럼은 슈퍼빌런부터 범죄의 대가, 동네 폭력배까지 그 폭이 넓다. 악당은 폭력을 쓰는 데 주저함이 없다. 피해자의 인격 같은 건 악당의 안중에 없기 때문이다. 이와 대조적으로 영웅은 어쩔 수 없이 폭력을 쓴다. 왜냐하면 영웅은 악당을 포함해 타인의 인격에 무심할 수 없기 때문이다. 악당에게 영웅과 피해자는 물건이나 다름없다. 목적을 달성하기 위한 수단에 불과하다. 하지만 영웅은 그 누구도, 심지어 상대가 악당일지라도 그를 물건 취급하지 않는다.

악당의 다양성

악행의 전체 스펙트럼은 약자 괴롭히기부터 범죄, 극악무도한 행위에 이르기까지 폭이 넓다.

악행의 스펙트럼

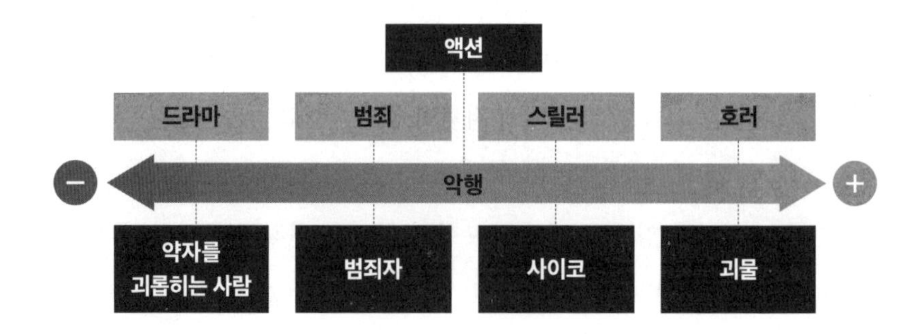

범죄 장르에서 범인은 범죄를 저지를 때 발각되지 않으려고 노력한다. 발각되지 않고 범죄에 성공하면 정상 세계에 능청스럽게 합류한다. 따라서 이론상 범인은 금전으로 회유할 수 있다. 사회에서 범인에게 충분한 금전적 보상을 제공한다면 굳이 강도짓을 하지 않을 것이다.

스릴러 장르의 악당은 종종 금전으로 회유할 수 없는 반사회적인 성격을 드러낸다. 자신의 망상에 사로잡힌 사이코패스는 부에는 관심이 없다. 자신이 야기하는 고통의 크기에 의해 쾌락의 정도가 정해진다.

이 스펙트럼의 최극단에는 호러 장르의 괴물이 도사리고 있다. 이 야수는 망상에 빠져 있지 않다. 정신이 멀쩡한 야수의 사악함은 순수하다. 범죄는 피해자에게 고통을 가한다. 사이코패스는 악몽을 야기한다. 괴물은 악몽 그 자체다. 액션의 악당은 '범죄자/사이코패스/괴물' 스펙트럼 어딘가에 자리하고 있다.

『정신 장애의 진단 및 통계 편람(The Diagnostic and Statistical Manual of Mental Disorders)』(제5판)은 소시오패스에 대해 이렇게 설명한다. "거만하고 자기중심적이며 특권의식이 있다. 자기중요성에 대해 웅대하고 과장되게 인식하며 주로 자기이익에 부합하는 목적을 동기로 삼는다. 다른 사람을 통제하려고 하며, 다른 사람들을 조종하거나 착취하거나 속이거나 편취하거나 이용하려고 한다. 냉담하고 다른 사람의 필요나 감정에 거의 공감하지 못한다. 자신의 필요나 감정과 일치하는 경우는 예외일 수 있다. 또한 자신의 목적에 부합하면 피상적으로나마 매력을 발산하고 겉치레 아첨을 할 수 있다." 이런 묘사는 전래동화 『빨간 모자』의 커다란 나쁜 늑대부터 「어벤져스: 엔드게임」의 타노스에 이르기까지 액션 장르의 모든 악당에게 적용할 수 있다.

액션 장르의 악당은 정신병리학적으로 자신이 위대하다는 망상에 빠져 있다. 세상과 세상사람 모두가 악당 앞에 무릎 꿇고 악당에게 복종해야 한다고 믿는다. 영웅은 남을 위해 스스로를 희생한다. 반면 악당은 자신을 위해 남을 희생시킨다.

그러나 액션 장르에는 한계가 있다. 액션 장르에서 악당을 마주한 피해자는 살고 싶어 한다. 그것이 자연스러운 충동이다. 공포 장르에서 피해자는 제발 죽여 달라고 빈다. 자연스러운 반응은 아니지만, 악랄한 존재에 직면했다면 가능한 반응이다. 공포 장르의 괴물이 가하는 고통은 고문과도 같아서 생명을 끊는 것이 오히려 자비로운 행위처럼 보인다. 괴물은 끔찍한 위해를 가할 뿐 아니라 그로 인해 고통받는 피해자를 느긋하게 지켜보면서 즐거워한다.

악당의 내면 : 자기도취

악행

악당은 **자신을 위해 타인을 희생시키는** 데 망설임이 없다.
악당의 **허영심**은 영웅의 **이타주의**와 대척점에 있다.
흔히 **자신이 위대하다는 망상**에 빠져 있다.
관객은 악당에게 **반감**을 느낀다.

괴물의 정신은 가학적인 반면 악당의 정신은 자기도취이며, 이것이 이야기의 핵심 동력 중 하나다. 악당도 자신이 야기한 고통을 잠깐 즐길 수도 있고, 심지어 어떤 의미에서는 비이성적이거나 충동적으로 행동할 수도 있다. 그러나 악당의 내면에 깊이 자리 잡고 있는 것은 자기애다. 모든 것이 악당을 중심으로 돌아가고 악당의 계획대로 흘러간다.

범죄 스토리의 범인과 달리 액션의 악당은 금전으로 회유할 수 없다. 악당에게는 자신의 삶을 규정하는 청사진, 자신보다 더 큰 완벽한 프로젝트가 존재한다. 이 청사진은 불투명한 동시에 수수께끼이며(그렇지 않다면 그냥 범법 행위에 불과할 것이다.) 극도로 파괴적이다.(그렇지 않다면 일반 경찰도 충분히 처리할 수 있을 것이다.)

악당이 자신의 욕망을 추구하고 그런 욕망을 충족하기 위한 자신의 계획을 실행하면 필연적으로 피해자가 생겨난다. 납치된 비행기의 인질들, 폭탄 테러를 당한 일반 시민들, 인간이 만들어 낸 전염병에 걸린 환자들……. 악당이 성취하고 싶은 것이 무엇이건 언제나 누군가는 대가를 치러야 한다. 악당의 관점에서 보면 그것은 신경 쓸 가치가 없는 일이다. '그게 뭐 어때서?' 하고 지나치면 그만이다. 악당은 자신이 영웅보다 영리하다고 생각한다. 자신의 목적이 피해자의 생명보다 훨씬 더 고결하다고 생각한다. 그런데 감히 악당이 가는 길을 가로막는다고?

악당은 종종 더 중요한 도덕적 목적을 위한 것이라고 주장하면서 자신의 악행을 정당화한다. 스스로를 거룩한 순교자 내지는 사회적 불의에 맞선 희생양으로 그린다. 그러나 우리는 목숨이 걸린 상황에서 선택해야 할 때 그 배역의 참된 인격이 드러난다는 것을 안다. 악당은 일관되게 타인보다 자신을 앞세움으로써 자신의 악한 성품을 드러낸다. 악당은 자신의 행동을 이런 생각으로 정당화한다. "내가 원하는 것은 필수적이다. 그걸 손에 넣기 위해서라면 나 외의 모든 사람은 쓰고 버릴 수 있는 존재다."

정리하자면, 악당의 허영심은 영웅의 이타주의와 대척점에 있고 이런 대비는 둘의 역학적 · 양극적 도덕성을 설정한다. 작가는 악당에게는 타인의 생명을 위험에 빠뜨리는 계획을, 피해자에게는 스스로를 구할 수 있는 능력의 부재를, 영웅에게는 악당을 패배시키고 피해자를 구해야 하는 필연성을 부여한다. 이 모든 것이 종합적으로 작용해 액션 스토리를 탄생시키는 '영웅/악당/피해자'의 삼각관계를 구성한다.

피해자의 내면: 무력감

취약한 피해자는 여러 가지 페르소나로 등장한다. 아이, 연인, 가족, 작은 마을, 국가, 지구, 심지어 우주까지. 피해자는 필수 배역이다. 피해자가 없으면 영웅은 영웅적일 수 없고, 악당은 악행을 저지를 수 없다. 액션에서 인물 묘사가 뛰어난, 잘 구현된 피해자는 영웅이나 악당만큼이나 필수 불가결한 요소다.

완전하게 극화된 무력감은 액션 장르의 중요한 토대다. 만약 피해자가 반격해서 이긴다면 악당이 과연 위협적인 존재라고 할 수 있을까? 피해자가 스스로를 구해 버리면, 영웅이 해야 할 역할이 남아 있을까? 작가가 피해자의 내면에 대한 심리학적인 통찰로 무력감을 최대한 복잡하게 표현할 때 악당은 더 매력적인 악당이 되고, 영웅은 더 경이로운 영웅이 되고, 액션 장르가 성공할 수 있다.

피해자의 내면 : 무력감

피해자의식

피해자는 **스스로를 구할 능력이 없다.**
취약성이 반드시 **비겁함**을 의미하지 않는다.
관객은 피해자에게 **동정심**을 느낀다.

무력감은 피해자가 비겁하다는 것을 의미하지 않는다. 단지 피해자가 스스로를 구할 수 없다는 것을 의미할 뿐이다. 용감한 아이는 끈질기게 악당에게 저항할 수 있다. 그러나 작가가 고안해 낸 어떤 독창적이고 기발한 이유로 인해 악당으로부터 탈출할 수 있는 신체적 능력이 부족하다. 영웅의 이타주의 정신이 관객/독자로부터 공감을 이끌어 내듯, 제대로 극화된 피해자의 무력감은 관객/독자로부터 동정심을 이끌어 낸다. 둘 간의 차이는 이것이다. 우리는 영웅을 보면서 영웅에게 감정을 이입하고, 영웅과 나를 동일시하면서 영웅에게서 자신의 모습을 본다. "저 영

웅은 나와 같아. 내가 영웅의 입장이라도 지금 영웅이 하는 것처럼 할 거야." 그러나 우리는 피해자와 자신을 동일시하지 않는다. '나와 같아' 보이는 영웅과 달리 피해자는 '호감'이 가거나 불쌍하다. "저 피해자는 취약해. 내가 저 자리에 있었더라도 피해자를 구하려고 했을 거야. 피해자에게는 내가 필요해." 영웅은 공감을 이끌어 내고, 피해자는 동정심을 이끌어 내고, 악당은 반감을 이끌어 낸다.

4장

액션의 핵심 사건

장르의 핵심 사건은 그 장르의 본질을 정제한 결정체다. 핵심 사건이라는 주요 전환점은 장르의 핵심 가치가 가장 역동적인 순간과 장르의 핵심 감정이 가장 고조된 순간을 표현한다. 더 나아가 핵심 사건은 등장인물에 관한 핵심 질문에 답한다. 이 배역들 중에서 은밀하게 숨어 있는 인물은 누구인가? 누가 도덕적이고, 누가 비도덕적인가? 나약하거나 심지가 굳은가? 용감하거나 비겁한가? 영리하거나 어리석은가? 충동적이거나 냉철한가?

핵심 사건은 기존의 모든 설정을 활용해서 중요한 사건을 정리하고 이후에 벌어질 모든 사건을 새롭게 설정한다. 핵심 사건은 현대 서사극을 여는 반란 같은 도발적 사건일 수도 있고, 전쟁 스토리를 마무리하는 전투 같은 그 스토리의 절정일 수도 있다. 범죄 장르는 범인의 폭로를 중심으로 전환하며, 그런 전환점은 이야기의 초반과 후반 어디에든 위치할 수 있다. 「아이리시맨(The Irishman)」의 프랭크 시런처럼 범죄자가 결국 자신의 죗값을 치르지 않고 법망을 빠져나갈 수는 있지만, 그가 범인이라는 사실이 밝혀지지 않을 수는 없다. 누가 범인인지를 밝히지 않는 추리물은 그 자체로 범죄다.

속수무책 장면

액션 장르에서는 영웅이 악당의 덫에 걸려 속수무책으로 당하는 장면에서 극도의 긴장이 감돌게 된다. 속수무책 장면은 맨손의 주인공이 가장 취약한 순간과 악당이 중무장하며 가장 강력한 순간에 서로 대치할 때 만들어진다. 영웅은 어떻게든 상황을 역전해서 악당보다 우위를 점해야 한다.

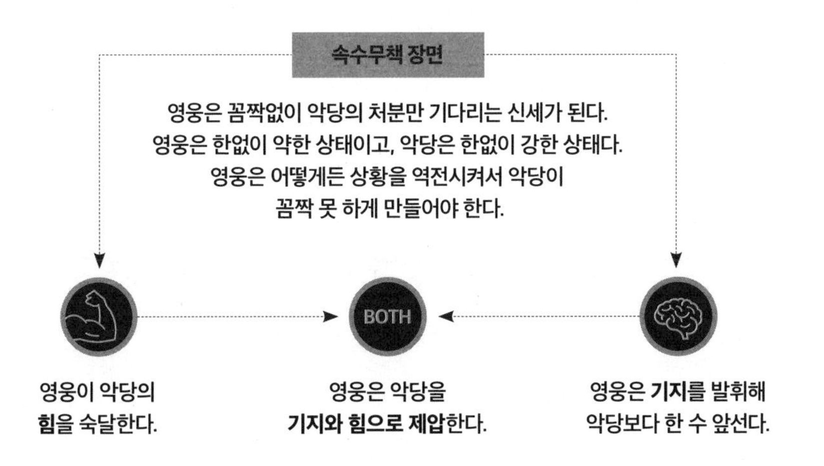

속수무책 장면에서는 이야기를 잠시 멈추고 고긴장 연료통을 꽉 채우

면서 필요한 만큼 시간을 끌어도 된다. 지금까지 영웅은 악당으로부터 자신의 목숨을 지킬 수 있었다. 그러나 이 정지된 순간에, 코너에 몰린 무방비 상태의 영웅은 의기양양한 표정의 악당을 무기력하게 올려다볼 수밖에 없다. 이것으로 완전히 끝장난 것처럼 보인다.

속수무책 장면은 이런 질문을 던진다. 악당은 왜 기회가 있을 때 영웅을 그냥 죽여 버리지 않는 걸까? 이 질문에 대한 답은 악당의 약점, 즉 악당의 자기도취 정신에서 찾을 수 있다. 악당은 허영심으로 인해 영웅의 비참한 모습에 흡족해하면서 승리의 기쁨에 취하고, 때로는 정보나 가학적 쾌락을 얻고자 영웅을 고문한다.

고문이 지속될수록 긴장이 고조된다. 긴장이 최고조에 달했을 때 속수무책 장면은 관객이 절로 손톱을 깨물게 하는 벼랑 끝으로 갈등을 몰고 간다. 악당이 무기를 확보하고서 결정적이고 치명적인 단계에 돌입하고 영웅을 처형할 준비를 한다. 영웅은 이 순간을 어떻게 역전해서 피해자에서 승리자로 거듭날 수 있을까? 다음과 같은 세 가지 방법이 있다. 힘으로 제압하거나 기지를 발휘하거나, 혹은 둘 다 쓰는 것이다.

악당을 무력으로 제압하려면 먼저 영웅이 악당의 힘을 속속들이 파악하고 그 힘을 숙달해서 악당을 뛰어넘는 힘을 갖춰야 한다. 눈에는 눈, 이에는 이, 힘에는 힘이다. 무술영화는 거의 전적으로 이런 기법을 활용한다. 중국 문학에는 『사조영웅전(射鵰英雄傳, Legends of the Condor Heroes)』 같은 액션 대작들이 즐비하다. 김용(金庸, Jing Yong) 작가는 영웅담을 전쟁 · 정치 · 연애 · 진화 플롯과 혼합하거나 융합한다. 그의 작품에서 주인공들은 무술 능력과 심리학적 통찰을 모두 동원해 악당을 패배시킨다.

머리로 악당을 이기려면 영웅이 악당의 약점을 발견하고, 그 약점을 이용해 악당을 패배시켜야 한다. 많은 경우에 악당의 과도한 힘 또는 폭주가 약점으로 작용한다. 영웅은 유도의 업어치기와도 같은 움직임으로 위기를 뒤집어서 승리로 바꾼다. 악당에게서 가장 흔히 발견되는 결함은 자만이다. 승리가 악당의 머릿속을 채우는 순간 불시에 집중력이 흐트러지고 악당이 취약해진다.

「다이 하드」의 속수무책 장면에서 영웅은 기지와 힘 모두를 동원해 악당을 제압한다. 먼저, 기지를 발휘한다. 피투성이가 되어 두 손을 들고 항복한 존 맥클레인은 즉석에서 기발한 속임수를 생각해 낸다. 맥클레인은 악당들의 최후의 결전이 너무나 시시하다고 비웃으면서 악당 한스 그루버와 그루버의 오른팔 에디의 집중력을 분산시킨다. 둘째, 힘을 보여 준다. 악당들이 맥클레인의 말을 농담으로 받아들이고 웃음을 터뜨리자 맥클레인은 등 뒤에 테이프로 붙여둔 총을 꺼내 에디를 죽이고, 그루버에게는 총상을 입힌다. 맥클레인과 그루버는 무기 없이 육탄전을 벌이고, 마침내 그루버는 나카토미 플라자 30층에서 추락한다.

속수무책 장면 설정

영웅은 스토리에 등장할 때 대개 여러 가지 자원을 가지고 있다. 영웅이 무력해지려면 사건들을 거치면서 무기와 조력자들을 차례로 잃고 무방비 상태로 홀로 남아야 한다. 기본적으로 스토리 초반에서 이루어지는 영웅의 힘에 대한 모든 묘사는 이후 영웅이 차례차례 힘을 잃는 과정을 한층 더 인상깊게 만들고, 그와 더불어 위기를 심화하기 위한 밑작업이다. 영웅의 능력이 사라지는 동안 악당의 힘은 그에 비례해 강화되면서 속수무책 장면의 최후의 결전에 도달한다.

배치

속수무책 장면은 액션 장르의 네 가지 핵심 요소—가치(생/사), 감정(흥분), 배역 구성(영웅/악당/피해자), 사건—이 전부 최고점에 도달한 순간을 단 하나의 전환점에 담아낸다. 작가는 자연스럽게 가장 좋은 것을 마지막까지 아껴 두려는 경향이 있고, 그러다 보니 「다이 하드」에서처럼 그 가장 좋은 것을 절정에 사용한다. 그러나 반드시 그래야 하는 것은 아니다.

두 번째 장면을 속수무책 장면으로 삼은 다음 최종 절정을 위한 설정을 마련할 수도 있고(「007 스카이폴」), 스토리를 속수무책 장면으로 열면서 도발적 사건으로 삼아 처음부터 끝까지 방대하고 복잡한 액션으로 발전시켜서 이야기 전체를 채울 수도 있다.(인도네시아 영화 「레이드(The Raid)」처럼) 비록 지극히 드물고 심지어 불가능할 때도 있지만, 영웅이 위기를 뒤집는 데 실패하는 바람에 적대자가 승리할 수도 있다.(「퍼펙트 스톰」) 당신의 세계와 캐릭터의 관점에서 가장 진실처럼 보이는 방식으로 속수무책 장면을 활용하라.

실패한 속수무책 장면

관객과 독자는 자신이 가장 좋아하는 장르의 핵심 사건을 좋아한다. 핵심 사건을 건너뛰거나 핵심 사건이 설득력 없게 전개된다면 관객과 독자는 총을 겨눈 강도에게 당한 것처럼 반응한다. 왜 실망했는지 콕 집어 설명할 수는 없다 하더라도 느낌으로 핵심 사건이 실패했다는 것을 안다.

속수무책 장면은 액션 스토리 창작 작업 전체를 통틀어 독보적으로 풀기 어려운 코드다. 이 코드를 깨려면 기발한 창의적 발상이 필요하다. 액션 장르의 역사가 실망으로 점철되어 있는 이유다. 속수무책 장면이 실패한 경우들을 살펴보자.

실패한 속수무책 장면

- × **악당의 부재**
- × **아킬레스건**
- × **진부한 시선 돌리기**
- × **우연**
- × **막판 구출**

---

1. 악당의 부재

영웅이 악당의 오른팔을 기지와 힘으로 손쉽게 제압한다는 점은 이미 널리 알려져 있다.(「존 윅(John Wick)」 시리즈를 생각해 보자.) 악당이 영웅의 처단을 멍청한 수하에게 맡기면 영웅으로서는 카드 속임수만큼이나 전세를 역전시키기가 쉬워진다. 그 결과 속수무책 장면이 밋밋해진다. 독자와 관객은 이런 의문을 품을 수밖에 없다. '악당이 직접 처리할 만큼 중요하지도 않은 일에 왜 내가 신경을 써야 하지?'

속수무책 장면의 기본 목적은 압박에 시달리는 영웅이 믿기지 않을 정도로 냉철함을 유지하는 모습을 보여 주면서 그런 영웅의 냉철함을 악당의 병적인 맹목성과 대비시키는 것이다. 이것이 성공하려면 영웅과 악당이 일대일로 대면해야 한다. 물리적으로가 아니라면 적어도 전자 장비를 동원해서라도.

2. 아킬레스건

작가가 자신이 창조한 악당보다 더 뛰어난 기지를 발휘할 수 없을 때는 흔히 악당 캐릭터에 뚜렷한 결함이나 약점을 심어 둔다. 그 결함 내지는 약점은 핵심 사건에서 쉽게 잡아당길 수 있는 줄이 된다. 물론 베테랑 관객 또는 독자는 속수무책 장면이 전개되기 훨씬 전에 아킬레스건을 알아채고는 '나는 이미 알고 있었어.' 하는 생각에 침울해진다.

3. 진부한 시선 돌리기

악당의 집중력을 흐트러뜨리고 제압하는 것은 고대부터 전해지는 술책이다. 그런 장면은 "조심해, 뒤에 누가 있어."나 "어, 당신 신발끈이 풀렸는데?" 같은 진부한 표현들로 뒤덮여 있다. 무조건 피하라.

4. 우연

뜬금없는 행운도 마찬가지다. 이를테면 길에서 자동차 연통 폭발음에 놀란 악당이 자신이 공격받고 있다고 착각해서 속수무책 장면에서 도망치는 식이다.

5. 막판 구출

'데우스 엑스 마키나(deus ex machina)'라는 라틴어 구절은 2500년 전 아테네와 로마에서 시작된 공연에서 유래한 플롯 장치의 이름이다. 고전극의 극작가는 좀처럼 이야기를 매듭지을 방법을 찾을 수 없을 때 신을 소환했다. 신이 갑자기 등장해 주인공의 문제를 해결해 주는 것이다. 높이 솟은 연단에서 전능한 신적 존재를 연기하는 배우가 마치 하늘에서 내려오듯 도르래, 즉 기계의 도움을 받아 무대 위로 내려왔다. 데우스 엑스 마키나는 '기계에서 나온 신(god from machine)'이라는 뜻이다.

현대극에서는 작가가 자신의 플롯에서 빠져나오려고 시시하거나 억지스러운 원인을 붙일 때 데우스 엑스 마키나라는 표현을 쓴다. 진부한 액션물은 영웅을 구조하기 위해 문자 그대로의 신 대신 다양한 대체품—데우스 엑스 파트너, 데우스 엑스 연인, 데우스 엑스 경찰, 데우스 엑스 행운, 데우스 엑스 악당 무리 중 배신자 등—을 사용한다.

영웅이나 악당이 필수적인 의사결정과 행동을 빼앗고 지름길을 택하면 언제나 액션 스토리는 불구가 되어 버리고 관객과 독자에게 액션 장르의 핵심 감정인 흥분을 불러일으킬 수 없게 된다.

5장

액션의 핵심 감정

감정은 변화의 부산물이다. 한 사람의 삶을 지배하는 가치가 균형을 이루는 한—성공이 실패를 상쇄하고, 안전하다는 인식이 위험하다는 인식을 잠재운다면—그는 이성적으로 차분하게 일상을 살아갈 것이다. 그러나 삶의 가치가 갑자기 변하고 균형이 깨지면 그는 감정의 파도에 휩쓸린다. 예를 들어 일을 할 때 부정적인 가치값이 긍정적인 가치값으로 전환되면(문제였던 프로젝트가 해결되는 쪽으로 진전된다.) 도파민과 세라토닌처럼 기분을 좋게 하는 호르몬이 나와서 그 사람의 마음을 붕 띄운다. 반면 개인적인 인간관계가 긍정적인 가치값에서 부정적인 가치값으로 전환되면(친한 친구가 배신한다.) 마음을 불편하게 만드는 호르몬이 마구 분비되고, 그 결과 분노, 두려움, 슬픔 같은 감정을 느끼게 된다.

감정과 의미

삶에서 감정과 의미는 각각 별개로 다가온다. 감정이 먼저 오고 그다음에 의미가 온다. 예기치 못한 사건으로 인해 삶의 균형이 깨지면, 먼저 감정이 우리를 덮친다. 일이 어느 정도 수습되면 우리는 왜 그런 일이 일어났는지, 왜 그런 변화가 일어났는지 생각해 본다.

오랜 친구가 갑자기 내게 욕을 퍼붓고는 연락을 끊었다고 해 보자. 충격과 상처를 입고 몇 날 몇 주를 무엇이 문제였는지, 혹여나 내가 무슨 잘못이라도 했는지 고민하게 된다.

시간이 지나면 그런 고민들이 인생을 대하는 우리의 앎에 더해진다. 미래에 비슷한 일이 일어나면 우리의 감정 반응은 다소 무뎌질 것이다. 어떻게 대처해야 하는지 알고, 더 잘 대비하고 있다. 그 일을 통해 우리는 사람과 우리 자신에 대해 뭔가를 배운 것이다. 요컨대, 삶의 경험들은 다음과 같은 패턴을 따른다. 먼저 감정적인 반응이 나오고, 그다음에는 의미를 찾고 이해하려는 노력이 뒤따른다.

허구의 스토리는 다른 이야기를 들려준다. 스토리는 삶에서 갑자기 튀어나와 브레이크를 걸게 하는 날것의, 종종 혼란스러운 장애물과 그것에서 의미를 찾기 위한 고군분투와는 다르다. 스토리의 전환점이 우리를 놀라게 할 때는 즉각적으로 통찰이 우리의 머릿속을 파고든다. 막 벌어진 일을 촉발한 이전 사건들 속에 숨어 있던 원인이 순간적으로 눈앞을 스쳐 지나간다. 부정적인 것이든 긍정적인 것이든 감정적 에너지의 파도에 휩쓸리면서 우리는 그 순간에 '어떻게'와 '왜'를 동시에 발견한다.

「아이언맨」에서 오베디아 스탠이 토니 스타크를 배신할 때 관객은 머릿속으로 영화의 설정을 순식간에 되돌아보면서 권력에 대한 스탠의 무자비한 탐욕을 즉각적으로 이해한다.

이런 의미와 감정의 융합이 미학적 경험과 일상 사이에 엄청난 차이를 불러온다. 뛰어난 음악을 듣거나 조각을 감상할 때 우리 본성의 양면, 즉 사고와 감정이 우리 안에서 동시에 연결된다. 그 결과 일상에서는 불가능한 곳까지 우리의 사고와 감정이 도달하고, 더 근본적인 특성을 형성한다. 예술작품은 삶에서 구분되어 있던 두 영역, 이성과 감성을 통일시킨다. 달리 말하면 예술은 의미에 감정을 채운다.

감정이입 vs 거리 두기

스토리텔러의 관점에서 보면 관객 또는 독자가 감정이입을 할 수 없는 이야기에서는 의미 있는 감정도 생성되지 않는다. 관객 또는 독자는 개인적으로 동화되는 감각이 없으면 사건의 무미건조한 요점을 이해하더라도 몰입하지 못한 채 거리감을 느끼면서 팔짱을 끼고 지켜보게 된다. 전환점에서 어떤 일이 일어난 이유(why)와 과정(how)에 담긴 의미에, 그런 변화가 감정에 미치는 영향이 통합되면서 효과를 발휘하려면 먼저 독자/관객이 주요 캐릭터에게 정체성을 공유하고 있다고 느껴야 한다.

「아이언맨」을 보는 관객이 토니 스타크와 자신을 동일시하지 않는다면 오베디아 스탠이 배신한 것이 설득력이 있다고 생각해도 다음에 무슨 일이 벌어질지 궁금하기는커녕 관심조차 없을 것이다.

액션에서 선의 구심점은, 우리가 앞서 지적했듯이 영웅의 이타주의 정신, 곧 자기희생 본능이다. 관객 또는 독자가 액션 스토리에 발을 들이는 순간 잠재된 본능이 속삭인다. "저 영웅은 나와 같아. 희생자를 구하기 위해 기꺼이 자신의 목숨을 거는 다정한 사람이야. 그러니 나는 저 영웅이 행동에 나서고 성공하기를 기원해. 왜냐하면 내가 저 영웅이라면 나도 똑같이 할 테니까." 이타주의에 동화되고 영웅의 성공을 응원함으로써 관객 또는 독자는 자신의 진짜 삶의 목표를 대리 응원하고 있다. 영웅과의 동일시는 관객 또는 독자의 억눌린 감정을 분출시키고, 그 결과 엄청난 흥분에 휩싸이게 된다.

흥분: 액션의 핵심 감정

핵심 감정(core emotion)은 관객 또는 독자가 스토리를 읽거나 감상하는 동안 겪는 본질적인 감정 또는 경험을 가리킨다.

예를 들어 러브 스토리에서는 사랑에 대한 갈망이 우리의 마음을 움직여 눈물을 훔치게 한다. 스릴러에서는 주인공이 냉혹한 인물에게 죽임을 당할 위험이 점점 다가올수록 두려움이라는 핵심 감정이 강화된다. 공포 장르에서는 무방비 상태의 피해자가 막을 수 없는 악마의 그림자 아래에서 움츠러들 때 공포심이 관객을 관통한다.

그러나 액션의 악당은 괴물이 아니고 액션에서 선의 구심점은 벌벌 떠는 피해자가 아니라 용감한 영웅이다. 그래서 생사를 오가는, 위기와 안전을 오가는 고긴장 소용돌이는 오히려 독자와 관객에게 즐거움을 안긴다. 급격히 떨어지는 롤러코스터를 탄 것처럼 우리는 재앙과 정면충돌할 때도 안전하게 안전벨트를 매고 있다. 역설적으로 들리겠지만 이런 위험과 안전의 이중성, 위기와 기쁨의 동시성이 액션의 핵심 감정을 불러일으킨다.

홍분은 종종 다른 감정과 섞인다. 웃긴 장면이 유발한 우스꽝스러움이나 폭주하는 악당이 야기한 부차적 피해에 대한 분노 등 다른 감정들이 액션의 감정을 더 풍성하게 만든다. 하지만, 흥분 없이는 이빨 빠진 티라노사우루스에 불과하다.

감정의 강도

빨간 눈의 포식자가 침을 뚝뚝 흘리면서 입을 벌리고 으르릉거리면 우리는 흥분한다. 그 포식자가 동물원 우리나 사육장 안에 있다면 말이다. 그러나 야수가 탈출하면 우리는 비명을 지르면서 걸음아 날 살려라 달아난다. 따라서 흥분은 위험과의 거리에 비례해 그 강도가 달라진다. 위험이 점점 더 가까워지면, 몇 미터 앞으로, 코앞으로 다가오면 흥분이 급격히 고조된다. 위험이 점점 더 높아지고 점점 더 생생해지고 점점 더 시각적으로 또렷해지면 흥분도 점점 더 커진다.

뛰어난 액션 스토리는 흥분을 조절한다. 긴장을 높였다가 낮췄다가, 다시 이전보다 더 높이곤 한다. 가장 흔한 패턴은 스토리를 강한 흥분에서 시작한 다음 잔잔하게 힘을 축적한 뒤, 치고 빠지는 액션 주기를 따르면서 절정의 최종 결전을 향해 역동적으로 진행하는 것이다.

흥분은 대표적인 다섯 가지 방식으로 분출시킨다.

1. 권위에 저항하기

사회 제도는 상층부에 권한을 준다. 상층부는 나머지 사람들이 따라야만 하는 명령을 내린다. 상층부가 이 권한을 남용하면 반역을 주도하는 반란군이 등장하고, 이런 반역은 우리를 흥분시킨다.

2. 미지를 탐사하기

미지에 직면했을 때 느끼는 두려움은 고통스러운 불안감을 낳는다. 어두운 방에서 눈을 크게 뜨고 있는 아이처럼, 허구 세계에서도 알 수 없는 대상은 캐릭터를 압도한 나머지 두려움에 떨게 할 수 있다. 다만 허구라는 안전한 거리를 두고 지켜볼 때는 캐릭터의 두려움이 독자와 관객의 심장을 뛰게 하는 흥분으로 변환된다.

3. 좌절에 대처하기

캐릭터의 직접적인 목적(immediate goal)이 손에 닿을 만큼 가까워졌다가 장애물에 가로막힐 때 느끼는 분노는 자연스러운 감정이다. 그러나 관객과 독자의 관점에서 보면 장애물이 손에 닿을락말락 가까워진 목표물에서 밀어내면서 캐릭터를 더 큰 좌절을 야기하면 더 큰 흥분이 장면을 채운다.

흥분의 다섯 가지 기법

1. **권위**에 저항하기
2. **미지**를 탐사하기
3. **좌절**에 대처하기
4. **한계** 정복하기
5. **금기** 깨기

---

4. 한계 정복하기

같은 맥락에서, 물리적 · 시간적 힘이 가하는 한계 — 경사가 점점 더 가팔라지는데 정상에 오를 수 있는 시간은 점점 줄어들고, 초침이 계속 돌아가는 와중에 발걸음을 내딛는 족족 미끄러지는 — 장면은 흥분을 불러일으킨다.

5. 금기 깨기

금기는 액션을 금지한다. 금기는 문화에 의해 강화된 신성하다는 인식을 후광처럼 업고 있다. 금기를 깨는 것은 일종의 불경이다. 마치 신에게 죽여 달라고 도전하는 것과도 같다. 그런 도전은 흥분을 일으킨다.

작품 분석

도망자

이 영화는 오프닝 시퀀스(opening sequence)를 앞서 살펴본 다섯 기법 중 네 개로 꽉 채웠고 덕분에 처음부터 엄청난 흥분의 에너지를 뿜어낸다.

살인 누명을 쓰고 사형을 선고받은 리처드 킴블은 다른 기결수들과 함께 교도소로 가는 버스를 탄다. 그런데 죄수들이 탈출을 시도한다.(기법1) 버스가 계곡 아래로 구르다가 기차가 달려오는 선로 위에서 멈춘다. 촉각을 다투는 상황에서 킴블은 기차가 버스와 충돌하기 직전 교도관을 데리고 겨우 빠져나온다.(기법4)

킴블은 시골로 도망치고 미국 연방보안관이 그의 뒤를 쫓는다.(기법1)

고속도로 교차로에서 킴블을 놓친다. 시야에서 사라진 킴블은 미로 같은 하수도로 숨어든다.(기법2) 연방보안관은 킴블을 발견했다가 놓쳤다가 다시 찾는다.(기법3) 마지막으로 킴블은 아찔한 폭포 언저리에서 궁지에 몰린다. 보안관은 자수하라고 명령하지만(기법1), 킴블은 오직 죽음만이 기다리고 있는 것처럼 보이는 폭포 속으로 뛰어내린다.(기법4)

결론: 관습 vs 클리셰

기본 장르가 진화하면서 장르의 설계 논리에 의해 특정 설정, 배역, 사건, 가치가 규정되었다. 시간이 지나면서 관객과 독자는 그런 요소들을 특정 스토리 유형 또는 장르의 필수 관습으로 예상하고 기대하게 된다. 전쟁 스토리에는 전장(설정), 러브 스토리에는 연인(배역), 범죄 스토리에는 범죄(사건)가 반드시 있어야 하고, 액션 스토리에서는 생과 사(가치)가 걸려 있어야 한다.

여전히 유효한 이런 장르적 특징은 작가를 구속하지도 않고 성공을 보장하는 레시피를 제공하지도 않는다.

관습은 단순히 각 장르의 스토리 주제와 핵심 요소를 제시한 다음 호기심의 초점을 창작 가능성의 스펙트럼에 집중시킨다. 작가는 그 주제와 요소 내에서 어떤 것들이 가능한지 창작 가능성을 탐색한다. 그러나 뛰어난 작가가 이런 필수 특징을 기발하게 적용해서 일정 정도의 완벽함을 달성하고 나면 이후 몇 번이고 반복해서 모방된다. 시간이 지나면 그것은 뻔하고, 공허하고, 지루한 것, 즉 한마디로 말해 클리셰가 된다.

관습 vs 클리셰

장르	관습		클리셰
러브 스토리	핵심 배역 : 연인	✕	두 사람이 솔로들이 모이는 술집에서 만난다.
범죄 스토리	핵심 가치 : 정의/불의	✕	골목에 버려진 시체로 시작한다.
전쟁 스토리	핵심 사건 : 전투	✕	주인공의 소대가 포위당한다.
액션 스토리	핵심 배역 : 악당	✕	악당은 부패한 다국적 기업의 돈 많은 CEO다.

고전 클리셰

러브 스토리 장르의 핵심 배역은 사랑에 목마른 외로운 두 사람이다. 그러나 두 사람이 데이트 서비스 업체를 통해 만나면 그것은 클리셰다.

범죄 장르의 핵심 가치는 정의/불의다. 그러나 불의가 골목에서 시체를 발견하는 장면으로 드러나기 시작하면 그것은 클리셰다.

범죄 장르의 핵심 사건은 마지막 전투다. 그러나 전투 부대가 포위되면 그것은 클리셰다.

액션 장르의 핵심 배역은 악당이다. 그러나 그 악당이 부패한 국제적인 대기업의 슈퍼리치 CEO라면 그것은 클리셰다.

액션을 감염시킨 모든 클리셰는 수십 년 전부터 이어져 내려왔다. 심지어 수백 년 전부터 내려온 것도 있을 것이다. 클리셰도 처음에는 장르적 관습 중 하나를 개선시킨 기발한 창작적 선택이었을 것이다. 다만 너무나 훌륭한 나머지 게으른 작가들이 끊임없이 재활용하게 되었고, 그러다 보니 빈껍데기만 남은 것이다.

클리셰를 피해서 액션 스토리를 쓰려면 먼저 액션 장르의 핵심 관습에 대한 이해를 갖추고 그 관습이 형성된 이유에 대한 깊은 존중을 갖춰라. 둘째, 당신이 만들고자 하는 스토리의 설정, 사회, 역사, 캐릭터를 조사해서 당신의 주제에 대한 방대한 지식을 갖춰라. 셋째, 상상력을 동원해 당신이 아는 모든 것을 탐구하고 확장하라. 이런 노력은 당신에게 창작적 선택지를 넓혀 주고, 그 선택은 당신이 설정한 세계의 캐릭터들로 하여금 다양한 행위를 하게 만든다. 마지막으로, 당신의 작가적 비전에서 요구하는 고유한 방식으로 장면을 집행하라.

예를 들면 유일무이한 속수무책 장면에서는 당신의 주인공이 아무도 예상하지 못한 방식으로 악당을 기지 또는 힘으로 제압한다. 그런데 막상 그 일이 벌어지고 나서 주인공의 행동을 되돌아보면 모든 것이 완벽하게 들어맞는다.

첫째, 조사와 상상을 통해 유일무이한 악당을 창조한다. 악당은 압도적이고 앞지르는 캐릭터다. 너무나 매력적이고 너무나 강력해서 비교 불가능한 악당을 창조하라. 둘째, 체스판을 돌린 다음 영웅의 관점에서 악당을 패배시켜라. 속임수를 써서는 안 된다. 당신의 악당을 깊이 파고들어서 겉으로는 보이지 않는 약점을 발굴하라. 이전 장면에서는 강점처럼 보였던 심리적인 맹점을 찾아 내고, 이를 이제는 영웅이 취약점으로 인식하게 될 것이다. 그런 다음 영웅이 그런 통찰을 활용할 수 있는 기발한 방법을 고안하라.

제2부

액션의 배역 구성

배역(role)과 캐릭터는 같지 않다. 3장에서 우리는 액션 장르를 구성하는 핵심 배역 구성인 영웅, 악당, 피해자와 각 배역에 대응되는 정신인 이타주의, 자기도취, 무력감을 살펴보았다. 그런데 배역은 캐릭터가 아니다. 적어도 아직은 아니다. 배역은 스토리 내에서 일반적인 사회적 지위(어머니, 상사, 예술가, 변호사, 외톨이)를 지니며, 그에 따라 주어지는 과업 집합(육아, 인사 관리, 그림 그리기, 고객 변호, 대인 기피)을 실행한다. 하얀 캔버스에 씌워진 액자처럼 배역은 작가가 독창적인 창작으로 채울 수 있는 빈 공간을 제공한다.

영웅, 악당, 피해자가 스토리에 등장하면 각각 부모, 과학자, 전사, 경찰 같은 친숙한 배역을 수행하면서 그 배역에 맞는 인간관계를 구축한다. 캐릭터의 본성 중에서 두 가지 측면이 상충하면, 그 캐릭터에 차원이 생긴다. 두 가지 이상의 차원이 생기면 캐릭터는 밋밋한 캐릭터에서 복잡한 캐릭터로, 상투적인 캐릭터에서 독창적인 캐릭터로 발전한다.

6장

삼각구도

인물 묘사 vs 진정한 성격

인물 묘사(characterization)는 캐릭터의 외형을 가리킨다. 관객 또는 독자의 눈과 귀를 파고드는 나이, 성, 옷차림, 행동, 목소리 같은 신체적 특징들을 말한다.

진정한 성격(true character)은 캐릭터의 내적 본성, 예컨대 도덕성, 정신성, 정서, 의지력 등을 말한다. 내면 깊숙한 곳에 자리한 특징은 보이지 않는 서브텍스트에 숨어 있기 때문에 관객 또는 독자는 오직 캐릭터의 선택과 행동을 근거로 알아낼 수밖에 없다.

액션 장르에서의 진정한 성격

우리의 행동이 곧 우리다. 캐릭터는 심각한 갈등을 일으키는 아주 위험한 딜레마 앞에서 자유의지로 어떤 선택을 하고, 그때마다 자신의 진짜 자아를 드러낸다. 더 나아가 더 큰 위기 앞에서 한 선택일수록 진정한 성격이 더 잘 드러난다. 캐릭터가 잃을 것이 아무것도 없을 때는 그의 선택과 행동이 그의 진짜 모습을 보여 줄 수도 있고, 보여 주지 않을 수도 있다. 그러나 승리를 쟁취하기 위한 분투에서 캐릭터가 모든 것, 심지어 목숨까지도 잃을 수 있는 위기에 처하면 그의 선택과 행동은 그의 본질적인 자아(essential self)를 보여 준다. 이 캐릭터의 마음 깊숙한 곳에는 어떤 사람이 있는가? 그 사람은 도덕적인가, 비도덕적인가? 다정한가, 무심한가? 현명한가, 어리석은가? 신중한가, 충동적인가? 강자인가, 약자인가? 커다란 압박을 받는 상태에서 캐릭터가 하는 선택은 그런 질문에 대한 답을 줄 것이다.

게임에서의 진정한 성격

게임은 액션 장르의 특수 사례다. 게임 시나리오는 스토리라인을 구축하고 그 결과 흥미로운 질문을 던진다. 앞서 살펴봤듯 진정한 성격은 갈등에 직면한 캐릭터의 선택과 행동을 통해서만 드러난다. 그렇다면 게임에서는 누가 그런 선택의 주체인가? 플레이어인가, 주인공인가?

게임 창작자들은 시나리오 작가 및 소설가처럼 배역에 특징적인 인물묘사를 부여한다. 그러나 차이점도 있다. '마치 ~인 것 같은(as if)'의 허구

세계를 바라보는 관객과 독자는 자신이 감정이입을 한 주인공이 그 캐릭터의 깊은 본성을 드러내는 자유의지 선택을 하는 것을 수동적으로 지켜본다. 게임에서는 표층적 인물 묘사에 따라 주인공이 연기할 배역이 주어지지만, 자의식이나 자유의지 없이 배역을 연기한다. 따라서 주인공의 선택과 행동은 오로지 게임을 처음에 고안하고 한계를 설정한 게임 창작자의 것이다. 그다음으로는 게임 창작자가 정한 한계 내에서 게임을 하는 플레이어의 것이다. 게임 속 주인공은 플레이어의 화신이자 자의식이 없는 아바타이고, 그래서 내적 자아가 없다.

이것이 게임을 원작으로 하는 영화가 뻔하고 평면적이라는 평가를 빈번하게 받는 이유다. 게임 내에서 게임의 배역들에게는 깊이가 없다. 그러다 보니 화면으로 옮겨 왔을 때에도 깊이가 없다.

그러나 플레이어는 자신의 주인공을 전진시키는 동안 자기표출을 경험하고 아무리 강조해도 지나치지 않을 만큼 중요한 통찰을 얻는다. 세밀한 맞춤형 플레이가 가능한 긴 롤플레잉 게임에서 플레이어는 몇 년까지는 아니더라도 몇 개월 동안 한 캐릭터로 지내면서 잠재의식까지 관여시키는 정교한 몰입이 일어나며, 이것은 게임이라는 매체에서 벌어지는 고유한 현상이다. 플레이어에게 더 많은 선택지가 주어질수록, 또 게임이 그런 선택지에 맞춰 더 잘 변형될수록 플레이어가 경험하는 복잡한 자기발견의 깊이가 더 깊어진다.

게임 창작자가 플레이어와 구별되어 자유의지를 행사하는 것처럼 **보이는** 주인공을 빚어낼 수 있을까? 영화, 연극, 소설 속 캐릭터처럼 독립적이고 개인적인 선택을 할 수 있는 그런 주인공, 또한 감춰져 있던 내면의 본성을 표출하는 선택들을 하는 주인공을 말이다.

MMORPG게임(다중접속역할수행온라인게임, massively multiplayer online roleplaying game)인 「월드 오브 워크래프트」는 다양한 장소에서 벌어지는 수많은 모험 기회를 플레이어에게 제공한다. 동시에 게임마스터의 예리한 눈길 아래에서 다른 인간 플레이어와 연결된다. 목표는 최고 레벨에 도달하는 것이다. 그렇게 하려면 플레이어는 무(無)에서 영웅을 구상해야 한다. 주인공의 인종(비인간 종부터 인간 종까지), 외모(헤어스타일부터 옷차림까지), 계급(온갖 직업), 배역(킬러부터 힐러까지)이라는 선택지들을 통해 인물 묘사를 해야 한다.

이런 선택들로 플레이어 맞춤형 영웅이 생성되지만, 롤플레잉게임이 아무리 스토리화된 것처럼 보여도 게임에서 드러나는 진정한 성격은 플레이어의 진정한 성격이지 플레이어의 화면 속 아바타의 진정한 성격은 아니다.

평면적 배역 vs 입체적 캐릭터

영웅/악당/피해자의 삼각구도는 액션 스토리의 사회적 위계질서에 부합한다. 오버독 악당, 언더독 영웅, 무방비의 피해자. 배역들의 본질적인 정신인 자기도취, 이타주의, 무력감이 배역들의 핵심 기능을 규정한다. 그러나 세 배역 모두 액션 장르가 최소한 한 가지 이상의 기법적 장르와 융합해야만 평면적 배역에서 입체적 캐릭터로 발전할 수 있다.

예를 들어 기법적 장르의 톤은 익살극부터 비극까지 이어지는 기법적 스펙트럼으로 액션 장르를 풍성하게 만든다.

액션 장르의 톤 변주

이 기법적 장르는 캐릭터에게 폭넓은 톤의 선택지를 제공한다. 바보부터 성인(聖人)까지, 익살(「가디언즈 오브 갤럭시」)부터 풍자(「데드풀」), 드라마(「맨 온 파이어」), 비극(「로건」)까지.

또한 존재론 장르(ontological genre)는 현실부터 황당무계까지 폭넓은 설정 스펙트럼을 제공한다.

대다수 액션 플롯은 지극히 현실적인 설정에서 일어난다. 그러나 사건은 마법, 판타지, 초자연, 황당무계한 영역에서도 전개될 수 있다. 이런 존재론의 범위는 영웅적 행위에 다양한 선택지를 제공한다. 「캡틴 필립스」의 리처드 필립스 같은 현실 세계의 보통 사람부터 「테이큰」의 브라이언 밀스 같은 저돌적인 사람, 「원더우먼」의 다이애나 프린스 같은 슈퍼히어로, 해리 포터 같은 판타지 영웅, 「24와 1/2세기의 덕 다저스(Duck Dodgers in the 24½th Century)」의 대피 덕 같은 미친 영웅까지도.

가상의 미래를 무대로 삼은 액션은 어느 정도 기술적 노하우를 지닌 인

액션 장르의 존재론 변주

물 묘사를 요구한다. 과거에서 벌어지는 액션에도 비슷한 기술적 조율이 필요하다. 역사 캐릭터는 그 시대에 어울리는 방식으로 행동해야 한다. 애니메이션과 판타지는 과거도, 현재도, 미래도 아닌 시간을 초월하는 세계를 창조하지만, 그럼에도 불구하고 그 캐릭터가 활동하는 상상 세계에 어울리는 방식으로 말하고, 차려입고, 행동하는 캐릭터를 요구한다.

한편에서는 기본 장르가 핵심 가치, 배역 구성, 행동, 감정이라는 스토리의 내부 구성 요소를 결정하고, 다른 한편에서는 기법적 장르가 그런 내부 구성 요소를 특정 표현 스타일로 외부에 표출해서 관객 또는 독자에게 보여 준다. 이런 내적 요소 vs 외적 요소라는 틀을 캐릭터의 배역 구성에 적용하면 유사한 패턴이 발견된다.

액션 캐릭터의 차원성

차원은 캐릭터 내부의 모순되는 두 가지 특성을 연결한다. 예컨대 상반되는 행동(친절한 미소 vs 잔인한 범행), 어울리지 않는 신체적 특징(건장한 체격에 약한 성정), 극과 극으로 나뉘는 정서적 특징(하루는 쾌활했다가 다음 날은 절망에 빠짐)이나 정신 상태(잘 속아 넘어가는 천재) 등.

가장 흔한 모순으로는 겉으로 드러난 외형과 감춰진 진실이 상충하는 경우다. 이를테면 외모가 아름답지만 내면은 흉측한 인물처럼 인물 묘사의 한 측면을 진정한 성격의 특성과 대비시킬 수 있다.

스토리가 전개되는 동안 캐릭터가 하는 선택과 행동이 자신의 차원에서 긍정적인 가치값과 부정적인 가치값을 오가면서 그의 진정한 캐릭터를 폭로한다. 예를 들어 캐릭터는 두려움에 떨다가 용기를 낸다거나 그 반대로 바뀔 수도 있다. 냉철하다가 충동적이다가 다시 냉철해지거나, 다정하다가 잔인하다가 다시 다정하기를 반복한다. 둘 중 한쪽이 우위를 점하면서 그의 본질적 본성이 드러난다. 따라서 캐릭터의 차원이 되려면 일관되고 통합되어야만 한다. 일시적이거나 임의적이어서는 안 된다.

관객이나 독자의 관점에서는 캐릭터가 보여 주는 다채로운 차원이 매력적이다. 모순된 대립항 중에서 어느 쪽이 다음에 튀어나올지, 어느 쪽이 최종적으로 우위를 점할지 궁금해진다. 캐릭터의 차원성은 캐릭터를 예측 불가능한 존재로 만들고, 그래서 계속 지켜보고 싶게 만든다.

복잡한 영웅

일차원적이라는 표현은 밋밋하다는 표현과 동의어가 아니다. 본성에 단 하나의 모순만 존재하는 캐릭터를 가리키는 표현으로, 그 모순이 매력적일 수도 있다. 많은 고전 액션 영웅이 비밀 자아 vs 공적 자아라는 단 하나의 내부/외부 역학관계를 중심으로 설정된다.

영웅의 비밀 정체성

온순한 저널리스트 클라크 켄트의 내면에는 감춰진 모순, 즉 슈퍼맨이 도사리고 있다. 다이애나 프린스는 내면에 원더우먼을 숨기고 있다. 토니 스타크는 아이언맨으로 변신한다. 무고한 시민들을 보호하기 위해 브루스 웨인은 배트맨이 되고, 피터 파커는 스파이더맨이 된다.

비밀 정체성에 독자와 관객이 끌리는 이유는 누구나 자신의 내면에 감춰진 고유성(uniqueness), 아무에게도 보여 주지 않는 사적인 자아가 있다고 생각하기 때문이다. 이런 공유된 비밀이라는 감각으로 인해 영웅에게 감정을 이입하게 된다. 게다가 영웅의 이타주의적 고결함을 본 관객/독자는 본능적으로 스스로를 액션의 주인공과 동일시하면서 주인공의 승리를 응원하게 된다.

빈번하게 사용되는 차원은 자신과 친밀한 사람들을 향한 애정과 자신의 천적에 대한 잔인함을 대비시킨다. 「테이큰」 3부작에서 브라이언 밀스는 처음 등장할 때 단 하나의, 그러나 매우 강력한 차원을 체화한다. 요컨대 밀스는 자신의 가족을 깊이 사랑하고 그들을 보호하려고 애쓴다. 그러나 자신의 천적에게는 위협적이고 무자비하다.

「다이 하드」에서 존 맥클레인은 두 가지 차원을 융합한다.

❶ 자신의 아내에게는 약하지만, 적에게는 눈 하나 깜짝하지 않는다.

❷ 정의 구현에 헌신적이지만, 권위에는 반항한다.

복잡한 영웅

「다크 나이트」에서 배트맨도 두 가지 차원을 오간다.

❶ 억만장자 플레이보이 브루스 웨인 vs 다크 나이트

❷ 자신에게 주어진 영웅이라는 소명에서 달아나고 싶은 욕구 vs 고담시를 피해자로 삼은 조커를 막아야 하는 임무 사이에서 겪는 내적 갈등

피터 퀼은 세 가지 차원을 연기한다.

❶ 마블 코믹스 프랜차이즈에 처음 등장한 피터 퀼은 우주 경찰이었다. 그러나 「가디언즈 오브 더 갤럭시」에서는 도적 스타로드로 진화한다.

❷ 약삭빠르게 잔머리를 굴리면서 다른 캐릭터들과 일정한 거리를 둔다. 그러나 그의 내면에 자리잡은 슬픔은 그런 가장된 무심함과 모순된다. 그는 죽은 어머니에게는 병적으로 집착하는 반면 폭군인 아버지는 증오한다.

❸ 피터 퀼의 도적질은 그의 인간적인 본능과 상충한다. 그러나 결국 퀼은 자신의 본능적 이타주의를 따르고 영웅이 된다.

복잡한 영웅

액션의 배역이 두세 가지 이상의 차원을 소환하는 일은 드물다. 내면의 역학적 모순은 내면에 여러 겹의 혼란을 일으키므로 종종 외부의 분투가 더 복잡하게 꼬여 버리기 때문이다. 내면의 보이지 않는 갈등으로 인해 자기 안의 지옥을 대면하느라 바쁜 액션 영웅은 자신을 둘러싼 생과 사의 위협에는 등을 돌리게 될 수도 있다. 또한 액션 영웅이 내면의 악마에게 장면을 할애할 때마다 스토리 악당과의 결투 장면이 그만큼 줄어들 수밖에 없다.

내적 갈등은 액션 스토리의 속도를 늦춰서 중심 갈등의 영향력을 약화시키고 관객/독자의 흥분에 찬물을 끼얹을 위험성이 있다. 그럼에도 불구하고 차원성이 없다면 예측 가능한 단순한 행동은 그저 거친 사내가 취하는 포즈로 전락할 것이다. 이런 까닭에 매력적인 영웅은 하나 이상의 측면을 취한다. 스팍의 인간적인 면, 엘렌 리플리의 모성적인 면, 월-E의 낭만적인 면, 해리 포터의 치명적인 힘, 대너리스 타가리엔(「왕좌의 게임」)의 광기 어린 이상주의, 제임스 본드의 재치가 그런 예다.

복잡한 악당

영웅은 싸움을 걸지 않는다. 싸움은 악당이 건다. 따라서 영웅적 행위는 악행에 대한 반응이고, 액션 플롯의 도발적인 사건은 악당의 행위가 영웅의 반응을 촉발한 뒤에야 파급력이 완전히 발휘된다. 이런 행위/반응의 이중적인 사건은 악당이 처음 자신의 계략을 떠올리기 시작한 순간부터 사악한 행위 그 자체를 실행에 옮기는 첫걸음을 내딛는 순간 사이의 어느 지점에서든 일어날 수 있다. 그 경로 어딘가에서 영웅이 악당의 계획을 알아차린다. 도발적 사건이 일어난 때부터 내내 스토리의 중심라인을 움직이는 동력은 악당의 계획이다. 영웅이 마침내 결정적 행동으로 그 계획을 멈추기 전까지 말이다.

따라서 액션 스토리의 탁월함은 악당의 수준, 그리고 악당이 세운 계략의 기발함과 직접적인 연관성이 있다. 악당이 경이로울수록 영웅은 더 뛰어난 지략을 발휘해야 한다. 악당의 계획이 독창적일수록 스토리텔링도 더 기발해져야 한다.

정신병리학

이전에 한 번도 보지 못한 정신병 증세를 보이는 대단한 악당 캐릭터를 창조하려면 악당의 머릿속에 들어가서 세계를 상상해야 한다. 그렇게 하는 순간, 악당이 자신의 목적의식이 비도덕적이라는 점을 매우 잘 알고 있다는 사실을 깨닫게 될 것이다. 그런데도 악당은 내내 자신의 목적의식이 옳고 정당하고 불가피하다고 믿는다.

도덕/비도덕 스펙트럼은 타인의 필요와 욕구를 대하는 태도를 측정한다. 영웅의 내면 중심에는 이타주의가 있으므로 스펙트럼에서 긍정적인 가치의 최극단에 위치한다. 이와 대조적으로 악당은 도덕성에 반기를 든다. 악당이 보기에 타인을 배려하는 것은 나약하고 어리석다.

옳음/그름 스펙트럼은 어떤 사람이 자기 자신을 대하는 태도, 즉 자신의 개인적인 필요와 은밀한 욕구를 반영한다. 자기도취적 광기에 사로잡힌 악당은 모든 가치를 자신의 입맛에 맞게 왜곡한다. 그의 필요와 욕구를 충족에 기여하는 것은 모두 옳고, 그의 성취를 방해하는 것은 모두 잘못된 것이 된다.

마력, 반발, 미스터리

악당은 다음의 세 가지 특징을 집결시킨다. 마력, 반발, 미스터리가 그것이다. 마력과 반발은 악당의 지배적 차원(dominant dimension)을 지지한다.

세 번째 특징(미스터리)은 악당의 주요 자질이다. 세 가지 특징을 하나로 연결하면 호기심을 자극하는 위협적인 분위기를 발산한다.

액션의 구경꾼인 우리는 힘에 끌리면서도 악은 경멸한다. 잘 만들어진 악당은 힘과 악 모두를 표출하고, 그래서 우리의 관심을 사로잡는다. 비밀스럽고 신비한 미스터리의 망토까지 두르면 악당은 처음에는 우리의 호기심을 붙들고, 그다음에는 새로운 내용으로 우리를 거듭해서 놀라게 한다. 그러다 악당은 우리가 기쁜 마음으로 미워하는 캐릭터가 된다.

이제 이 세 가지 특징을 하나씩 살펴보자.

1. 마력

힘에 카리스마가 더해지면 관객/독자를 사로잡는다. 대개 우리가 가장 좋아하는 캐릭터 순위에서 위대한 악당—「양들의 침묵」의 한니발 렉터, 「스타워즈」 시리즈의 다스 베이더, 「노인을 위한 나라는 없다」의 안톤 쉬거, 「다크 나이트」의 조커, 「터미네이터 2」의 T-1000, 「2001 : 스페이스 오디세이」의 HAL 9000, 「노스 워터(North Water)」의 헨리 드랙스—은 목록 상단을 차지한다.

「다이 하드」의 카리스마 넘치는 한스 그루버는 자신이 하는 일이 그 누구도 아닌 오직 자신에게만 이익이 된다는 점을 똑똑히 알고 있다. 그의 범죄 계략이 아무리 살의로 넘치더라도 그는 자신의 기발한 절도 행각에 자부심을 느끼고, 살인에 대해서는 일말의 가책도 느끼지 않으며, 그 모든 것을 실행하는 동안 자신의 천재성을 만끽한다. 그리고 관객인 우리도 그의 천재성을 만끽한다.

2. 반발

우리는 삐뚤어진 마음과 그런 마음의 흉측한 욕망을 들여다볼 때 역겨움을 느낀다. 그러나 그와 동시에 우리는 완전히 사로잡혀서 차마 시선을 돌리지 못한다.

「미션 임파서블: 고스트 프로토콜」에서 커트 헨드릭스, 코드명 코발트는 가치를 완전히 뒤집어서 악당의 이런 매료됨/역겨움의 차원을 키운다. 코발트는 자신이 옳을 뿐 아니라 도덕적이라고 믿는다. 그는 문명을 멸망시킬 핵 학살을 일으키고 싶어 한다. 인류가 백지 상태에서 다시 시작하고, 이번에는 제대로 해낼 기회를 마련하기 위해서다. 달리 말해 그는 인류를 위해 인류를 소각하려는 것이다. 코발트는 매혹적인 사악함를 왜곡된 광기로 둘러싼다.

3. 미스터리

악당은 비밀이 있어야 한다. 현명한 액션 작가는 궁금증과 호기심을 효과적으로 끌어내기 위해 자신이 창조한 악당의 힘을 감춰 두고서 한 번에 하나씩만 드러낸다. 그것도 매번 영웅에게는 최악의 순간, 그리고 관객/독자에게는 전혀 예상치 못한 순간을 노린다. 악당에게 숨겨진 힘이 없다면 시선을 붙들고 충격을 주는 갑작스러우면서도 시의적절한 폭로로 장면을 전환할 수 없다. 그런 악당의 행동은 예측 가능하고 지루하다.

「터미네이터 2: 심판의 날」에서 T-1000은 처음 등장했을 때 신고를 받고 출동한 경찰관과 맞닥뜨린다. 산탄총이 T-1000을 반으로 가르고 반짝이는 은빛 내부가 드러난다. 이후 이 액체금속 로봇은 기발한 변신 능력의 비밀을 드러내면서 우리를 놀라게 한다. 처음에 우리는 T-1000이 오직 인간의 형상으로만 변신할 수 있다고 생각한다. 그러나 장면이 바뀌고 새로운 사실이 드러나면서 우리는 T-1000이 어떤 것으로든, 심지어 흑백 타일이 깔린 바닥으로도 변신할 수 있다는 것을 알게 된다.

「다크 나이트」에서는 조커가 마치 하늘에서 뚝 떨어져 고담시에 출현한 것처럼 보인다. 조커는 기괴한 분장 속에 자신의 신원을 감추고 있다. 누군가 흉터가 도드라진 그의 흉측한 얼굴을 빤히 쳐다보자 그는 이렇게 말한다. "어쩌다 이런 흉터가 생겼는지 궁금해? 아버지가 술꾼에 도박꾼이었지." 그러나 이후 그는 자신의 전 부인이 그런 흉터를 남긴 원흉이라고 말한다.

조커는 먼저 자신이 아동 학대를 당했다는 거짓 주장으로 우리를 조종한다. 두 번째 거짓말로는 여성에 대한 적대감에 기름을 붓는다. 조커의 능수능란한 심리게임은 그의 위협과 마력을 동시에 증폭한다. 또한 그를 둘러싼 미스터리도 깊어진다. 정말로, 그의 얼굴에 난 흉터는 어떻게 해서 생긴 걸까?

물론 어떤 악당은 순수하게 초(超)도덕적이다. 「조스」의 상어는 옳거나 그르거나 선하거나 악하지 않다. 그저 배가 고플 뿐이다. 그러나 영화를 보는 관객은 그 상어에 악랄한 영혼을 투사하고 상어의 엄청난 힘을 사악한 것, 심지어 가학적인 것으로 해석한다. 상어의 유일한 미스터리는 정도에 관한 것이 전부다. 우리는 단순히 상어의 분노에 한계가 있는지 궁금할 뿐이다.

신비감이 조금도 없고, 매력 vs 혐오라는 핵심 차원이 부재한 악당은 지루하다. 조프리 바라테온을 떠올려 보자. 「왕좌의 게임」 작가들은 이 배역을 진정한 악당에게 맡기고 싶지 않았다. 대신 짜증을 유발하는 나약하고 비겁한 결함투성이 악당을 원했다. 그래서 작가들은 간단하게 악당의 세 가지 주요 자질을 뒤집었다. 조프리에게 마력과 같은 매력이 아닌 비호감을, 미스터리 대신 얄팍함을 주입했다. 무엇보다 역겨운 인물이 아니라 징징대는 인물로 만들었고, 그러다 그는 마침내, 그리고 감사하게도 독살 당했다.

용감한 악당

악당에게도 여러 긍정적인 특징이 있다. 끈질김, 자신감, 자존감 등. 더 나아가 악당은 남을 괴롭히는 건달이 아니다. 건달은 약자를 못살게 구는 겁쟁이다. 악당은 영웅을 도발한다. 악당은 종종 거들먹거리면서 자신의 계략에 대해 떠벌린다. 그 어떤 천재도 자신의 천재성에 견줄 순 없다고 확신하기 때문이다. 그 어떤 힘도, 그 어떤 권력도 자신을 넘어설 수 없다. 무엇보다 악당의 용기는 진짜다. 『모비딕』의 에이해브가 말했듯이 "나를 모욕한 것이 태양이라면 태양을 공격할 것."이다.

그러나 악당이 해병 못지않게 담대하다고 해도 공감을 불러일으키지는 않는다. 공감을 불러일으키면 안 되기 때문이기도 하다. 공감을 불러일으키는 악당이 있다면 액션 스토리가 완전히 뒤집어진다. 우리는 악당의 마음을 유심히 들여다보면서 영혼의 단짝을 찾지는 않는다. 단순히 악의 작동 원리에 매료될 뿐이다. 한니발 렉터를 보면서 감탄할지는 몰라도 '나랑 똑같잖아.'와 같은 생각은 절대 하지 않는다.

악당의 계획

악당의 악행은 그의 술수를 뛰어넘을 수 없다. 마력, 반발, 미스터리라는 세 가지 특징은 악당뿐 아니라 악당의 계략에도 적용된다.

악당에게 자신의 계획보다 더 중요한 것은 없다. 악당은 복잡한 구상을 하면서 엄청난 창작 에너지를 쏟았고, 엄청난 시간을 들여 계획을 준비했으며, (독자/관객의 관점에서) 미스터리하면서도 흥미진진한 기만행위를 실행했다. 악당에게 자신의 계획은 천재적인 범죄 예술작품이다. 남들 눈에는 악당의 계획이 끔찍하고 비인간적인 것으로 보이지만, 악당은 도덕성을 완전히 내던져 버림으로써 해방감의 환희로 가슴이 벅차오른 상태다. 양심에서 자유로운 악당은 자신의 웅대한 계획의 노예가 된다. 그는 자신의 계획에 등을 돌리고 떠날 수 없다. 자신의 계획을 무시할 수 없다. 악당은 자신의 계획을 달성하기 위해 죽음을 감수하고 심지어 자신의 목숨을 희생하기도 한다.

차원성이 없는 피해자

액션 장르에서 인물들의 배역 구성은 영웅과 악당 간에 확실하게 균형을 유지해야 한다. 영웅은 정서적으로 더 많은 관심을 받고 더 많은 공감을 얻지만, 악당은 더 위협적이고 더 많은 힘을 지닌다. 액션 작가는 균형의 추를 어느 쪽으로든 옮길 수 있지만, 폭주하는 영웅이나 다정한 악당은 실망과 혼란만 불러일으킬 가능성이 있다.

액션 스토리에서는 배역 간 균형을 유지하기 위해 되도록 피해자의 차원성은 개발하지 않으며, 더군다나 피해자에게 탈출로를 제공할 수도 있는 차원성이라면 당연히 개발하지 않는다. 만약 피해자에게 수완/무지, 영리함/서투름, 숙련/미숙, 강함/약함 같은 차원이 있다면 피해자는 어떻게든 자신의 긍정적인 역량을 활용했을 것이고, 궁극적으로는 도망치거나 복수할 방법을 찾을 것이다. 그렇게 되면 스토리의 악당은 무능해지고, 영웅은 무의미해진다.

그룹 배역

영웅, 악당, 피해자는 2인조, 3인조, 기타 거의 모든 크기의 그룹이 될 수 있다.

고독한 액션 영웅의 차원은 두 개나 세 개 정도로 제한되는 경향이 있다. 그러나 영웅이라는 배역이 그룹이면 그것만으로도 더 복잡한 캐릭터가 만들어진다. 배트맨과 로빈, 부치 캐시디와 선댄스 키드, K 요원과 J 요원 등 영웅은 자주 짝을 이룬다. 심지어 코스모와 로켓처럼 늘 티격태격하는 2인조도 있다. 팀으로 활동하는 영웅은 「매그니피센트 7」처럼 10명 이하, 「저스티스 리그 언리미티드」처럼 60명 이상, 「300」의 300명까지 그 크기가 다양하다.

팀으로 활동하는 악당도 많다. 「레이더스」의 르네 벨록과 아놀드 토트, 「고담(Gotham)」의 펭귄과 리들러, 「맨 오브 스틸」의 3인조, 조드 장군, 파오라, 잭스-우어 등이 그런 예다. 어떤 악당은 동료의 수를 늘려서 동네 폭력배 조직을 구성하기도 하고 「콰이어트 플레이스」와 「인디펜던스 데이」에서처럼 엄청난 수의 외계인 무리로 등장하기도 한다.

피해자도 마찬가지다. 피해자도 그 수가 늘어나서 몸값을 노린 인질에게 잡힌 가족부터 「스타 트렉 다크니스」, 「미션 임파서블: 고스트 프로토콜」, 「매트릭스」처럼 한 행성의 인구 전체까지 피해자가 될 수 있다.

바뀌는 배역

배역이 항상 이야기 내내 고정된 것은 아니다. 예를 들어 「엑스맨: 데이즈 오브 퓨처 패스트」에서 매그니토는 갈등하는 영웅에서 악당 두목으로 바뀐다. 「루퍼(Looper)」는 이중 전환 플롯을 따른다. 타임 패러독스로 인해 주인공 한 명의 자아가 두 가지 버전으로 갈라진다. 스토리가 시작할 때 현재의 조는 다른 사람은 물론이거니와 미래의 자신조차도 안중에 없는 자기중심적인 악당이다. 그러나 미래의 조는 언젠가 대량 살상을 자행하는 범죄 조직의 보스가 될 사람을 죽이기 위해 자신의 목숨을 걸고 과거로 시간여행을 한다. 이후 두 캐릭터는 서서히 역할이 바뀐다. 절정에서 이타주의적인 인물이 된 현재의 조는 반대로 복수에 눈이 멀어 악랄해진 미래의 조에 의해 죽게 될 피해자들을 구하기 위해 자신을 희생시킨다.

배역이 변하는 동기가 그럴듯하고 충분하다면 우리는 캐릭터가 어떤 방향으로 나아가건 그 뒤를 따라간다. 결국 제자리로 돌아오게 되더라도 말이다. 「스타워즈: 라스트 제다이」에서 카일로 렌은 갈등하는 악당에서 영웅으로 전환하지만, 그 배역에 실망한 나머지 무자비한 악당으로 돌아간다.

하이브리드 배역

여러 캐릭터로 구성된 그룹이 하나의 배역을 맡을 수 있듯이 한 명의 캐릭터가 두 가지 배역을 동시에 맡는 것도 가능하다. 액션에서는 네 가지 배역 조합이 가능하다.

1. 영웅-피해자

이 캐릭터는 이타주의 정신과 무력감이라는 두 배역의 정신을 표출한다. 또한 그 두 정신이 융합될 때 영웅-피해자는 붙잡힐지도 모른다는 두려움과 자기희생을 위한 용기 사이를 오간다.

「도망자」에서 교도소로 가는 수송버스가 사고를 당했을 때 리처드 킴블은 피를 흘리는 교도관을 구하기 위해 탈출할 기회를 빼앗길 위험을 감수한다. 아찔한 폭포가 기다리는 낭떠러지에 몰렸을 때는 미연방보안관의 명령을 무시하고 300미터 높이에서 뛰어내려 소용돌이치는 물속으로 가라앉는다. 병원에 숨어 들어가 아내의 살인자에 관한 단서를 찾을 때에도 그는 발각될 위험을 감수하고서 아무도 돌보지 않아서 죽을 위기에 놓인 환자의 목숨을 구한다.

액션/판타지 게임 「젤다의 전설: 야생의 숨결」의 뒷이야기에서 영웅-피해자인 젤다 공주는 링크와 하이랄 왕국을 구하기 위해 악당 가논을 봉인하고 함께 성에 갇힌다.

「노인을 위한 나라는 없다」에서 르웰린 모스는 마약 거래가 틀어지는 바람에 벌어진 유혈극이 막 끝난 현장에 우연히 발을 들인다. 모스는 현금 다발이 든 가방을 집어 들고 근처에 쓰러져 있던 갱 한 명이 신음소리를 내는 것을 듣고는 그가 아직 목숨이 붙어 있다는 것을 알게 된다. 그날 밤 잠을 이루지 못한 모스는 죽어 가는 그 남자를 살리고자 차를 몰고 범죄 현장으로 돌아간다. 때마침 돈을 찾으러 온 마약 조직이 그를 발견한다.

모스는 도주하고 안톤 쉬거가 그를 쫓는다. 쉬거는 모스에게 제안을 한다. 모스가 돈을 내놓으면 모스의 아내를 살려주겠다고. 모스는 거래에 응하지 않고 쉬거를 죽이겠다고 맹세한다. 그러나 유감스럽게도 모스는 마약 조직과 쉬거의 적수가 못되고 본인의 목숨조차 위태로운 처지가 된다. 쉬거가 모스의 아내를 살해하는 동안 마약 조직이 모스를 향해 총질을 한다. 모스는 어떤 영웅 못지않게 이타적이지만 피해자처럼 무력하다.

액션의 하이브리드 배역

이타주의 정신과 일종의 **무력감**
모두를 갖추고 있다.

2. 영웅-악당

영웅-악당 조합은 이타주의와 자기도취를 대척점에 두고서 피해자를 구하기 위해 자신의 목숨을 희생할 의사가 있지만 자신의 목적을 위해 피해자를 희생시키는 캐릭터를 창조한다. TV 시리즈「바이킹스」의 전사들은 목숨을 걸고 자신의 문화를 지키지만 자신의 문화에 속하지 않은 이방인은 그것이 누구든 잔인하게 살육한다. 많은 이야기에서 이런 식으로 충돌하는 본성은 캐릭터 내면에서 도덕적 갈등을 일으킨다. 그런 내적 전쟁은 캐릭터가 스스로를 희생시켜 자신이 이용한 그 사람들을 구할 때까지 계속된다.

영웅-악당 조합은 종종 광신도를 소환한다. 마블의「엑스맨」세계관에서 매그니토는 슈퍼빌런에서 안티히어로를 거쳐 슈퍼히어로로 진화한다. 제2차 세계대전 종전 직후 매그니토는 분노에 휩싸여 뮤턴트 해방 운동에 나서고, 동료 뮤턴트를 위해 자신의 목숨을 거는 영웅적 행위도 한다. 자신의 목적을 달성하는 것을 방해하는 사람은 그것이 누구든, 심지어 엑스맨 같은 뮤턴트라 할지라도 그의 피해자가 된다. 이후 「엑스맨: 데이즈 오브 퓨처 패스트」에서 매그니토는 엑스맨에 합류해 센티넬에 맞서는 필사적인 최후의 전투에서 엑스맨 편에 서서 목숨을 걸고 싸운다.

「왕이 되려 한 남자」의 다니엘 드래보트는 이 핵심 모순을 체화한다. 행운과도 같은 우연에 의해 아프가니스탄의 어느 시골마을 사람들은 드래보트가 알렉산더대왕의 환생이라고 믿는다. 그런 신뢰와 영국 군인으로서 익힌 기술에 기대어 드래보트는 스스로를 왕으로 임명한다. 그리고 피해자들의 재산을 탈취해 영국으로 돌아가 부자가 되고자 한다. 그런데 자신의 식민주의적인 탐욕을 문명 이상주의로 교체한 드래보트는 그 계획을 실천하는 대신 마음을 고쳐먹고 정의로운 통치자가 되기로 결심한다. 그는 자신의 피해자들을 돕고자 노력하지만, 드래보트의 사기 행각에 대해 알게 된 아프가니스탄 사람들은 그를 죽인다.

액션의 하이브리드 배역

이타주의와 **자기도취**가 대척한다.
피해자를 구하기 위해 **자신의 목숨을 희생**할 의사가 있지만,
자신의 목적을 위해 **피해자를 희생**시킨다.

3. 피해자-악당

피해자-악당 조합은 악당의 자기도취와 피해자의 무력감이 상충하는 복잡한 차원을 낳는다. 이 역설적인 하이브리드 배역은 다른 사람의 생명을 위험에 빠뜨리지만 결국 자신의 피해자만큼이나 스스로도 무력해지는 캐릭터를 창조한다.

「캡틴 필립스」의 무세는 지독한 가난을 견디다 못해 해적이 된 소말리아인으로, 미국 화물선을 탈취한다. 영리한 계획과 용기에도 불구하고 무세는 미국 해군의 압도적인 군사력을 당해 내지 못한다. 무세는 자신의 결정 때문에 진퇴양난에 빠지고, 결국 동료 선원들은 모두 죽고 자신은 체포된다. 무세가 촉발한 사건은 해적 악당과 화물선 선장 모두를 무력한 피해자 배역에 밀어넣는다.

「반지의 제왕」에서 골룸은 사악한 사우론의 비참한 피해자가 된다. 그러나 골룸은 프로도와 샘을 배신하고 두 사람을 피해자로 만드는 무자비함을 보인다.

액션의 하이브리드 배역

악당의 **자기도취**와 피해자의 **무력감**을 대비시킨다.
대개 자신이 촉발한 **사건에 휘말린다.**

4. 영웅-악당-피해자

영웅-악당-피해자 조합은 이타주의와 자기도취를 무력함과 결합시킨다.

「인크레더블 헐크」의 브루스 배너가 헐크로 변신하면 자신의 길을 막는 무고한 시민을 죽이는 악몽 같은 괴물이 된다. 그러나 또한 자신으로부터 사람들을 보호하기 위해 애쓰는 영웅이자 그 자신도 자신의 도플갱어인 헐크의 피해자이기도 하다. 그런데 마지막 장면에서 브루스 배너는 어보미네이션으로부터 인류를 구하기 위해 자신의 목숨을 걸고 의도적으로 헐크를 불러낸다. 스토리의 결말에 이르면 배너는 헐크를 통제할 수 있게 되고, 히어로 팀에 합류한다.

「킹콩」에 등장하는 거대 고릴라는 자신을 도발하는 사람들을 몰살시킨다. 그러나 자신이 사랑하는 사람을 위해서는 목숨을 내놓고, 결국 사슬에 묶여 조롱거리가 되고, 수많은 총알에 몸에 박힌 채로 마천루에서 떨어져 죽음을 맞이한다.

액션의 하이브리드 배역

세 가지 배역을 맡은 캐릭터는
이타주의와 **자기도취**와 **무력감**을 결합시킨다.

캐릭터는 구경꾼이나 보조 배역에서 핵심 캐릭터로 진화하고, 이후 한 배역에서 다른 배역으로 전환했다가 다시 원 배역으로 돌아갈 수 있다.

「스타워즈 5: 제국의 역습」에서 세련된 랜도 캘리시언은 처음에 클라우드 시티를 소유한 부유한 갑부이자 영웅들의 임무를 지원하는 후원자로 등장한다. 그러나 그는 영웅들을 배신하고 다스 베이더에게 넘긴다. 그 직후에 다스 베이더가 클라우드 시티에 폭정을 펼치면서 변절자 캘리시언은 피해자로 전락한다. 캘리시언은 반란을 일으켜 영웅들을 풀어준 뒤 영웅 팀에 합류한다.

스파이더맨 등 영웅의 오리진 스토리(origin story)에서는 일반인 캐릭터가 영웅으로 탈바꿈한다. 「인크레더블」은 이와 반대 방향으로 전개된다. 전직 히어로가 은퇴한 뒤에 평범한 아빠 역할을 하다가 다시 히어로 정체성을 회복한다. 앞서 살펴봤듯이 매그니토는 영웅에서 악당이 되었다가 다시 영웅이 된다. 「페이스 오프」에서는 캐스터 트로이와 숀 아처가 신분을 맞바꾸고 그로 인해 각각 악당에서 영웅으로, 영웅에서 악당으로 배역이 맞바뀌는 데서 스토리의 재미가 나온다.

이런 하이브리드 배역으로 인해 이야기의 구조에 문제가 생길 수 있다. 속수무책 장면은 어떻게 되는가? 악당-피해자가 어떻게 영웅을 속수무책 상태에 빠뜨릴 수 있을까? 그 점에 있어서는 영웅-악당이 더 큰 문제다. 영웅-악당이 스스로를 속수무책 상태에 빠뜨릴 수 있을까?

한 가지 해결책은 여러 캐릭터에게 악당 배역을 맡기는 것이다. 이를테면 「반지의 제왕」에는 악당이 넘쳐난다. 최종적으로 절대반지 자체가 속수무책 장면을 작동시키고 결국 골룸이 스스로를 죽음으로 몰고 가게 만든다.

여러 명의 영웅이 등장하는 이야기에서는 영웅 캐릭터 중 한 명이 다른 영웅 한 명에게 맞서는 악당으로 전환할 수 있다. 예컨대 매그니토는 「엑스맨: 퍼스트 클래스」와 「엑스맨: 데이즈 오브 퓨처 패스트」 모두에서 속수무책 장면을 만들어 낸다.

융합된 배역

액션 스토리텔링에서 필수 배역은 오직 영웅, 악당, 피해자뿐이다. 탐정과 범인, 스파이와 테러리스트, 과학자와 외계인 같은 직종은 다른 장르에서 빌려온 인물 묘사이며, 사건을 발동시키기 위해 액션 배역 구성에 융합된 요소다.

「리썰 웨폰」과 「맨 인 블랙」 같은 시리즈는 액션 중심플롯에 범죄와 버디 구제 보조플롯을 더할 뿐 아니라 기법적 장르의 하나인 코미디 어조를 추가한다. 이런 혼합과 융합은 탐정의 분석 능력에 재치와 동지애와 같은 특징을 더하면서 이타주의적 영웅을 말장난을 즐기는 티격태격하는 형사 2인조로 설정한다.

분열된 배역

액션의 세 가지 핵심 배역 외의 나머지 배역 구성은 핵심 배역을 돕거나 방해한다. 영웅을 돕는 배역인 사이드킥, 직장 동료, 전문가는 악당을 방해한다. 악당을 돕는 배역인 심복, 무능력한 관료, 특종에 미친 기자는 영웅을 방해한다. 누구든 영웅의 길을 가로막고 방해할 수 있으며, 누구

「다이 하드」의 핵심 배역 구성

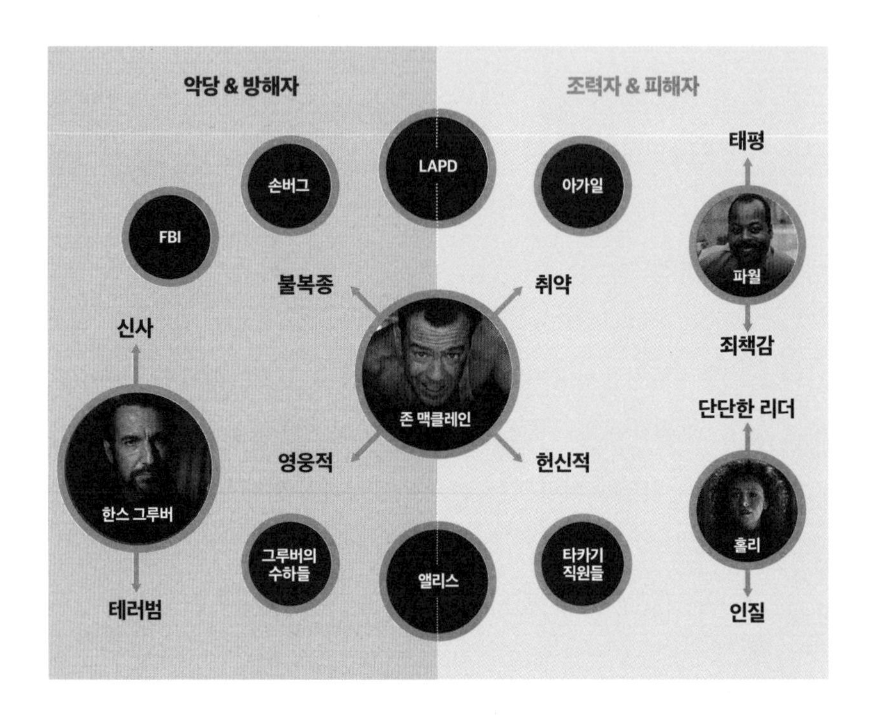

나 영웅을 돕는 단서를 길에 흘릴 수 있다. 잘 구성된 액션 장르의 배역 구성에는 중립적인 배역이 단 한 명도 없다.

「다이 하드」의 핵심 배역 구성을 떠올려 보자. 존 맥클레인은 영웅 배역을, 한스 그루버는 악당 배역을 맡았으며, 홀리 맥클레인과 그녀의 상사 타카기를 비롯한 스무여 명의 회사 직원들은 모두 피해자다.

확장된 배역 구성에는 맥클레인을 돕는 리무진 기사 아가일과 현장에 최초로 출동한 경찰 파월이 있다. 아가일은 악당이 도주하지 못하도록 돕고 파월은 그루버 갱단의 최후의 1인을 죽인다. 그러나 맥클레인을 방해하는 사람들이 상상 가능한 모든 방향에서 등장한다. 홀리의 정체를 폭로

하는 기자 리처드 손버그로 인해 그루버는 맥클레인에 대해 우위를 점하게 된다. 자기도 모르게 그루버가 나카토미의 금고를 여는 것을 돕는 FBI, 경찰을 위험에 빠뜨리는 LAPD 관료들도 있다. 이로 인해 맥클레인은 그 경찰들을 살리기 위해 목숨을 걸어야만 한다. 피해자 엘리스는 어리석게도 그루버와 거래를 시도하다가 맥클레인을 위험에 빠뜨린다.

이런 보조 배역은 맥클레인의 캐릭터를 상세하게 보여 주는 역할을 한다. 맥클레인이 자신의 걱정과 두려움을 아가일과 파월에게 털어놓을 때 우리는 맥클레인의 취약성을 인지한다. 그러나 맥클레인이 그루버에게 맞설 때는 자신감과 물러서지 않는 담대함을 발산한다. 맥클레인은 공포에 떠는 피해자에게 충직하게 헌신하지만 우왕좌왕하는 LAPD와 FBI에게는 불복종한다.

「가디언즈 오브 갤럭시」의 아주 복잡한 배역 구성에서는 거의 모든 조력자—욘두, 노바군단, 중개상, 콜렉터—가 방해자로도 활약하는 이중적인 모습을 보인다. 실제로 영웅적인 가디언즈도 자신도 모르는 새 스스로를 방해하기도 한다.

실종된 배역

액션의 핵심 배역 구성이 삼각구도를 형성하는 데에는 이유가 있다. 삼각형이라는 틀은 영웅에게 그가 구해야 할 피해자와 패배시켜야 할 악당을 제시한다. 이것은 당연한 원칙 같지만 피해자 또는 악당, 심지어 둘 다 부재한 액션 작품이 많다.

죽음의 위기에 몰린 피해자가 관객/독자로부터 동정심을 불러일으켜야 한다. 그런데 생사를 오가는 피해자가 없으면 액션 스토리는 의미와 정서를 모두 잃는다.

「토르: 라그나로크」에서 피해자 배역 후보는 신과도 같은 아스가르드 사람들뿐이다. 「엑스맨 탄생: 울버린」에서 케일라 실버폭스의 죽음은 러브 스토리 보조플롯을 완결하지만 그녀는 취약한 피해자가 아니다. 실버폭스는 접촉최면으로 만진 사람에게 최면을 걸어 뜻대로 움직이는 초능력을 지녔다. 실버폭스는 영웅으로 죽음을 맞이한다. 진정한 피해자가 없다 보니 액션 플롯이 손에 땀을 쥐게 하는 흥분을 불러일으킬 기회가 거의 없다.

「언브레이커블」에서는 악당 배역이 내내 공석으로 남는다. 또한 피해자 역할을 했을 두 아이는 오히려 영웅의 목숨을 구한다.

영화 「2012」에서는 태양 플레어로 인해 지구의 핵이 뜨거워지면서 결국 지구의 지각이 불타오르기 시작한다. 이로 인해 인류를 대규모로 몰살하는 재앙이 곳곳에서 벌어지는데, 그러다 보니 피해자 배역이 가축보다도 더 밋밋하게 묘사된다. 동정심을 느낄 틈도 없이 파괴의 이미지가 반복되고, 관객은 불필요한 재앙의 이미지에 폭격당한다. 그 장면이 아무리 장대해도 이것은 흥분과는 거리가 먼 감정을 낳는다.

7장

힘의 관계

모든 살아 있는 존재는 생명을 유지하기 위해 에너지를 보존한다. 원하는 것을 쉽고 안전하게 구할 수 있다면 굳이 어렵고 힘든 길을 선택할 리가 있을까? 아니, 없다, 절대로. 그런 일은 결코 일어나지 않는다. 필요하지 않은 곳에 단 1칼로리도 쓸데없이 에너지를 낭비하는 생명체는 없다. 필요하지 않은 변화를 꾀하거나 피할 수 있는 위험에 뛰어들거나 불필요한 노력을 들이지 않는다. 최소한의 노력으로 쉽고 안전하고 고통 없는 방법으로 원하는 것을 얻을 수 있다면 그렇게 한다. 자연의 제1법칙은 '생명의 유지 및 보존'이다.

인간의 정신은 자연에서 살아가는 존재들 중에서 유일하게 자의식이 있는 존재다. 그런데도 모든 살아 있는 존재가 따르는 자연의 제1법칙을 따른다. 주인공이 자신의 생명 보존 본능에 반해 위기의 순간에 영웅으로 나서게 하려면, 그래서 당신이 창조하고 싶은 완전하게 구현된, 매력적이고 공감을 이끌어 내는 캐릭터가 되려면 어떻게 해야 할까? 이 질문에 대한 답은 스토리의 부정적인 측면에서 찾을 수 있다.

갈등의 원칙

스토리에서 갈등은 음악에서 소리, 춤에서 움직임, 건축에서 형태에 해당한다. 갈등의 순간순간에 작용하는 적대 세력이 없는 스토리는 벽에 걸린 정물화와 같다. 그냥 그 자리에 걸려 있을 뿐이다. 눈길을 한 번 보낼 가치, 심지어 유심히 들여다볼 가치가 있다 해도, 그렇게 한번 보고 나면 다음 그림으로 넘어간다.

영웅과 악당은 서로를 규정한다. 마주보는 거울처럼 영웅의 한 측면은 악당이 지닌 그 반대 측면을, 악당의 한 측면은 영웅이 지닌 그 반대 측면을 비춘다. 악당의 자기도취는 영웅의 이타주의와 상충한다. 악당의 잔인함은 영웅의 공감력을 상쇄한다. 반동의 정점에서 악당의 압도적인 힘은 영웅에게 남은 최후의 의지마저도 짓밟는다.

캐릭터가 가지는 지적·정서적 매력의 정도는 그 캐릭터가 원하는 것을 성취하지 못하도록 방해하는 부정적인 세력에 좌우된다. 이런 반대 세력의 힘과 복잡성이 강화될수록 캐릭터는 자신의 한계를 넓히고 넘어서는 데 필요한 의지력을 찾아 자신의 내부를 더 깊이 파고든다.

반대 세력의 힘이 더 강해질수록 주인공은 창의적 상상력에 더 기대야 하고, 자신이 미처 몰랐던 내면의 측면들을 더 많이 소환해야 하고, 더 탁월한 사람이 되어야 한다. 악당을 패배시키기 위한 최후의 결전에 임하는 와중에도 이 모든 것을 해내야 한다.

부정의 부정

각 기본 장르의 중심에 있는 핵심 가치는 긍정적인 가치값과 부정적인 가치값의 대립항을 지닌다. 여기서 '긍정적'이라 함은 생명을 강화하는 것, 창조적인 것을 말한다. 반대로 '부정적'이라 함은 죽음에 대한 집착, 파괴적인 것을 말한다. 전쟁 스토리의 핵심 가치는 승리/패배, 범죄 스토리의 핵심 가치는 정의/불의, 러브 스토리의 핵심 가치는 사랑/증오, 액션 스토리의 핵심 가치는 생/사다. 나머지 12가지 스토리 양식도 이와 같은 가치 대립항을 지닌다. 각 기본 장르에서 공감을 불러일으키는 주인공은 가치의 긍정적인 가치값을 대변하고 연기한다. 스토리의 반동인물은 부정적인 측면을 대변한다.

스토리에서 갈등의 원천은 하찮은 악행부터 절대적인 악행까지 이어지는 부정적인 가치값의 스펙트럼에서 가능한 모든 악행의 변주를 따라 작동한다. 전쟁 스토리의 교착 상태, 러브 스토리의 무관심, 범죄 스토리의 관료주의적 불공정 같은 상황에서 주인공은 긍정적인 가치값과 상충하는 반대 세력과 대면한다. 여기서 '상충한다'는 표현은 어느 정도는 충돌하지만, 완벽하게 상반되는 것은 아니어서 대립관계에 있지는 않은 부정적인 가치값을 의미한다.

부정적인 힘이 각각 패배 또는 증오 또는 불의를 향해 상승할 때 그 힘은 긍정적인 힘과는 완전히 상반되는 결과를 낳는다. 그러나 긍정적인 힘과 부정적인 힘이 대립하는 상황에서는 그런 갈등이 아무리 많은 피를 흘리게 만들어도 인간 고통의 절대적 한계에 도달하지는 못한다.

하지만 인간이라는 존재는 의지가 매우 강하고 기발한 발상을 한다. 인간은 부정적인 가치값을 넘어설 수 있는 파괴적인 힘을 증폭시킬 줄 안다. 단순히 양적으로 더 나쁠 뿐 아니라, 즉 단순히 같은 것을 양적으로 증가시키는 데 그치지 않고 질적으로 더 나쁜, 완전히 새로운 종류의 파괴적인 힘을 완전히 새로운 규모로 증가시키면서 악의 강도를 높일 수 있다.

범죄 스토리에서 범인의 불의한 행동은 정의와 상충하지만, 여전히 법치주의가 지배한다. 경찰은 범죄를 해결하고 범인을 잡고 사회를 합법 상태로 되돌린다. 그러나 폭군이 사회 제도를 부패시키고, 범죄가 정상인 상태가 되었다고 해 보자. 이런 독재 세계에서 법은 이빨 빠진 호랑이가 되고 오로지 힘이 정의로 군림한다.

전쟁 스토리에서 패배는 승리를 짓밟는다. 그러나 조지 오웰의 『1984』에서처럼 정부가 시민들의 정신을 왜곡하고 처참한 몰락을 영광스러운 승리로 재규정한다고 생각해 보자. 제2차 세계대전에서 독일이 했듯이 국가가 전투에서 승리하더라도 인간성을 포기한다면, 그로 인한 도덕적 패배는 항복보다 훨씬 더 끔찍한 것이다. 국가의 영혼이 뒤틀린다.

러브 스토리에서 증오로 가득한 행위는 사랑과 상충하고 관계를 파괴한다. 그런데 사랑에 실패한 연인이 자신이 소중하게 여길 수 있는 마지막 사람인 자기 자신을 혐오하는 방향으로 전환했다고 가정해 보자. 자기애가 자기혐오로 변질되면 주인공은 자기 자신을 정서의 벼랑으로 몰고 간다.

액션 스토리에서 죽음은 삶과 상충한다. 죽음은 부정적인 가치값이지만 자연스럽다. 우리는 모두 언젠가는 죽기 때문이다. 그렇다면 죽음보다 더 끔찍한 것이 있을까? 첫째, 부자연스러운 죽음이다. 예컨대 살인에 의한 죽음, 특히 대량 살상에 의한 죽음이 그러하다. 둘째, 삶인 척하는 죽음이다. 모든 문명을 파괴함으로써 인류에게 재탄생 기회를 주겠다는 「미션 임파서블: 고스트 프로토콜」의 코발트의 계획 같은 것이 그런 예다. 셋째, 지옥살이와 같이 영원히 계속되는 끔찍한 고통 상태가 그렇다. 그런 삶은 존재를 끝내는 것, 즉 죽음을 오히려 자비처럼 보이게 한다.

균형 잡기

액션에서 악당이 저지르는 악행의 힘은 영웅적 행위의 힘과 동등할 수 없다. 그 두 가지 힘의 균형추는 악행 쪽으로 한참 기울어져 있어야 한다. 앞서 자주 살펴본 예시, 「다이 하드」, 「다크나이트」, 「가디언즈 오브 갤럭시」에서 악당이 영웅의 긍정적인 에너지를 부정한 뒤에 그런 부정은 영웅에게 주어진 두 번째 기회에 엄청나게 큰 영향을 미친다. 사악한 악의 세력이 부정의 부정을 통해 영웅을 압도적으로 제압하기 때문이다. 이런 중첩적인 부정의 힘에 밀린 영웅은 승리를 쟁취하기 위한 최후의 시도에서 인간으로서 가능한 최대한으로 자신의 내부를 깊고 넓게 파고들어 기지와 용기의 한계를 시험하게 된다.(부정의 부정에 대해서는 『STORY 시나리오 어떻게 쓸것인가』 455~472쪽 참조)

언더독 영웅

액션이 영웅을 언더독으로 캐스팅하는 데는 여러 가지 이유가 있다. 첫

째는 공감이다. 모든 인간은, 심지어 거대 조직의 최상층부에 있는 사람조차도, 스스로를 언더독으로 여긴다. 마치 병풍이 된 듯한 기분을 느끼는 것은 인생을 통과하는 우리의 길을 가로막는 장애물에 대한 본능적인 반응이다.

허구의 언더독이 겪는 갈등이 현실 세계에서 자신이 겪는 역경을 반영한다고 관객이 느낄 때, 그 관객은 영웅의 인간적인 면모에 공감한다. 이런 정체성 공유의 감각은 관객을 이야기 속으로 끌어들인다. 관객은 마치 그 이야기가 자신에게 벌어지는 일인 것처럼 모든 장면에서 흥분을 느낀다. 그런 까닭에 멍청한 폭력배를 상대로 싸울 때마다 이기는 오버독 영웅은 서커스에서 접시를 돌리는 묘기만큼이나 지루하다.

첫 번째 이유 못지않게 중요한 두 번째 이유는 서스펜스다. 액션 스토리는 미래의 전환점에 대한 질문을 끊임없이 제시해야 한다. 다음에는 무슨 일이 벌어질까? 그 뒤에는? 이 사건이 앞으로 어떻게 전개될까? 그러나 다른 한편으로는, 액션 관객 또는 독자는 장르의 관습에 따라 최종적으로 어떤 일이 벌어질지를 알고 있다. 아주 소수의 예외를 제외하면 결말은 긍정적으로 마무리될 것이고, 악당은 영웅의 손에 고통스럽게 패배할 것이다. 그런 사전지식은 관객의 호기심을 약화하는 경향이 있다.

따라서 액션에서 서스펜스는 **어떻게**와 **왜**에 관한 질문을 제기한다. 이를테면 관객/독자는 속수무책 장면을 지켜보면서도 결국 영웅이 악당에 대해 전세를 역전하리라는 것을 안다. 그러나 그것을 어떻게 할 것인지는 모른다. 영웅은 어떤 감춰진 자원을 활용할 것인가? 기지, 무력, 혹은 숨은 재능?

액션 장르의 창작은 일종의 문학적 서커스다. 영웅은 언더독이어야만 한다. 최소한의, 그리고 때로는 쓸모없는 자원을 지녀야 한다. 그러면서도 절대로 피해자처럼 약해 보여서는 안 된다. 언더독 영웅의 캐릭터 설계는 외줄타기와도 같다. 그러나 영웅이 어떤 기술을 갖췄건 그 캐릭터에게는 그것이 멋진 일일 수 있지만, 악당은 영웅보다 더 큰 기량을 갖춰야만 한다. 그런 악당의 캐릭터 설계는 더 높은 곳에서 도전하는 외줄타기와도 같다.

「미션 임파서블: 고스트 프로토콜」의 캐릭터 균형 잡기를 살펴보자.

작가들은 찔러도 피 한 방울 나올 것 같지 않은 단단한 영웅을 곤경에 처한 언더독으로 전환시킨다. 이를 위해 「미션 임파서블」시리즈의 전작과는 완전히 다른 캐릭터 차원을 만들어 낸다. IMF 팀의 팀원 네 명의 내부에서 힘과 약점이 상충하기 시작한다.

먼저 첨단기술 전문가 벤지는 압박이 커지자 마치 초보처럼 잔뜩 긴장해서 두서없이 주절거린다. 그다음으로 카터는 자신의 임무 파트너이자 연인인 해너웨이의 죽음에 죄책감을 느끼며, 의심과 불신으로 가득하다. 브랜트는 원래 현장 요원이었던 과거를 숨기고 정보분석 요원으로 팀에 합류한다. 마지막으로 IMF 최정예 요원 이단 헌트는 팀이 그를 러시아 교도소에서 탈출시키는 도입부 장면에서부터 무모하고 충동적인 모습을 보인다. 임무를 맡은 헌트는 거듭해서 부상을 당하면서 신체 능력에도 이상이 생긴 것처럼 보인다. 헌트가 애초에 러시아 교도소에 수감되었던 뒷이야기가 스토리에 끼어들면서 나머지 세 요원은 헌트가 미쳐 가고 있는 것은 아닌지 의심하기 시작한다.

이 네 캐릭터의 부정적인 측면—허둥대는 아마추어, 자기의심, 가짜 정체성, 무모함—은 팀을 약화하고 팀원들을 언더독으로 격하한다. 게다

가 일도 잘 안 풀린다. IMF를 유명하게 만든 장비들, 예컨대 고무 변장 마스크, 자폭 소통 장비 등이 가장 중요한 순간에 문제를 일으킨다. 이 모든 것이 팀워크를 무너뜨리고 말다툼으로 이어진다.

그런 다음 시나리오 작가들은 이 위태로운 팀을 악당 코발트와 대적시킨다. 코발트는 크렘린 궁전과 그 도시의 수천 만 시민을 날려 버렸을 뿐 아니라 미국 정부가 그 원흉으로 지목되도록 교묘한 술수를 쓴 사이코패스다. 코발트는 기발한 방법으로 전 세계를 돌면서 IMF를 따돌리다 마침내 샌프란시스코에서 핵무기를 발사한다.

오버독 악당

반동 세력이 약하면 어떤 스토리도 액션 장면을 만들어 내기는커녕 아무런 흥분도 불러일으키지 못한다. 따라서 악당은 영웅에 비해 어마어마한 힘을 휘둘러야만 한다. 무적인 악당이 힘을 전부 빼앗긴 영웅을 내려다볼 때 영웅에게 감정을 이입한 관객과 독자는 강렬한 호기심에 휩싸인다. 영웅의 목숨이 위협받는 절박한 위기에 맞닥뜨리면서 점점 더 상황이 악화되고 불리해지는 동안 아드레날린이 솟구친다. 극단적인 오버독/언더독 불균형은 액션으로 가득한 장면의 무대를 마련하고 흥분을 야기한다.

'언더독 vs 오버독' 원칙을 한계까지 끌고 가고 싶다면 슈퍼히어로를 살펴보자. 초능력을 지닌 캐릭터가 왜 악당 앞에 엎드려 속수무책으로 당하게 될까? 예를 들어 슈퍼맨은 어쩌다 자신의 주적인 렉스 루터, 조드 장군, 브레이니악 세 악당과의 관계에서 언더독이 되는가?

「슈퍼맨」에서 렉스 루터는 크립토나이트로 슈퍼맨을 마비시킨 다음 공간적 거리가 생성한 딜레마를 던진다. 루터는 핵미사일 두 개를 완전히 다른 방향으로 발사한다. 한 개는 미국 동부의 뉴저지로, 다른 하나는 미국 서부의 샌안드레이스 단층으로. 샌안드레이스 단층을 향해 핵미사일을 발사한 이유는 지진을 일으켜서 캘리포니아주를 미국 본토와 분리해 섬으로 만들기 위해서다. 슈퍼맨은 뉴저지를 먼저 구하고, 그다음에 한창 갈라지고 있는 샌안드레이스 단층으로 날아가 캘리포니아주를 미국 본토 대륙에 다시 붙인다. 자신의 몸을 지렛대 삼아 지층을 미는 것은 결코 쉬운 일이 아니다.

그런데 샌안드레이스 단층이 분리되면서 발생한 지진으로 인해 로이스 레인이 죽는다. 이제 슈퍼맨은 도덕적 딜레마에 빠진다. 인간의 운명에 관여해서는 안 된다는 아버지의 신성한 계명을 지킬 것인가, 자신이 사랑하는 여자를 살릴 것인가. 슈퍼맨은 후자를 선택한다. 슈퍼맨은 양자역학을 이용해 지구의 자전 방향에 역행해서 돌고 시간을 과거로 되돌려 로이스를 살려낸다.

슈퍼맨의 오리진 스토리인 「맨 오브 스틸」에서는 과대망상증에 빠진 크립토 행성군 장군 조드가 월드 엔진을 이용해 현재의 지구를 멸망시키고 대신 새로운 크립톤을 재건하려는 계획을 세운다. 슈퍼맨은 월드 엔진을 파괴하고 조드와 육탄전을 벌인 끝에 패배시킨다. 「슈퍼맨 2」는 오리진 스토리 이후의 이야기를 다루면서 조드 장군을 다시 소환한다. 조드 장군은 크립톤 출신 동료 두 명을 대동하고 나타나고, 슈퍼맨은 언더독이 된다. 세 명의 슈퍼빌런 vs 한 명의 슈퍼히어로라는 점에서 수적으로 밀린다.

「슈퍼맨: 애니메이션」에서 초자아를 지닌 컴퓨터 브레이니악은 크립톤 문명의 지식 전체를 우주선의 메모리 저장소에 다운로드한다. 그런 다음 안드로이드 몸체를 확보해 크립톤 행성이 폭발하기 직전 탈출한다. 이후 에피소드에서 슈퍼맨은 브레이니악이 지구를 파괴하기 위한 계획을 세웠다는 사실을 알게 된다. 슈퍼맨은 메모리 저장소가 있는 우주선을 파괴한다. 메모리 저장소를 없애면 컴퓨터도 죽을 것이라고 생각했던 것이다. 그러나 이후 에피소드에서 슈퍼맨은 브레이니악이 렉스 루터의 컴퓨터에 스스로를 다운로드했다는 사실을 알게 된다. 브레이니악은 루터로 하여금 자신이 들어갈 새로운 안드로이드 몸체를 마련하게 한다.

세 악당 중에서 렉스 루터는 가장 치명적인 부정적인 힘을 가한다. 왜냐하면 렉스 루터는 딜레마의 힘을 마스터했기 때문이다. 조드와 브레이니악은 슈퍼맨의 목숨을 위협한다. 그러나 루터는 슈퍼맨에게 두 가지 악

중 하나를 선택하게 만든다. 슈퍼맨은 아버지의 계명을 위반하거나 자신이 사랑하는 여자의 죽음을 받아들여야 한다. 이런 교착 상태에서는 슈퍼맨이 어떤 선택을 하건 자신에게 소중한 것을 희생시켜야 한다.

가장 강력한 악당은 영웅이 어떤 선택을 하건 대가를 치러야 하는 승산 없는 상황으로 몰아넣음으로써 영웅을 언더독으로 만든다.

악당에 대한 영웅의 취약성

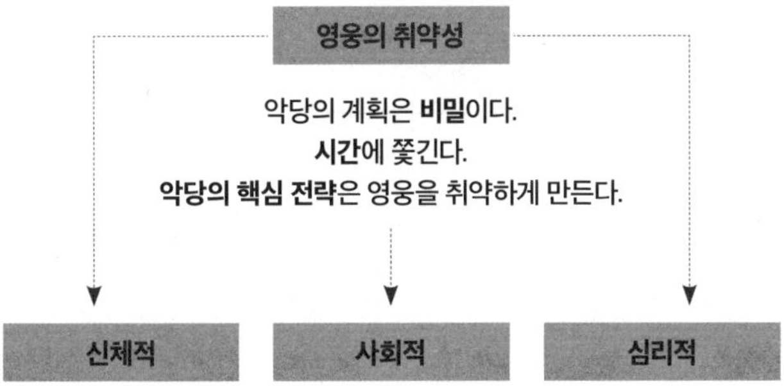

영웅의 취약성

악당의 계획은 **비밀**이다.
시간에 쫓긴다.
악당의 핵심 전략은 영웅을 취약하게 만든다.

신체적 | **사회적** | **심리적**

영웅의 결함은 대개 그를 더 인간적으로, 더 다층적인 캐릭터로 만든다. 물론 액션에서는 한두 개의 차원만으로도 캐릭터의 복잡성을 충분히 얻을 수 있다. 영웅에게 특정한 약점이 있어야만 취약해지는 것은 아니다. 중요한 것은 악당의 무기다. 그 무기는 효과적이어야만 하고, 특히 영웅에게 효과가 있어야 한다. 영웅이 아무리 능력이 뛰어나거나 힘이 강해도 악당의 핵심 전술이 영웅을 취약하게 만들 수 있어야 한다.

이런 취약성은 신체적인 것일 수도, 사회적인 것일 수도, 심리적인 것일 수도 있다.

신체적 약점

액션 장르에서 가장 유명한 신체적 약점은 슈퍼맨의 약점이 되는 물질인 크립토나이트다. 크립토나이트는 약점이 전혀 없어 보이는 영웅을 취약하게 만든다.

영웅의 취약성

신체적

사회적 약점

「존 윅」 시리즈에서 청부 살인업자들은 전 세계의 모든 컨티넨탈 호텔은 강제 중립 지대라는 규정을 따른다. 호텔 부지 내에서는 모든 암살자가 폭력 행위를 중단해야 한다. 뉴욕 지부의 윈스턴처럼 컨티넨탈 호텔 지배인들은 이 규정을 집행한다. 이유는 결코 밝혀지지 않지만, 존 윅을 포함해 국제 암살자 단체의 모든 회원은 그 규정을 지킬 의무가 (적어도 그 규정을 어기기 전까지는) 있다고 여긴다.

사회적

심리적 약점

영웅의 약점은 공포증일 수 있다. 인디애나 존스의 뱀 공포증이 그런 예다. 「다크 나이트」에서 배트맨은 자신의 영웅 정체성을 비밀로 지킴으로써 범죄 조직으로부터 스스로를 보호한다. 그러나 조커의 심리적 통찰은 배트맨의 위장을 간파한다. 그는 배트맨에게 정체를 밝히지 않으면 고담시의 병원을 하나하나 폭파하기 시작하겠다고 말한다. 배트맨의 양심은 브루스 웨인을 보호하는 마스크를 스스로 벗게 만든다.

더 신비로운 유형의 심리적 취약성의 예는 「존 윅 3: 파라벨룸」에서 찾을 수 있다. 12명의 보스로 구성된 국제범죄단체의 최고회의는 윅의 목숨에 1,400만 달러를 현상금으로 건다. 윅은 최고회의보다 더 상층 권력자인 장로를 찾아나선다. 모로코에 있는 수수께끼 인물 장로는, 별다른 설명 없이 강력한 정신 능력을 선보인다. 장로의 초인적인 정신 능력 앞에서 윅은 심리적으로 무방비 상태가 된다. 장로는 윅에게 약지 손가락을 자르고 결혼반지를 넘기라고 지시한다. 결혼반지는 윅의 단 하나의 사랑, 사별한 아내 헬렌을 상징한다. 윅은 장로의 지시에 복종하고 장로는 윅의 목숨에 걸린 현상 수배를 거둔다.

영웅의 취약성

심리적

난공불락의 악당

영웅이 갈등에 어떤 기술을 투입하건 액션 장르에서 악당은 영웅의 기술을 무력화시킨다. 그래서 악당을 제거하기는커녕 협박조차 할 수 없다. 무적의 악당과 대면한 영웅은 성공한다는 보장이 없는 전술들을 차례차례 소진한다. 영웅의 전술은 점점 더 절박해지고 전략적 아이디어도 퇴색하고, 기회도 사라진다.

이렇듯 점점 불리해지는 상황에서 영웅은 굴하지 않고 계속 앞으로 나아가야 한다. 더 깊이 파고들면서 단순히 새로운 기법이 아니라 자신의 안에서 새로운 능력을 발굴해야 한다. 영웅이 독창적이고 예측 불가능한 방법으로 악당의 방어막을 뚫을 방법 내지는 악당의 취약성을 밖으로 끌어낼 즉흥적인 기지를 발휘하는 것을 지켜보는 동안 서스펜스가 폭발적인 흥분으로 전환된다.

악당의 방어막은 신체적인 것일 수도, 사회적인 것일 수도, 심리적인 것일 수도 있다.

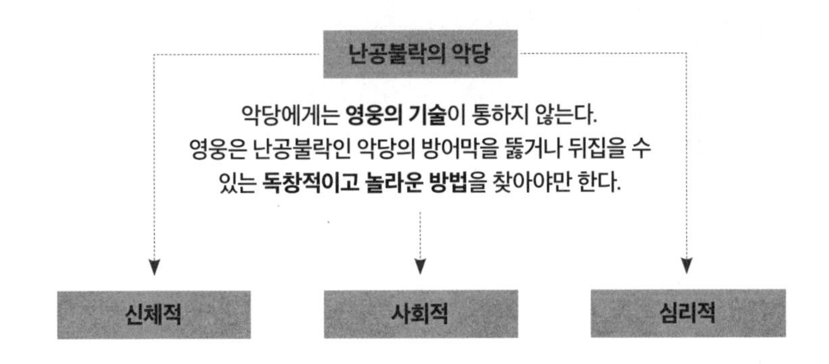

신체적 우위

「터미네이터 2: 심판의 날」을 살펴보자. 영웅 T-800의 주요 전술은 고성능 장총에 기댄 엄청난 물리력이다. 그러나 변신 능력을 갖춘 액체금속 로봇 T-1000은 그런 공격을 아무런 타격 없이 흡수하기 때문에 산탄총은 T-1000의 속도를 늦추는 데 거의 도움이 되지 않는다. 이 악당은 무적처럼 보인다.

리저드, 닥터 옥토퍼스, 베놈, 그린 고블린 등 「스파이더맨」 시리즈의 악당은 스파이더맨의 거미줄을 쉽게 찢는다. 샌드맨은 거미줄이 자신의 몸을 관통하는 것을 보면서 웃는다.

난공불락의 악당

신체적

사회적 우위

악당의 방어막 역할을 하는 두 번째 자원은 사회적 역학관계다. 「다이 하드」에서 존 맥클레인은 뉴욕 경찰이다. 뉴욕 거리에서 배지를 보여 주

난공불락의 악당

사회적

면서 이렇게 말한다. "당신을 체포합니다." 용의자는 팔을 내밀고 맥클레인은 수갑을 채운다. 그래서 맥클레인은 악당 무리 중 한 명과 대적할 때 그를 체포하려고 든다. 한스 그루버는 그런 발상을 비웃는다. 한스 그루버의 수하들은 법을 무시한다. 죽여야지, 체포해서 될 일이 아니다. 맥클레인은 전술을 바꿔 마천루를 누비는 게릴라 전투병이 된다.

심리적 우위

배트맨의 가장 중요한 무기는 위협적인, 어두운 페르소나다. 그런데 그의 적수들은 배트맨 앞에서 절대 움찔하는 법이 없다. 특히 조커는 눈 하나 깜짝 안 한다. 다크 나이트가 경찰서에서 조커를 심문할 때 조커는 배트맨의 면전에서 대놓고 웃는다. 배트맨이 조커를 더 세게 때릴수록 조커는 그것을 더 즐긴다.

난공불락의 악당

심리적

위계의 힘

인간관계에서 힘의 균형이 동등하게 유지되는 경우는 거의 없다. 거의 언제나 한쪽이 다른 쪽보다 지위가 높거나 힘이 더 세거나 자본이 더 많다. 이런 불평등한 관계가 꼭 부패나 권력남용이나 탄압에서 비롯된 것일 필요는 없다. 부모는 자녀에게, 상사는 직원에게, 교사는 학생에게 권력을 행사한다.

악당을 오버독으로 승격시키기 위해 액션 작가는 종종 다음과 같은 다섯 가지 형태 중 하나를 통해 악당 배역에게 위계의 힘을 부여한다.

1. 같은 조직 내에서의 힘의 불균형

영웅과 악당이 동일한 조직에서 일할 때는 지위가 높을수록 힘도 더 커진다. 악당이 반드시 최상층부일 필요는 없다. 그저 영웅보다 지위가 확연히 높으면 된다.

「본 아이덴티티」에서 제이슨 본은 악랄한 CIA 국장 밑에서 일한다.

2. 다른 조직 간의 불평등한 지위

악당과 영웅이 별개의 조직에서 일한다면 악당이 소속된 기관 내 지위가 영웅이 속한 기관 내 지위보다 더 높으면 더 큰 권력을 휘두를 수 있다.

「다이 하드」에서 뉴욕 형사인 존 맥클레인은 국제범죄단체의 수장인 한스 그루버에 맞서 싸운다.

3. 상급 기관의 변두리 부속기관

영웅은 악당이 최고 권력자인 상급 기관의 변두리 부속 기관의 장일 수 있다.

「스타워즈」에서 루크 스카이워커와 저항군 동맹은 엄청난 권력을 쥔 제국을 상대로 우주 내전을 일으킨다. 「인크레더블」에서 한 가정의 가장이자 두 아이의 아버지인 미스터 인크레더블은 스토리의 악당이자 거대 기업을 소유한 신드롬을 위해 일한다.

4. 작은 팀 vs 거대 기관

이런 형태를 적용하면 종종 머릿수 차이에서 드라마가 탄생한다. 「7인의 사무라이」, 「매그니피센트 7」, 「300」, 「삼총사」 같은 스토리에서는 소규모 영웅 팀이 대규모 악당 부대와 전투를 벌인다. 액션/SF 게임 시리즈 「헤일로(Halo)」에서 마스터 치프 존-117의 유일한 파트너는 인공지능 코타나다.

힘의 격차를 훨씬 더 크게 벌리기 위해 액션 스토리에서는 자주 한 명을 여러 명과 대적시킨다. 영웅은 외톨이로, 1인 팀인 셈이다. 「셰인(Shane)」, 「무법자 조시 웰즈」, 「매드 맥스 2」 등이 그런 예다. 「삼국-무영자」에서는 무술과는 거리가 먼 평민 출신의 경주가 최강 요새도시의 왕이자 전사인 양창과 대결한다.

악당이 기관의 수장인 것에서 시작하는 스토리에도 감수해야 할 위험이 있다. 왜냐하면 악당이 워낙 압도적인 힘을 소유하다 보니 악당의 유일한 전술이 반복적이고 예측 가능해질 염려가 있다. 따라서 작가는 놀라운 장면을 펼칠 수 있는 기발한 방법을 모색해야 한다.

한 기관의 수장으로서 악당의 힘을 보여 주기 위해 작가들은 흔히 엄청난 수의 수하들을 붙인다. 그러나 시체가 쌓일수록 반복은 지루함을 낳을 뿐이다. 흥분을 고조시키기 위해 조직의 힘을 업은 악당에게 특별한 무기, 유일무이한 힘을 지닌 무기를 쥐여 주는 것도 고려하자. 이를테면 악당이 다른 사람은 볼 수 없는 것을 볼 수 있게 해 주는 비밀 기술 같은 것을 손에 넣을 수도 있을 것이다.

5. 고독한 악당 vs 영웅의 소속 기관

「미션 임파서블: 고스트 프로토콜」에서 코발트는 서로 경쟁 관계에 있는 미국 정부와 러시아 정부의 분쟁을 유도하는 거대한 전략을 실행해서 두 정부 모두를 전복하고자 한다. 코발트는 미국 정부를 조종해서 IMF 팀을 폐쇄하게 함으로써 IMF 팀의 첨단 장비를 빼앗고, 크렘린을 폭파함으로써 러시아 요원이 이단 헌트를 쫓게 하고, 마침내 핵잠수함을 탈취해서 핵미사일을 발사한다.

일부 악당은 스토리 전반에 걸쳐 점진적으로 권력을 쟁취한다. 「다크 나이트」에서 조커는 처음에 좀도둑으로 등장하지만, 이 사이코패스는 여러 차례 살인을 저지르면서 조금씩 도시의 마피아를 정복하고 고담시를 인질로 잡는다. 이런 자수성가형 전개는 악당이 권력에 오르는 과정을 드라마화해서 흥분을 한층 고조시킨다.

기관 악당

사회 기관은 특정 가치를 추구하며 그 기관의 설립 목적을 실천하는 것에 초점을 맞춘다. 시민을 보호해야 하는 정부는 위협 vs 안보라는 갈등에 직면한다. 창작자 생태계는 모든 예술 형식의 중심에 자리한 아름다움/진부함이라는 가치 대립항을 두고서 고심한다. 고등교육 기관의 학자들은 지식으로 무지와 전투를 벌인다. 종교 기관은 도덕성을 비도덕성과 대치시킨다. 그리고 각 기관의 정점에는 그 기관의 핵심 가치에 헌신하는 지도자가 있다. 적어도 우리는 그럴 거라고 믿고 싶어 한다.

악당은 핵심 가치를 절대적인 긍정값에서 절대적인 부정값으로 뒤집음으로써 조직을 부패시킨다. 예를 들어 정의/불의 가치 대립항에 기반을 둔 기관이 네 단계에 걸쳐 부패하는 과정을 추적해 보자.

악당은 어떻게 기관을 부패시키는가

악당은 그 기관의 핵심 가치를 순수한 긍정값에서
절대적인 부정값으로 완전히 뒤집어서 기관을 부패시킨다.

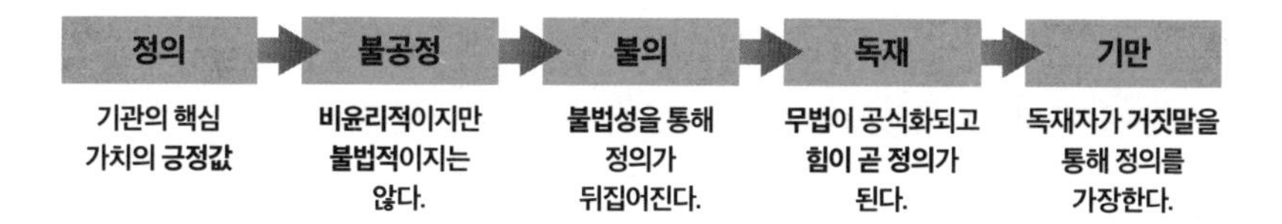

1. 불공정

첫 단계로 악당은 이사진을 속여서 경쟁자를 해고시킴으로써 자신의 권력을 키운다. 악당의 비윤리적 전술은 조직의 가치를 정의에서 불공정으로 타락시킨다. 그러나 이 단계에서는 아직 악당이 법을 어기지는 않았다.

2. 불의

그러나 다음 단계에서는 법을 어긴다. 자신의 새로운 지위를 이용해 연구개발 부서의 첨단기술 기밀을 훔쳐서 다른 기업에 팔아넘긴다. 그런 다음 교묘하게 무고한 피해자에게 덮어씌운다. 악당의 계략은 발각되지 않고, 진실을 모르는 기관은 불공정에서 불의로 넘어간다.

3. 독재

그러나 이런 단순한 긍정에서 부정으로의 가치값의 역전은 악행의 한계로 작용하지 않는다. 법치 사회에서는 정의 구현의 가능성이 여전히 남아 있다. 불법이 발생하면 반(反)범죄 투사들이 정의를 복구할 수 있다. 그러나 비범한 악당의 심각한 범법 행위는 기관의 핵심 가치를 부정값의 최극단으로 끌고 간다.

악당은 엄청난 부를 이용해 사회를 부패시키고 독재 영역으로 몰아가고, 불의는 독재로 한층 더 추락한다. 법치주의가 더 이상 작동하지 않거나 법이 집행되지 않으며, 악당은 법이 아닌 칙령으로 통치한다. 힘이 곧 정의다.

「스타워즈」 세계관에서 권력을 쥔 다크로드 시스는 마키아벨리즘, 자기도취, 사이코패스라는 악의 세 기둥을 모두 체화한다. 이 기괴한 강권주의는 수치를 모른다. 권력자들은 자신들의 잔인한 행적을 대놓고 칭송하며, 자신들이 어떤 사람이고, 무엇을 원하고, 어떻게 그것을 취할지에 대한 검은 본심을 결코 숨기지 않는다.

4. 기만

매력적인 악당의 가장 치명적인 전술은 무기화된 거짓말이다. 힘, 마법, 돌연변이, 시간여행 등과 같은 초인적인 무기가 아니라 오로지 자신의 명석한 두뇌에 의존하는 캐릭터는 창조하기가 훨씬 더 어렵다. 초능력이 있건 없건 그런 악당은 기만을 통해 영웅을 속이고 속수무책 장면으로 유인한다. 따라서 이 전환점은 작가로 하여금 영웅이 작가 자신이 창조한 악당의 탁월한 계략을 무력화시켜서 그 상황에서 탈출하도록 설계하게 만든다. 이런 작업을 할 수 있으려면 재능이 필요하다.

악당의 스토리로 돌아가서, 악당이 소속 기관에서 절대 권력을 손에 넣었다고 가정하자. 악당은 폭군처럼 굴지 않는다. 대신 정직한 지도자인 척하면서 정의 구현에 헌신하는 것처럼 연기한다. 그런 악당의 기만적인 독재는 추종자들을 피해자로 만든다.

권력을 표출하는 태도

매력적인 악당을 완성하려면 캐릭터가 말과 몸짓으로, 행동과 외모로 자신을 표현하는 방식에 대해 고민해야 한다.

권력을 지닌 사람들은 에너지를 보존한다. 독재자에게는 노예가 있다. 부자는 하인을 고용한다. 지휘권이 있는 사람들은 상황의 진행을 관찰하며 분석하고, 그동안 업무는 다른 이들이 처리한다. 안정적인 권력을 지닌 사람들은 누군가 자신의 일을 처리해 주길 기대하는 분위기를 풍기는 반면, 권력에 대한 지배력이 불안정한 사람은 늘 촉각을 세우고서 경계한다.

「미션 임파서블: 고스트 프로토콜」에서 IMF 팀은 늘 절박하고 이동수단과 무기를 구하느라 고생하면서 임시방편에 의존한다. 그동안 코발트는 느긋하게 산책을 즐기면서 자신이 필요한 모든 것을 자신이 필요한 때에 확보한다.

「다이 하드」에서 존 맥클레인은 맨발로 깨진 유리 조각이 뿌려진 바닥 위를 미친 듯이 뛰어다니면서 스스로에게 화를 낸다. 그동안 한스 그루버는 남자의 패션에 대한 견해를 피력하면서 스토리를 유유히 이어 나간다.

진짜로 강력한 권력자는 절대로 목소리를 높이는 법이 없다. 그러나 그들이 입을 열면 사람들은 귀를 기울인다. 세실 드밀의 「십자군(The Crusades)」에서는 유럽 전역에서 각국의 통치자들이 모여든다. 이들의 목적은 중동의 술탄 살라딘에게 대적하는 것이며, 술탄을 향해 목소리를 높인다. "우리는 당신이 두렵지 않습니다. 우리는 여러 나라의 왕이 모여 하나의 군대를 이뤘으니까요." 살라딘은 조용히 미소를 짓는다. "나는 한 명의 왕이죠……. 많은 군대를 거느린."

「왕좌의 게임」에서 스타크 가문에 가장 위협이 되는 것은 누구였는가? 부산을 떠는 조프리인가, 아니면 조곤조곤하게 말하는 그의 어머니 세르세이 라니스터인가? 두 사람의 차이점은 강력한 인물을 비겁한 신경증 환자와 구별하는 인물 묘사의 핵심 특성인 품위다.

품위가 없는 영웅은 도덕적 권위를 잃는다. 품위가 없는 악당은 기관의 권위를 잃는다. 사치와 향락에 빠진 악당조차도 일종의 잔인한 품위를 획득할 수 있다.

「존 윅」의 악당 비고를 떠올려 보라. 어린 시절 비고는 키에프의 빈민가에서 살아남았다. 지하세계의 먹이사슬에서 점점 위로 올라가 타라소프 범죄 가문의 수장이 된다. 존 윅은 한때 비고의 청부살인자로 일했다. 그리고 존 윅과 비고는 일종의 부자 관계를 형성했다. 그러나 비고의 아들 이오세프가 존의 개 데이지를 죽이자 두 사람은 적으로 돌아선다.

권력을 표출하는 태도

시적 이미지와 갱스터 비속어을 섞어서 쓴다.
예리한 통찰이 윅의 거친 금욕주의와 대척점을 이룬다.

비고는 매력으로 봤을 때 초절정의 악당이다. 비고의 대사에는 시적 이미지와 갱스터의 비속어가 섞여 있다. 그의 별난 성격은 폭력의 과잉 속에서도 유머를 잃지 않는다. 비고의 예리한 통찰은 존 윅의 거친 금욕주의와 대척점을 이룬다. 비고의 아이러니컬한 미소가 갱스터로서의 그의 품위를 대변한다.

서브텍스트의 힘

어깨에 두른 망토, 탄탄한 근육질의 몸, 훈장이 여러 개 달린 제복은 힘을 암시하지만 힘을 보장하지는 않으며 보장할 수도 없다. 힘은 캐릭터의 내면 깊숙한 곳에서 나온다. 관객은 캐릭터의 내면에서 발산되는 힘을 본능적으로 느낀다.

● 텍스트: 예술작품의 감각적 표층. 눈과 귀를 자극하는 것. 예술작품이 조각이라면 우리 눈에 보이는 것, 음악이라면 우리 귀에 들리는 것을 가리킨다. 스토리에서는 캐릭터의 말과 행동 같은 표층적 행위를 말한다.

● 서브텍스트: 예술작품의 내적 실체. 예술작품이 조각이라면 알맹이와 표면이 만들어 내는 긴장, 음악이라면 소리 아래에서 박동하는 정서적 에너지를 가리킨다. 스토리에서는 캐릭터의 말과 행동 이면에 흐르는 감춰진 의식과 억눌린 감정은 물론이고, 더 나아가 잠재의식 깊숙한 곳에 자리한 필요와 욕구를 말한다.

스토리 세계의 인물들이 관객의 시야에 들어오면 관객은 자신이 보고 듣는 텍스트의 표층에서 단서를 얻는다. 그런 다음 캐릭터의 서브텍스트에서 캐릭터가 말하지 않은 생각과 감정을 직관하고, 그런 통찰을 바탕으로 힘의 존재 또는 부재를 느낀다. 더 나아가 첫 두세 장면에서 누군가가 주요 행동에 나서기도 전에, 관객 또는 독자는 밑바닥에서 꼭대기까지, 가장 약한 자부터 가장 강한 자까지, 배역 간 사회적 위계질서를 파악한다.

액션 장르에서는 감춰진 서브텍스트가 고요함에 위험을 더해 준다. 서브텍스트 안에 열기를 축적하면서 표층에서는 태평하게 위협을 과소평가하면 호기심이 동한 관객은 캐릭터들의 내면을 깊이 들여다보게 된다.

암묵적인 힌트가 관객들로 하여금 말해지지 않는 것 또는 겉으로 행해지지 않는 것, 그러나 내적 삶에서 벌어지고 있는 것을 짐작하도록 등 떠민다.

「007 카지노 로얄」의 도입 장면을 살펴보자.

비트 #1

실내. 체코 지부장의 프라하 집무실 — 밤

집무실에 들어선 지부장은 벽금고의 문이 열려 있는 것을 보고 놀란다.

본드

(그림자 속에 숨어 있다) M은 당신이 옆주머니 차는 건 크게 신경 쓰지 않아요, 드라이덴. 다만 기밀을 팔아 넘기면 안 되죠.

서브텍스트: 지부장을 배신자로 지목한다.

지부장은 침착하게 자리에 앉아서 권총이 들어 있는 책상 서랍을 몰래 연다.

서브텍스트: 본드를 죽일 준비를 한다.

비트 #2

지부장

요란하게 등장하면 내가 겁먹을 거라고 생각했나? 잘못 짚었네, 본드. M이 내가 돌아섰다고 확신했다면 더블오를 보냈겠지.

서브텍스트: 본드를 조롱한다.

본드는 조용히 지부장을 바라본다.
서브텍스트: 지부장이 떠들도록 유도한다.

비트 #3

지부장

(계속해서) 지부장이라서 좋은 점이 뭔지 아나? 누군가 더블오로 승격되면 곧장 알 수 있다는 거야. 안 그래?
서브텍스트: 두 번째로 본드를 조롱한다.

본드는 미소를 지으면서도 목표물에서 눈을 떼지 않는다.
서브텍스트: 대결을 즐긴다.

비트 #4

지부장

당신 파일에는 살인 기록이 없어. 살인 면허에는 00이…….
서브텍스트: 세 번째로 본드를 조롱한다.

본드

(말을 자르면서) 두 개.
서브텍스트: 지부장을 위협한다.

비트 #5

플래시백, 실내. 공중화장실 — 밤

집요하지만 냉철한 본드가 한 남자와 육탄전을 벌인다.

서브텍스트: 휘몰아치는 감정과 즉흥적인 대처.

비트 #6

실내. 지부장 집무실 — 같은 시간

지부장이 총을 꺼내 들고 본드를 겨냥한다.

지부장

아쉽군. 서로에 대해 아직 잘 알지도 못하는데.

서브텍스트: 본드에게 자신의 힘을 과시한다.

지부장이 방아쇠를 당긴다. 찰칵 소리가 난다. 총알이 없다.

서브텍스트: 본드의 속임수가 드러난다.

지부장이 자신의 총을 빤히 쳐다본다.

서브텍스트: 충격에 반응한다.

비트 #7

본드가 권총의 탄창을 들어 보인다.

본드

당신이 어디에 총을 두는지는 알죠. 무슨 뜻인지 알죠?

서브텍스트: 지부장을 놀린다.

지부장

그렇군. 어떻게 죽었지?

서브텍스트: 자신의 운명을 직시한다.

본드

당신 연락책? 곱게 가지는 못했죠.

서브텍스트: 순간을 만끽한다.

비트 #8

플래시백, 실내. 공중화장실 — 같은 시간

본드가 상대를 싱크대에서 익사시킨다. 잠시 서서 시체를 내려다보고 옷매무새를 단정히 한다.

서브텍스트: 감정을 추스른다.

비트 #9

지부장

순순히 가진 않았다는 거군, 그렇지?

서브텍스트: 자신의 운명을 순순히 받아들인다.

본드는 계속 쳐다보기만 한다.

서브텍스트: 지부장에게 잠시 시간을 준다.

비트 #10

지부장

(계속해서) 뭐, 걱정할 건 없네. 찰나에…….

서브텍스트: 품위를 지키면서 죽는다.

지부장이 문장을 마치기도 전에 본드가 총을 발사해서 죽인다.

본드

네, 그래요.

서브텍스트: 살인을 즐긴다

본질적으로 이것은 암살 장면이고 관객에게 다음과 같은 궁금증을 불러일으킨다. '도대체 총은 언제 쏘는 거야?' 그러나 본드와 지부장의 진짜 생각과 감정을 서브텍스트에 숨김으로써, 긴장이 높아지고 서스펜스가 쌓이고 살인 행위가 기습적으로 일어난다.

제3부

액션의 설계

2부에서는 캐릭터들을 스토리에 들여보내기 전에 당신이 그 캐릭터들을 완전하게 상상할 수 있도록 액션의 세 가지 핵심 배역을 중점적으로 살펴봤다. 3부에서는 2부와는 반대 방향에서 접근한다. 다음에 나올 장들에서는 배역을 채우는 캐릭터와는 무관하게 액션 이야기에서 어떤 일이 벌어지는지를 다룬다. 캐릭터 창조와 사건의 설계를 분리한 것이다. 이는 당신이 경기장에 들어서기 전에 양쪽 주먹을 모두 능수능란하게 쓰는 예술가가 되도록 훈련시키기 위해서다. 그러나 당신이 키보드에 손을 얹는 순간 캐릭터와 사건은 진정한 의미에서는 결코 분리될 수 없다.

거의 모든 액션 작가가 창작 과정에서 설계의 두 기둥, 즉 캐릭터와 사건을 오가면서 자신의 재능을 투입하는 경험을 한다. 캐릭터를 사건에 맞추고, 사건을 캐릭터에 맞추면서 작가는 자신의 작업이 음과 양의 조화를 이루도록 한다.

캐릭터는 사건을 야기하고 사건은 변화를 야기한다. 비트에서 비트로, 작가는 마치 화학자처럼 두 가지 물질 — 인간 본성과 변화의 동력 — 을 합성해서 새로운 제3의 물질, 즉 스토리를 만들어 낸다.

캐릭터의 행위가 캐릭터의 세계에 영향을 미칠 때 캐릭터의 행위에 대한 반작용은 캐릭터의 삶의 균형을 바꾼다. 캐릭터를 움직이게 만들고, 캐릭터가 휘말린 사건을 더 긍정적이거나 더 부정적인 단계로 나아가게 만든다. 장면의 가치값이 다른 가치값으로 바뀌지 않은 채 동일하게 유지되면 본질적인 변화는 전혀 일어나지 않고, 따라서 아무 일도 일어나지 않은 것과 같다. 임의적인 운은 차치하더라도 캐릭터가 촉발한 전환점이 없는 장면은 무(無)사건이며 아마도 지루할 것이다.

그럼 지금부터 액션의 사건 설계에 대해 알아보자.

8장

도발적 사건

사람은 자신의 인생에 대한 최종적인 결정권이 자신에게 있다고 생각하는 한, 일상의 성가신 일들을 견뎌 낼 수 있다. 모든 사람은 같은 것을 원한다. 바로 자신의 존재에 대한 자주권(sovereignty)이다.

도발적 사건은 삶에 대한 자주권이 자신에게 있다는 주인공의 감각을 깨뜨리면서 이야기를 시작한다. 도발적 사건은 주인공의 삶을 근본적으로 바꿔 놓는다. 주요 가치의 균형을 흔들어서 부정적인 방향(부유한 남자가 전 재산을 잃는다.) 또는 긍정적인 방향(노예가 탈출해서 자유인이 된다.)으로 기울어지게 만든다. 이 대전환점은 선택 또는 우연, 이 두 가지 중 하나를 통해 일어난다.

가령 범죄 스토리에서 범인이 살인을 저지르겠다는 선택을 하고서 계획을 세우면, 형사의 세계에서는 정의라는 균형이 불의로(부정적인 방향으로)

기울어진다. 러브 스토리에서 외로운 남남이 우연히 만나서 서로에게 끌린다면 두 사람의 삶의 균형은 고립감에서 친밀감으로(긍정적인 방향으로) 기운다.

삶의 균형이 깨지면 평형상태를 회복하려는 본능적인 욕구를 자극하게 된다. 처음에는 어떻게 해야 할지 모를 수 있다. 그러나 시간이 지나면서 우리는 다시 균형을 찾은 미래가 오기를, 삶을 원상복구시킬 수 있게 되기를 상상한다. 조만간 균형 잡힌 미래가 점점 더 시야에 들어오면서 구체적인 목표, 즉 **욕망의 대상**에 초점이 맞춰진다.

스토리에서 욕망의 대상은 주인공이 자신의 삶에서 균형을 회복하기 위해 필요하다고 믿는 사물 또는 상태로 정의된다. 욕망의 대상은 플래시 드라이브에 감춰진 기밀 파일처럼 손에 쥘 수 있는 물리적인 물체일 수도 있다. 러브 스토리라면 사랑하는 사람과의 결혼, 가정 드라마라면 가족의 화합 등 관계의 변화일 수도 있다. 국가가 평화를 되찾거나 한 집단을 해방시키는 승리 같은 사회적인 목표일 수도 있다.

욕망의 대상을 동기와 혼돈하지 말자. 욕망의 대상은 주인공이 원하는 것이다. 동기는 주인공이 그것을 원하는 이유다. 「007 카지노 로얄」에 제임스 본드의 동기는 도덕적 의무 감각, 「007 퀀텀 오브 솔러스」에서는 복수, 「007 스카이폴」에서는 죄책감, 「007 스펙터」에서는 그 세 가지 모두다. 이런 여러 가지 동기들이 본드를 동일한 욕망의 대상으로 향하게 한다. 악당의 죽음을 추구하게 하는 것이다. 액션 영웅의 동기는 언제나 그 영웅과 그의 스토리에 고유한 것이다. 캐릭터가 원하는 것, 그리고 그것을 원하는 이유는 모두 작가의 창의성을 요구하는 창작 행위에서 탄생하지만, 그들은 별개로 각각 이뤄져야 한다.

액션 스토리에서 영웅의 삶은 다음에 나열한 세 가지가 등장하면서 균형이 완전히 깨지고 부정적인 방향으로 휩쓸려 간다.

❶ 악당

❷ 악당의 계획

❸ 악당이 그 계획을 실행하는 데 필요한 맥거핀(맥거핀에 대해서는 10장에서 더 상세히 다룬다.)

이 세 가지 발견은 영웅이 악당의 패배, 악당의 계획 무산, 피해자의 구제, 안전의 복구 등 액션의 중심을 향해 나아가게 한다. 영웅은 이 세 가지를 단 하나의 대면 장면에서 발견할 수도 있고, 각각 다른 별개의 사건들에서 발견할 수도 있다. 한 요소를 발견한 것만으로도 스토리가 시작될 수 있다.

「007 스펙터」에서 제임스 본드는 악당 프란츠 오버하우저에 대해 알게 된다. 그러나 오버하우저가 무엇을 원하는지, 그것을 얻기 위해 어떤 계획을 세웠는지, 그것을 어떻게 사용할지는 아직 모른다. 「가디언즈 오브 갤럭시」는 스타로드 피터 퀼이 스토리의 맥거핀인 수수께끼에 둘러싸인 오브를 훔치는 것에서 이야기가 시작된다. 그러나 그는 아직 오브에 어떤 힘이 있는지, 어떤 용도가 있는지 전혀 알지 못한다. 「24」의 모든 시즌의 첫 에피소드는 잭 바우어가 악당의 계획에 대해 알게 되는 것에서 출발한다. 그러나 잭 바우어는 악당이 누구인지, 악당이 계획을 실행에 옮기기 위해 무엇을 필요로 하는지는 알지 못한다.

다섯 개의 장으로 구성된 영화 「미션 임파서블: 고스트 프로토콜」는 도발적 사건을 첫 두 장에 걸쳐 펼친다. 청부살인업자가 IMF 요원을 죽이고 정체를 숨긴 악당 코발트에게 판매할 기밀문서를 가로채는 장면으로 첫 장을 연다. 그러나 이단 헌트의 팀이 코발트의 정체를 밝혀내기 전에 코발트는 크렘린을 폭파시키고 헌트에게 누명을 씌운다. 이것이 1장의 절정이다. 도발적 사건은 2장의 절정에서 완결된다. 헌트는 코발트의 정체와 계획이 무엇인지 밝혀낸다. 코발트는 러시아 핵잠수함에서 핵미사일(맥거핀)을 발사해서 샌프란시스코를 공격해 제3차 세계대전을 일으킬 속셈이다.

악당, 계획, 맥거핀을 파악하는 과정에서 영웅은 액션 스토리에 휘말린다. 그러나 이렇게 발견한 내용은 모두 거짓일 수 있다. 가짜 악당이 스토리를 열고, 서사가 중반부에 이르러서야 감춰진 진짜 악당이 등장할 수도 있다.(「다크 나이트」) 로키 같은 악당은 자신의 계획에 대해 거짓말을 하기도 한다.(「토르: 라그나로크」) 거짓 맥거핀으로 영웅을 속일 수도 있다.(「다이 하드」)

세 가지 핵심 발견이 어떻게 일어나건, 영웅이 행동에 나서기를 거부할 수도 있다. 「스파이더맨」의 피터 파커는 슈퍼히어로로 살아가는 내내 주저하는 영웅으로 묘사된다. 슈퍼히어로가 되기로 한 자신의 결정에 끊임없이 회의를 느낀다. 실제로 「어메이징 스파이더맨」 코믹스 50호의 제목은 "이제 스파이더맨은 그만!(Spider-Man No More!)"이다.

액션 스토리텔링이 아무리 복잡해져도 대다수 서사에서 도발적 사건은 단순하다. 예를 들어 「조스」에서 보안관은 상어에게 사지가 뜯겨 나간 피해자를 발견한다.

도발적 사건의 배치

도발적 사건의 배치를 고민할 때, 참고 기준이 되는 원칙은 간단하다. 중심플롯의 도발적 사건은 가능한 한 앞에 넣어라. 다만 도발적 사건의 효과를 극대화할 수 있는 지점이 나올 때까지 기다려야 한다.

도발적 사건을 배치하기에 안성맞춤인 순간은 스토리마다 달라서 첫 장면부터 1장의 절정 사이의 어느 지점이든 될 수 있다. 드문 사례지만 「미션 임파서블: 고스트 프로토콜」에서와 같이 그보다 더 늦게 올 수도 있다. 스토리를 개시할 정확한 위치는 스토리를 준비하는 데 필요한 해설의 분량에 따라 달라진다. 관객/독자가 상황을 충분히 이해하기 전에 도발적 사건을 도입하면 관객/독자가 혼란에 빠질 수 있다. 그러나 관객/독자가 필요한 모든 것을 알게 되고 나서도 한참을 기다리게 된다면 관객/독자는 흥미를 잃게 된다.

만약 독자/관객에게 사전지식이 필요없다면 「조스」와 같이 도발적 사건으로 서사를 곧장 열 수도 있다. 그러나 관객/독자가 배역, 맥락, 시간과 장소에 대한 깊은 이해를 먼저 갖춰야 한다면 도발적 사건을 꽤 나중에 집어넣을 수도 있다.

예를 들어 「장고: 분노의 추적자(Django Unchained)」에서 관객은 1850년대 미국 남부의 노예 기반 문화와 현상금 사냥꾼이라는 직업을 이해해야 한다. 또한 두 영웅의 생애사도 알아야 한다. 그래야만 영화가 시작한 지 39분이 지난 시점에서 장고가 백인 감독관 세 명을 죽이고 자유를 쟁취했을 때 충분한 반응을 보일 수 있다.

앞서 언급했듯이 「미션 임파서블: 고스트 프로토콜」이 앞서 풀어내야 하는 해설 과제는 상당히 복잡하다. 그래서 영웅이 세 가지 요소를 발견하는 과정을 첫 두 장에 걸쳐 길게 끈다. 영화의 맥거핀을 네 가지 조각으로 나눈 정교한 실행안뿐 아니라 악당의 정체와 계획까지 다뤄야 하는데, 이런 해설을 단 하나의 도입 장면에 전부 욱여넣는 것은 무리다. 왜냐하면 필수 요소가 간과되거나 잊히거나 혼란을 야기하거나 단순히 관객을 지루하게 만들 염려가 있기 때문이다. 그럴 때는 각 해설 단위마다 극적 장면을 하나씩 부여하면 이야기가 역동적인 전환과 함께 관객을 이야기에 끌어들일 수 있다. 그러다 도발적 사건이 펼쳐지면 관객의 흥미를 한껏 고조시킨다.

영웅과 악당의 만남

예외는 있지만 도발적 사건이 벌어지기 전에 영웅이 악당에 대해 이미 알고 있는 경우는 거의 없다. 그래서 까다로운 창작 질문이 제기된다. 영웅은 악당의 계획을 발견하고 나서야 행동에 나선다. 영웅과 악당의 만남을 어떻게 설정할 것인가? 악당이 준비 중이거나 진행 중인 계획을 영웅에게 누설해야만 하다 보니 이런 필요성이 종종 미숙한 상투성으로 이어지곤 한다. 하지만 작가가 솔직한 동기를 찾을 수 있다면 얘기가 달라진다.

예를 들어 「다이 하드」에서 한스 그루버는 존 맥클레인에 대해 한 번도 들어 본 적이 없다. 적어도 범죄의 대가인 자신이 벌이는 강도 현장에 맥클레인이 굴러들어 오기 전까지는 그랬다. 그런데 맥클레인이 이런 현장을 우연히 발견하게 된 데에는 동기가 있었다. 맥클레인은 사실 강도와는 전혀 무관한 다른 것, 소원해진 자신의 아내를 찾고 있었다.

많은 영웅이 경찰이나 군대 등 액션과 관련된 직종에 종사한다. 그런 직업은 캐릭터가 생/사가 걸린 상황에 우연히 발을 들이게 되는 그럴듯한 수단이 된다. 게다가 영웅이 살아남고 다른 사람의 생명을 구하는 데 필요한 기술과 역량도 갖출 수 있다.

앞서 말했듯이 스토리에서 영웅의 등장은 선택 또는 우연, 이 두 가지 중 하나를 통해 일어난다. 만약 우연에 의한 것이라면 영웅은 곤란한 때에 곤란한 장소에 있게 된 것이다.(「그래비티」) 적절한 때에 적절한 장소에 있게 된 것일 수도 있다.(「스타워즈 4: 새로운 희망」) 만약 선택에 의한 것이라면 악당의 선택이 영웅을 끌어들인 것일 수 있다.(「다크 나이트」) 영웅의 선택으로 스스로 끌려 들어간 것일 수도 있다.(「007 카지노 로얄」) 마지막으로 그 두 가지를 혼합한 세 번째 방식도 가능하다. 우연으로 인해 영웅이 곤경에 빠지지만 그는 자신의 선택에 의해 그 길을 계속 따라간다.(「다이 하드」) 일단 위험에 빠지면 영웅은 강력한 적수의 사악한 계략에 맞서기 위해 즉흥적으로 전술을 고안해야 한다.

세트 피스 프롤로그

관객과 독자가 액션 스토리에 안착하면 자연스럽게 궁금증이 생긴다. '누가 영웅이고, 그 영웅은 무엇을 할 수 있는가?' 「레이더스」의 오프닝 시퀀스에서 인디애나 존스가 거대한 바위를 피하는 장면이나 「007 카지노 로얄」의 시동을 걸기 위해 제임스 본드가 악당 두 명을 죽이는 장면 같은 세트 피스 프롤로그는 이런 질문에 즉각적으로 답을 준다. 이런 장면은 영웅의 힘을 보여 주고, 관객의 시선을 사로잡고, 관객이 이후에 펼쳐질 도발적 사건을 받아들일 수 있게 준비시킨다.

그러나 영웅에게 미스터리라는 신비한 후광을 씌우고 이야기 전반에 걸쳐 영웅의 차원과 재능을 서서히 드러내는 이야기도 있다.

예비 보조플롯

중심플롯의 도발적 사건에 설정을 보여 주기 위한 긴 해설이 필요할 수 있다. 그럴 때는 액션 서사에 관심을 붙들어 두면서 그 해설을 극화하는 보조플롯을 소환해서 도발적 사건의 토대를 마련할 수 있다.

「프레데터」를 여는 것은 더치 섀퍼가 이끄는 육군 특수작전팀이다. 이들은 소련의 지원을 받는 반란군에게 잡힌 정치사범을 구출하는 임무를 수행하기 위해 남미 정글의 한 막사를 공격한다. 이 보조플롯이 영화의 첫 36분을 채우며, 이를 통해 섀퍼 팀의 각 요원이 지닌 특수한 전투기술을 드라마화한다. 이 보조플롯이 절정에 도달하는 순간 재미로 인간을 사냥하는 외계인이 팀원 중 한 명을 공격하고 죽이면서 중심플롯에 시동을 건다.

영웅과 악당의 교차편집

지연된 도발적 사건을 위한 토대를 마련하면서 동시에 해설을 극화하는 또 다른 기법은 영웅의 관점과 악당의 관점을 교차편집한 장면으로 이야기를 시작하는 것이다. 「다이 하드」, 「다크 나이트」, 「스타 트렉 2: 칸의 분노」의 도입부는 전부 두 개의 보조플롯을 오간다. 한 보조플롯에서는 영웅이 등장하고 다른 보조플롯에는 악당이 등장하며, 편집을 통해 영웅과 악당 사이의 거리를 줄여 가면서 긴장을 고조시킨다. 그러다 마침내 도발적 사건에서 영웅과 악당이 충돌한다.

중심플롯의 도발적 사건은 일반적으로 서사의 첫 4분의 1 이내의 시점에 일어난다. 그 이후로도 관객이 중심플롯이 시작하길 기다려야 한다면, 관객은 도발적 사건이 최대의 효과를 발휘하기 위해 대규모 준비 작업이 필요해서라고 짐작한다. 도발적 사건을 준비하는 동안 관객의 관심을 유지하기 위해 작가가 어떤 기법을 적용하건 독자/관객은 엄청나게 놀라운 일이 벌어질 것이라고 생각한다. 그래서 기다림이 길어질수록 기대도 더 커진다.

「스타 트렉 2: 칸의 분노」의 도발적 사건은 영화가 시작된 지 45분이 지난 뒤에 일어난다. 서사가 거의 절반 정도 진행된 시점이다. 영화는 두 개의 보조플롯을 교차편집하면서 시작한다. 한 보조플롯에서는 커크가 이제는 낡은 함선이 된 엔터프라이즈호에서 사관후보생들을 훈련시킨다. 커크는 삶의 의미를 상실한 것에 고뇌하고 있다. 두 번째 보조플롯은 생명체가 없는 황량한 행성으로부터 칸이 탈출하는 과정을 보여 준다. 칸은 연합의 우주선을 탈취하고 엔터프라이즈호를 고장낸다. 엔터프라이즈호에 갇힌 커크는 어쩔 수 없이 항복한다. 두 보조플롯의 절정은 1장의 절정, 중심플롯의 도발적 사건, 대전환점 중 하나인 속수무책 장면, 이렇게 세 가지 역할을 한다. 이후 2장 전체는 속수무책 장면의 확장이다. 다시 삶이 의미 있는 액션으로 채워진 커크가 기지를 발휘해 칸을 패배시키고 액션 중추의 절정에 도달하면서 이 속수무책 장면은 끝난다.

9장

액션의 중추

액션의 중추는 주인공의 스토리, 즉 주인공이 욕망의 대상을 찾아나서는 긴 여정을 따라간다. 액션 장르에서 액션의 중추는 영웅이 도발적 사건에 반응하는 것에서 시작하고 절정인 최후의 결전에서 끝난다. 그 과정에서 영웅이 전환점을 하나씩 지날 때마다 점점 더 상승하는 반대 세력의 역동적 주기에 따라 악당의 계획을 무산시키기 위해 목숨을 걸고 분투하는 영웅이 감수해야 하는 위험도 점점 더 커진다.

악당의 계획

악당의 계획이 발산하는 사악한 기운이 사건들을 맴돈다. 악당의 계획은 거의 언제나 다소 비밀스럽고, 그래서 악당은 늘 영웅보다 한 수 앞서 나간다. 악당이 계획을 포기하면 액션은 그 자리에서 멈춰 버린다. 구해야 할 사람도 없고, 위험에 처한 상황도 없으므로 영웅은 무(無)행동이라는 벽에 부딪힌다.

악당의 계획으로 인한 반전과 역전에는 다섯 가지 전제조건이 있다. 합리적이고, 실현 가능하고, 위험하고, 보상이 크고, 캐릭터 맞춤형이어야 한다.

1. 합리적

악당의 계획은 말이 돼야 한다. 악당이 멍청해서 논리적으로 그럴듯한 전략을 짤 수 없다면 스스로 자멸할 것이다. 그렇다면 굳이 영웅을 끌어들일 필요도 없다.

「다이 하드 3」의 악당은 매우 명쾌한 계략을 꾸민다. 그는 라디오 방송을 통해 뉴욕의 한 학교를 폭파시키겠다고 공표한다. 다만 어느 학교를 폭파시킬 것인지는 밝히지 않는다. 이로 인해 뉴욕은 공황 상태에 빠지고 전 경찰 인력이 모든 학교의 학생들을 서둘러 대피시키는 데 동원된다. 경찰 업무가 마비될 지경에 이르자 악당은 월스트리트에 있는 은행 금고에서 수십억 달러에 달하는 골드바를 훔친다. 월스트리트는 맨해튼에서 학교가 없는 유일한 구역이다.(이 시나리오가 얼마나 기발했는지 FBI는 시나리오 작가가 실제로 그런 계획을 세우고 실행에 옮길 의도가 있는지 취조했다.)

2. 실현 가능성

악당의 계획은 실패 가능성이 0일 필요는 없지만, 여전히 성공할 가능성이 상당히 높아야 한다. 「다이 하드」에서 한스 그루버는 존 맥클레인이 끼어들지 않았다면 인질을 죽이고 수천만 달러의 무기명 채권을 들고 유유히 사라졌을 것이다. 「미션 임파서블: 고스트 프로토콜」에서 이단 헌트가 절정에서 서류가방을 두고 벌인 사투에서 이기지 않았다면 코발트는 세계를 멸망시켰을 것이다.

더 중요하게는, 악당의 계획은 우연에 기대서는 안 된다. 적절한 때에 적절한 장소에서 적절한 것이 마련되어야만 성공하는 계획이 아니라는 뜻이다.

「다이 하드: 굿 데이 투 다이」에서 악당은 러시아에서 재판을 앞두고 있다. 악당의 탈출 계획은 CIA, 러시아 범죄 조직, 자신의 딸이 꾸린 팀, 이렇게 별개의 세 집단에 의해 동시에 납치되는 것을 전제로 한다. 게다가 이 계획이 성공하려면 납치에 나선 두 팀은 실패해야 한다. 악당은 성공을 계획하면서 실패에도 대비한다. 즉 실패를 계획하면서 성공에 대비하는 게 아니다.

그러나 한편에서는 겉보기에 실패처럼 보이지만 그 이면에 성공이 기다리고 있는 전략 또한 긴 역사를 자랑한다. 당신이 적의 방어막을 통과하도록 적을 속여서 스스로 돕게 하는 속임수는 3200년 전에는 독창적인 발상이었다. 그리스 군대는 (병사들이 잔뜩 숨어 있는) 거대한 목마를 트로이 도시에 선물로 주고 떠났다. 「다크 나이트」에서 조커는 오디세우스의 책략을 재활용해서 자신이 잡혀가야 성공하는 계획을 세운다. 그 이후 2년 동안 「다크 나이트 라이즈」, 「007 스카이폴」, 「스타 트렉 다크니스」, 「다이 하드: 굿 데이 투 다이」 등에서 워낙 자주 재활용되는 바람에 이 플롯 장치는 역대급 클리셰로 전락했다.

3. 위험

관객은 어떤 것의 가치를 가늠할 때 사람들이 그것을 얻기 위해 무엇을 기꺼이 감수하는지를 본다. 따라서 악당의 계획은 단순히 설득력이 있을 뿐 아니라 그 목적에 비례하는 위험이 뒤따라야 한다. 더 많은 것을 쟁취하기를 기대한다면 그만큼 더 큰 위험을 감수해야 한다.

고담시를 무정부 상태에 빠뜨리기 위해서 조커는 은행을 털고, 마피아에게서 훔치고, 마피아의 복수에서 탈출하고, 마피아를 전멸시켜야 한다. 그 와중에 판사와 경찰국장도 죽여야 한다.

한스 그루버는 그냥 나카토미 회사 컴퓨터를 해킹해서 자금을 빼돌릴 수 없다. 큰돈을 손에 넣기 위해 그는 회사 건물 내부의 직원들을 몽땅 납치해서 테러범인 척하면서 FBI와 경찰을 속여야만 한다.

4. 보상

악당이 원하는 것은 엄청난 가치가 있어야만 한다. 악당에게 엄청난 부 또는 권력 또는 둘 다를 안기는 것이어야 한다. 그렇지 않다면 그것을 위해 굳이 타인의 생명을 짓밟아야 할 이유가 없다.

5. 캐릭터 맞춤형

악당의 캐릭터는 악당의 본성을 반영한다. 악당의 계획에 대한 영웅의 반응이 캐릭터 맞춤형이어야 하듯이 악당의 계획도 그래야 한다.

자기도취에 빠진 두 과대망상증 환자를 떠올려 보라. 「가디언즈 오브 갤럭시」의 로난과 「미션 임파서블: 고스트 프로토콜」의 코발트는 인류를 파괴할 계획을 세운다. 인류 문명을 재창조하고 신과 같은 권력을 휘두르면서 숭배받기 위해서다. 로난은 세대를 거슬러 올라가는 광적인 정의감을 내세우면서 그런 욕망을 추구한다. 코발트의 뒤틀린 머리는 세계를 파괴하면 인류가 새출발을 할 수 있고 자신은 인류의 수호천사 같은 존재가 된다고 믿는다.

따라서 액션 스토리 창작은 악당 캐릭터 설계에서 시작된다. 그리고 그런 악당에게 고유한 자원과 전술로 반응하는 영웅 캐릭터 설계가 뒤따른다. 그러니 다시 한 번 강조한다. 악당의 심리와 그런 심리에서 비롯된 계획이 액션 플롯의 동력이다. 그런 악당과 계획에 대한 영웅의 반응이 액션의 중추를 이룬다.

줄줄이 등장하는 악당

「스파이더맨」 같은 프랜차이즈나 「만달로리언」 같은 롱폼 시리즈에서는 동일한 주인공이 온갖 악당과 대적한다. 각 악당은 영웅을 단발성으로 시험한다. 가장 인상적인 악당은 이전에는 보지 못한 영웅의 자질을 이끌어 낸다.

조커는 압박이 커질 때 배트맨이 냉철함을 유지할 수 있을지 시험한다. 리들러의 퍼즐은 배트맨의 추론 능력을 이끌어 낸다. 스케어크로우는 배트맨의 용기, 캣우먼은 배트맨의 도덕성, 베인은 배트맨의 힘을 시험한다. 따라서 영웅이 하나의 이야기에 등장하건, 백 개의 이야기에 등장하건 각 악당의 강점과 계획에서 그 악당만이 고안할 수 있는 유일무이한 시험과 그 영웅만이 상상할 수 있는 즉흥적인 답이 만들어진다.

악당의 비밀

악당의 계획이 더 투명하고 더 예측 가능할수록 그 악당은 덜 위험한 악당이 된다. 악당의 계획이 더 비밀스러울수록 그 악당이 가하는 위협이 커지고 액션 중추가 더 많은 깜짝 요소들로 채워진다.

「다이 하드」의 한스 그루버는 비밀이 있다. 그는 테러범이 아닌 강도다. 「스타워즈 4: 제국의 역습」의 최고 악당 다스 베이더도 비밀이 있다. 그는 영웅의 아버지다. 심지어 인간이 아닌 악당도 비밀이 있다. 「더 그레이」를 여는 비행기 추락 사고 이후 한 늑대 무리가 생존자들을 에워싸면서 으르렁거린다. 마치 생존자들을 자신들의 사냥 구역에서 몰아내려는 것처럼 군다. 그러나 나중에 생존자들이 발견한 사실은 늑대들이 처음부터 자신들을 늑대 굴로 조금씩 몰아가고 있었다는 것이다.

악당의 비밀은 악당의 진짜 이름, 전과 기록, 학대받은 어린 시절 같은 단편적인 사실 정보 이상이어야 한다. 비밀이 밝혀졌을 때 갈등을 고조시키고, 심화하고, 복잡하게 꼬아서 사건에 큰 영향을 미치고, 사건을 새로운 방향으로 전개시키는 것이어야 한다.

「배트맨: 유령의 마스크」와 「배트맨 비긴즈」을 비교해 보자. 두 영화 모두 브루스 웨인이 어쩌다 망토와 두건을 두르게 되었는지 그 이유와 과정을 다루는 배트맨의 오리진 스토리다. 두 영화의 악당은 각각 정체가 비밀에 싸여 있다.

「배트맨: 유령의 마스크」에 등장하는 자경단 팬타즘은 가면을 쓰고서 고담시의 마피아 두목을 차례차례 한 명씩 사냥해 처단한다. 그런데 살인범으로 배트맨이 지목된다. 경찰이 유력한 용의자인 배트맨을 쫓는 동안 브루스 웨인은 이 사건을 조사하고 자신의 과거와의 연결고리를 발견한다. 10년 전 배트맨은 자경단이 되기 위해 비밀 훈련을 받았고, 그때 그는 칼 보먼트와 보먼트의 아름다운 딸 안드레아를 만난다. 배트맨은 안드레아와 사랑에 빠진다. 그러나 어느 날 갑자기 부녀가 사라진다. 큰 상처를 입은 그는 처음으로 배트맨 망토를 두른다.

현재로 돌아와서, 브루스는 팬타즘의 피해자들이 안드레아의 아버지 칼과 연관되어 있다는 사실을 발견한다. 칼은 원래 마피아의 자금으로 투자를 대신해 주고 있었다. 그런데 큰돈을 잃었고 마피아는 그의 목숨에 현상금을 건다. 칼은 시간을 벌기 위해 딸을 데리고 도주한 후 돈을 구해서 마피아에게 이자까지 얹어서 갚았지만, 마피아는 그를 죽였다.

단서를 끼워 맞추면서 브루스는 범죄에 감춰진 비밀을 추론한다. 팬타즘은 내내 안드레아였다. 아버지의 죽음에 대한 복수로 마피아 두목들을 암살한 것이다. 이제 배트맨에게는 특수한 문제가 생겼다.

「배트맨 비긴즈」에서 어린 브루스 웨인은 전투 기술을 연구한다. 그림자 연합의 앙리 두카르가 그의 스승이다. 그림자 연합은 라스 알굴이 이끄는 비밀 암살자 단체다. 최종적으로 웨인은 연합에 합류하기를 거부하고 화재가 발생했을 때 연합의 손아귀에서 빠져나온다. 화재 현장에서 두카르의 목숨은 구했지만 라스 알굴은 죽도록 내버려뒀다.

몇 년이 지난 뒤 배트맨이 된 브루스 웨인은 고담시를 환각제로 독살하려는 악당의 계획을 조사한다. 웨인은 이 범죄 계획의 지휘자가 라스 알굴이라는 사실을 알게 된다. 브루스 웨인이 배트맨으로 변신했듯이 앙리 두카르는 라스 알굴로 변신했다. 브루스 웨인이 그림자 연합 화재 당시 불에 휩싸여 죽어 가는 걸 본 남자는 가짜였다. 그러나 이런 비밀 폭로는 악당의 계획에도, 그 계획을 막으려는 배트맨의 노력에도 아무런 영향을 미치지 않는다. 두 사람의 영웅/악당 역학관계는 이전과 다름없이 유지된다. 그 비밀은 지킬 만한 가치도, 발견할 만한 가치도 없었다.

비밀에 관한 마지막 조언 하나를 하고자 한다. 비밀은 호기심을 자극한다. 그러나 일단 비밀의 폭로가 전환점을 만들어 내고, 독자와 관객에게 그들이 궁금해하는 것을 알려 주고 나면, 더는 보충 해설을 덧붙일 필요가 없어야 한다. 전환점 이후에 앞서 일어난 일이 왜, 어떻게 일어났는지 설명해야 한다면 그것은 곧 첫 페이지로 돌아가 다시 써야 한다는 것을 의미한다.

액션의 진행

영웅은 자신의 세계에 긍정적인 반응을 일으키기 위해 액션 스토리에 돌입한다. 그러면 영웅이 예상한 일과 실제로 일어난 일 사이의 간극에서 전환점이 생겨난다. 영웅이 예상한 것과 다르고 더 강력한 부정적인 힘이 분출된다. 이런 예상하지 못한 교착상태가 영웅이 단기 목표를 달성하는 것을 방해하고, 그 결과 영웅의 장기적인 욕망의 실현을 가로막는다.

이런 일이 발생하면 그순간 관객/독자는 본능적으로 이것이 **돌이킬 수 없는 지점**이라는 사실을 알아차린다. 영웅이 막 취한 행동으로는 원한 것을 확보하지 못했고, 여기서 뒤로 물러날 수는 없다. 같은 전술을 다시 사용하거나 그 전술보다 수준과 규모가 떨어지고 위험이 덜한 전술로 돌아갈 수도 없다. 영웅은 무조건 앞으로 나아가야 하며, 더 뛰어난 기지, 더 대단한 용기, 더 큰 위험을 감수해야 하는 수를 둬야 한다.

액션 중추를 따라가는 전환점들은 영웅에게 끊임없이 더 많은 의지력을 짜내도록 요구하면서 스토리의 갈등을 키운다. 영웅을 끊임없이 더 큰 위험에 빠뜨리고, 영웅의 행동은 폭, 깊이, 파급력이라는 측면에서 돌이킬 수 없는 지점들을 통과한다. 영웅이 더 많은 것을 성취하려고 기대할수록 영웅이 가는 길이 더 험난해진다.(『STORY 시나리오 어떻게 쓸 것인가』 9장 308~311쪽 참조)

액션 장르에서 사건의 속도를 높이기 위해서는 악당의 힘이 반드시 진화해야 한다. 「다크 나이트」에서 조커는 처음에는 좀도둑이었지만, 이후 고담시 지하세계의 제왕으로 변신한다. 「엑스맨: 퍼스트 클래스」의 악당은 자신을 공격하는 힘을 흡수하는 초능력이 있고, 그 결과 계속해서 훨씬 더 강해진다. 세게 맞을수록 더 세게 때릴 수 있게 된다. 액션/SF/코미디 「에볼루션」에서는 불을 먹는 미생물이 지구에 착륙한다. 군대가 이 미생물을 향해 네이팜을 발사하자 미생물은 거대한 괴물 생명체로 자란다.

액션 스토리에서 갈등은 악당이 영웅에 비해 더 유리한 입장이 될수록 발전하고 깊어진다. 악당과 영웅의 충돌은 다음의 네 가지 방식 중 하나로 흥분을 고조시킨다. 악당은 갈등을 개인적인 것으로, 세계적인 것으로, 영웅의 내적인 것으로, 보이지 않는 것으로 만들 수 있다.

1. 개인적 갈등

악당이 영웅의 가족, 친구, 연인에게 공격의 화살을 돌릴 때 갈등은 개인적인 것으로 발전한다. 영웅/피해자 연결고리는 종종 이런 전술에 손쉬운 목표물을 제공한다. 피해자와 영웅의 관계가 더 친밀할수록 영웅은 더 위험한 행동에 나설 것이고 더 큰 희생을 치른다. 예를 들어 「다이 하드」의 절정에서 존 맥클레인이 오직 아내를 구하기 위해 두 손을 번쩍 들고 유리 조각이 잔뜩 박힌 발로 등장해 악당과 대면하는 유혈이 낭자한 장면을 떠올려 보라.

영웅과 악당의 갈등이 그 영웅과 악당의 맞춤형 갈등이 되기도 한다. 「스타워즈 4: 제국의 역습」에서는 아버지와 아들이 대적한다. 「엑스맨」의 프리퀄은 '친구이자 적인' 찰스 자비에와 매그니토를 대적시킨다.

이 설계를 변형해서 영웅이 갈등을 악당에게 개인적인 것으로 만들 수도 있다. 악당이 자신의 감정에 대한 통제력을 잃을 때 영웅은 유리한 고지를 점령한다. 「다이 하드」 프랜차이즈는 이 장치를 세 번이나 재연했다. 「다이 하드」에서 존 맥클레인은 칼의 형제 토니를 죽여서 칼이 이성을 잃게 만든다. 「다이 하드 3」에서는 악당 사이먼 그루버가 자신의 동생 한스 그루버를 죽인 맥클레인을 겨냥한다. 「다이 하드 4.0」에서 맥클레인이 악당의 여자 친구를 죽였다는 이유로 악당은 맥클레인의 딸을 납치해 복수한다.

2. 세계적 갈등

내부로 돌아서기보다는 서사를 밖으로 크게 확장시켜 갈등을 세계적인 것으로 만들 수 있다. 「인디펜던스 데이」의 외계인처럼 악당이 거대한 힘을 소유했거나 「백악관 최후의 날」의 미국 대통령처럼 피해자가 엄청난 권력자라면 액션 장면은 핵분열처럼 마구 뻗어 나간다.

3. 영웅의 내적인 갈등

기발한 악당은 영웅을 자신의 내면과 대적하게 한다. 영웅이 사랑하는 사람을 죽여서 영웅을 슬픔에 빠뜨릴 수도 있고(「가디언즈 오브 갤럭시」의 파괴자 드랙스), 영웅 자신이 구하려던 것을 실수로 파괴시키게 해서 죄책감에 빠뜨릴 수도 있다.(「스타 트렉 3: 스포크를 찾아서」의 제임스 커크) 또는 영웅이 자신의 힘을 의심하게 만들 수도 있다.(「매트릭스」의 네오) 그 외에도 영웅이 스스로를 단죄하도록 만드는 자기파괴 무기를 동원한다.

4. 보이지 않는 갈등

어둠 속에서 뭔가를 찾으려고 하면 저절로 엉금엉금 느리게 움직이게 되듯이 안개처럼 자욱한 기만 속에서 진실을 추적해야 하는 영웅은 제자리를 빙빙 돌게 된다. 따라서 영리한 악당일수록 거짓 뒤에 숨는다. 탐욕을 자선으로, 증오를 사랑으로, 악을 선으로 위장한다. 거의 모든 픽사 애니메이션 영화—「업」, 「월-E」, 「토이 스토리 3」—의 악당은 친절함의 가면 뒤에 잔인함을 숨기고 있다.

「다이 하드」는 한스 그루버가 정치사범의 석방을 요구하는 해방 투사인 척하는 것으로 시작한다. 「인크레더블」에서는 신드롬이 자신의 비열함을 덕목으로 위장할 뿐 아니라 슈퍼히어로 가족을 사랑하는 척한다. 그러면서 뒤로는 은밀하게 그 가족을 한 명씩 차례로 죽이는 계획을 꾸민다.

반응적 악당

공격에 맞서 요새를 방어하는 적은 전쟁 장르에서 반응적 배역을 맡을 수 있지만 액션 장르에서는 그럴 수 없다. 강조하기 위해 다시 한 번 말하지만, 악당이 자신의 계획을 실행에 옮기는 것이 액션 스토리가 펼쳐지게 하는 동력이다. 악행의 각 단계에 대해 영웅이 반응하면서 액션의 중추를 따라 영웅의 전술이 생성되고, 그런 과정을 통해 사건이 절정에 이르게 된다.

10장

맥거핀

• 정의 : 맥거핀은 영웅과 악당 둘 다가 원하는 것이다.
그리고 둘 중에 그것을 손에 넣는 쪽이 다른 쪽을 제압할 힘을 얻는다.

이 용어는 시나리오 작가 앵거스 맥파일이 농담처럼 처음 사용했고, 알프레드 히치콕에 의해 대중화되었다. 맥파일 덕분에 우리는 모든 액션 스토리의 필수 요소를 가리키는 맥거핀이라는 인상적인 이름을 얻었다.

다양성과 진행

맥거핀은 물리적인 것일 수 있다. 「말타의 매」의 매, 비디오게임 「레드 데드 리뎀션 2(Red Dead Redemption II)」의 블랙워터 마을 은행에서 강탈한 현금, 「반지의 제왕」의 절대반지 등이 그런 예다. 심지어 「골든 차일드(The

Golden Child)」의 아이처럼 스토리의 피해자일 수도 있다.

맥거핀은 캐릭터가 마음속 깊이 숨겨둔 비밀 같은 정신적인 것일 수도 있다.「39 계단」의 절정에서 음악홀 연주자 미스터 메모리가 맥거핀을 암송하는데, 그것은 엄청나게 긴 숫자로 이루어진 군사기밀 암호다.

범죄, SF, 정치 드라마 같은 장르에서는 종종 정보를 맥거핀으로 활용한다.「스타워즈」에서 죽음의 별의 약점이 나오는 설계도,「에너미 오브 더 스테이트」에서 NSA 수장의 부패 증거,「아르고」에서 US 대사관 관료들의 은신처가 그런 예다.「아르고」의 외교관들은 그들이 숨어 있는 테헤란의 은신처가 비밀인 한 안전하다. 그러나 이란 정부가 이 맥거핀을 발견하면 그 관료들은 잡혀서 처형당할 것이다.

일반적으로 액션 장르의 맥거핀은 단 하나다.「007 스펙터」에서 첩보 공유 글로벌 네트워크인 나인 아이즈가 그 예다. 때로는 여러 사물들이 합쳐져서 맥거핀이 된다.「미션 임파서블: 고스트 프로토콜」에서 악당은 핵미사일 발사 암호, 발사 장치, 핵 잠수함과 핵미사일을 차례차례 모아서 한 축에 꿰으로써 핵미사일 발사권을 손에 넣는다.

어떤 특성을 지녔건 맥거핀은 액션 스토리에서 영웅과 악당의 관심과 주의를 집중시키며 영웅과 악당의 성공 여부를 판가름하는 잣대가 된다. 맥거핀을 통제하는 쪽이 결과를 통제하기 때문이다.

어떤 이야기에서는 주인공이 욕망하는 대상과 스토리의 맥거핀이 동일하다. 요컨대 피해자가 곧 맥거핀이고, 영웅은 욕망의 대상을 구해 낸다. 어떤 이야기에서는 맥거핀이 영웅이 피해자를 구하는 수단이 되기도 한다.

「카사블랑카」에서 릭 블레인의 욕망의 대상은 일자 룬드다. 릭은 일자를 사랑하지만 그녀를 구하려면 영화사에서 가장 유명한 맥거핀인 통행 증명서를 확보해야만 한다. 의심받지 않고, 무효화할 수 없는 귀중한 맥거핀으로, 그것만 있으면 자유를 보장받는다.

맥거핀은 힘을 부여한다. 「반지의 제왕」에서 사우론의 손에 절대반지가 들어가면 사우론은 그 힘으로 가운데땅의 자유로운 사람들을 정복할 것이다. 따라서 영웅의 임무는 맥거핀이 악당의 손에 들어가는 것을 막는 것이다. 비록 맥거핀의 진정한 본질을 이해하지는 못한 상태지만 말이다. 「레이더스」에서 인디애나 존스는 고고학적으로 귀중한 유물인 성궤를 구하려고 나선다. 그러나 성궤의 초자연적 힘에 대해서는 알지 못했다.

효과적인 맥거핀은 다양성을 유도하고, 갈등을 진행시키고, 이동시킬 수 있다.

● **다양성을 유도한다**: 추적, 추적, 추적, 추적, 전투, 전투, 전투, 전투. 이런 식의 반복이 액션 작가가 직면한 가장 까다로운 문제일 것이다. 효과적인 맥거핀은 영웅과 악당에게서 결코 반복되지 않는 다양한 전술적 행동과 반응을 이끌어 낸다.

● **갈등을 진행시킨다**: 장면에서 일어나는 표면적 활동이 무엇이건, 갈등과 생명에 대한 위협이 점점 줄어들면서 교착상태가 가라앉으면 그것 또한 마찬가지로 반복적으로 느껴진다. 이때도 맥거핀은 지속적으로 커지는 위험을 생성해서 전환점이 진행되도록 도와야 한다.

● **이동시킬 수 있다**: 액션과 위험의 진행에서 다양성을 꾀하려면 종종 맥거핀을 이동시켜야 한다. 사라졌다가 다시 나타나야 하고, 감춰졌다가 발견되어야 하고, 탈취되었다가 거래되어야 한다.

이런 다채롭고, 계속 고조되고, 끊임없이 변하는 갈등을 구축하기 위해 영웅과 악당은 다음의 세 가지 방식으로 맥거핀과 상호작용한다.

❶ 영웅과 악당 둘 다 맥거핀을 찾는다. 「레이더스」에서 나치와 인디애나 존스 모두 성궤를 찾아 온 사막을 뒤진다.

❷ 영웅이 악당으로부터 맥거핀을 숨긴다. 「반지의 제왕」에서 프로도는 사우론이 절대반지를 찾아내서 이용하기 전에 절대반지를 감추고 파괴하려고 애쓴다.

❸ 영웅이 악당으로부터 맥거핀을 훔친다. 「미션 임파서블: 고스트 프로토콜」에서 IMF 팀은 코발트가 미국에 핵미사일을 발사하기 위한 계획을 실행하는 동안 코발트의 핵미사일 발사 장치를 구성하는 부분들을 하나씩 확보한다.

액션 장르에서의 맥거핀

맥거핀은 악당의 계획에서 핵심 열쇠를 쥐고 있다. 이것은 곧 맥거핀이 피해자의 생사를 결정하는 열쇠를 쥐고 있다는 것을 의미한다. 따라서 관객은 어느 시점에선가 맥거핀이 제시되거나 적어도 묘사될 것이라고 기대한다. 맥거핀을 숨기는 것은 살인추리물에서는 효과가 있을 것이다. 그러나 액션 장르에서는 스토리 내내 맥거핀을 비밀로 남겨 두면 흥분이 무뎌진다.

맥거핀의 등장은 서사의 어느 지점에서나 가능하다. 심지어 도발적 사건 이전에도 소개할 수 있다. 「골든 차일드」 오프닝 시퀀스에서 아이는 죽은 새를 살리면서 자신의 초능력을 선보인다. 그 직후 아이는 납치당하고 피해자이자 맥거핀이 된다.

「분노의 질주: 더 얼티메이트」는 30년 전 과거에서 벌어진 보조플롯으로 이야기를 시작한다. 보조플롯은 돔이 자신의 동생 제이콥이 아버지를 죽였다고 의심하는 것을 드라마화한다. 이것은 중심플롯의 도발적 사건의 토대를 마련한다. 그로부터 수십 년이 지난 뒤, 제이콥은 영화의 맥거핀인 컴퓨터 해킹 장치를 돔으로부터 강탈한다.

맥거핀이 무대/화면에서 완전히 모습을 드러낼 필요는 없다. 실제로 독자/관객에게 스토리를 따라가는 데 필요한 정보만 제공하고, 일부 요소는 감추면 맥거핀을 둘러싸고 긴장감이 조성된다. 또한 맥거핀이 등장한 이후의 어느 시점에서 눈알이 튀어나올 정도로 놀라운 폭로가 가능하다.

「맨 인 블랙」에서는 맥거핀으로 인해 우주 전쟁이 발발할 위기에 처하고, 두 영웅과 악당은 '오리온의 띠'에 있다고 제시된 맥거핀을 추적한다. 영웅들은 그 단서를 오리온 별자리와 연결시키지만, 마침내 맥거핀이 오리온이라는 고양이의 목에 걸린 구슬이라는 사실을 발견한다.

액션 장르가 스파이/첩보 같은 부속장르와 융합하면 수수께끼의 맥거핀이 흥분에 음모를 더한다. 제목이 암시하듯이 「본 아이덴티티」의 맥거핀은 기억상실증에 걸린 제이슨 본의 아이덴티티, 즉 제이슨 본의 진짜 정체다. CIA는 본의 정체를 알고 있고, 본은 그 비밀을 밝히기 위해 수사에 나서야만 한다. 아주 조금씩 본은 자신의 정체뿐 아니라 CIA의 비밀 군사 작전 계획인 트레드스톤을 폭로하고 관련 세력을 제거한다.

「북북서로 진로를 돌려라」에서는 배신자가 맥거핀인 미국 최고 첩보기밀을 빼돌려서 마이크로필름 더미에 감춘다. 기밀의 내용은 밝혀지지 않지만, 배신자들은 마이크로필름을 적국에게 팔아넘기려고 한다. 영화에서는 그 비밀이 무엇인지 구체적으로 밝히지 않는다. 시나리오 작가 어니스트 리먼은 그 내용이 무엇인지는 관객의 상상에 맡긴다. 관객이 상상하는 치명적인 무기가 자신이 고안해 낼 수 있는 그 어떤 것보다 더 무시무시하리라는 것을 알기 때문이다.

장면에서 장면으로 이어지는 액션 스토리의 동력은 궁극적으로 맥거핀에 의해 좌우된다. 갈등의 초점이 될 맥거핀이 없으면 액션 스토리텔링은 공허하고 피상적인 추적과 난사 장면들을 짜깁기하고 캐릭터들이 얼마나 큰 위험에 처했는지 관객들에게 끊임없이 강조하는 극화되지 않은 해설을 삽입한 것에 불과하게 된다. 얼마 지나지 않아, 사람들은 책을 덮어버리거나 리모컨을 찾기 시작할 것이다.

성공의 목전

맥거핀이 비밀에 싸여 있다고 하더라도 어느 시점이 되면 그 힘이 드러날 것이다. 맥거핀에 대한 악당의 통제권이 강화될수록 영웅과 피해자는 더 큰 위험에 처한다. 악당이 승리의 목전에 도달하면 위험이 더 커지고 흥분이 한층 더 고조된다.

다음 두 가지 예시를 보자.

「미션 임파서블: 고스트 프로토콜」의 4장은 악당 코발트가 샌프란시스코에 핵미사일을 발사할 때 절정에 이른다. 5장에서 IMF 팀은 아직 하늘에 떠 있는 맥거핀을 파괴하려고 손에 땀을 쥐게 하는 속도전에 돌입한다.

「가디언즈 오브 갤럭시」의 첫 두 장에서 로난이 인피니티 스톤을 손에 넣고 자신의 망치에 부착하면서 위기와 절정이 설정된다. 이제 로난은 잔다르에 착륙해 땅을 내려치기만 하면 된다. 그러면 잔다르 행성이 파괴될 것이다. 로난이 잔다르에 착륙해서 망치를 높이 치켜들고 그 망치가 땅에 떨어지기까지 가디언즈가 120억 명의 잔다르인을 구할 시간은 찰나에 불과하다.

복잡한 맥거핀

단순한 맥거핀은 반복의 위험이 있다. 복잡한 맥거핀은 혼란을 야기할 위험이 있다. 복수의 맥거핀은 플롯을 분열시킬 위험이 있다.

악당에서 영웅으로, 영웅에서 악당으로 오가는 맥거핀은 액션을 모방하고 반복되는 퇴행적인 추적, 전투, 속도전으로 전락시킬 수 있다.

여러 부분으로 이루어진 맥거핀은 액션을 지루한 해설 퍼붓기로 전락시킬 수 있다. 부하가 맥거핀의 부분들이 어떤 식으로 전체를 구성하는지를 묻는 유도 질문을 한다든지, 심지어 슬라이드 화면을 띄워서 여러 부분으로 이루어진 맥거핀의 작동원리와 이유를 설명하며 진행 속도를 죽여 버리는 강연 장면 등을 경계해야 한다.

반면 「미션 임파서블: 고스트 프로토콜」에서 암호, 발사 장치, 통신 위성, 핵미사일의 네 부분으로 구성된 맥거핀은 액션으로 가득한 풍성한 장면들을 낳는다. 그런 맥거핀이 효과적인가 아닌가를 가르는 본질적 차이는 그런 맥거핀을 도입했을 때 빠지기 쉬운 함정에 대해 인지하고서 그것을 오히려 당신에게 유리한 방향으로 활용하는 데서 나온다.

확장 형식에 적합한 맥거핀

부분으로 나뉘었건 아니건 하나의 맥거핀으로 두 시간짜리 장편 극영화나 일반적인 분량의 장편소설에서 요구하는 조건은 맞출 수 있다. 그런데 확장 형식의 TV 시리즈나 장편소설 시리즈의 서사는 몇 년에 걸쳐 관심을 붙들 수 있는 맥거핀을 필요로 한다. 다음은 확장 형식이 야기하는 문제에 대한 네 가지 가능한 해결책이다.

1. 에피소드 맥거핀

대다수 액션 시리즈는 에피소드로 이루어진다. 매 장편소설마다, 매 영화마다, 매 만화마다 새로운 스토리라인이 새로운 악당과 새로운 맥거핀을 소환한다. 제임스 본드, 배트맨, 제이슨 본, 원더우먼, 스파이더맨, 이단 헌트, 도미닉 토레토 같은 영웅은 일련의 악당을 거쳐 간다. 각 악당마다 비밀 계획과 감춰진 힘을 지니고 있다. 각 에피소드는 새로운 맥거핀을 창조한다.

2. 복수의 맥거핀

액션/판타지 「해리 포터」 시리즈를 살펴보자. J. K. 롤링은 장편소설 7편에 걸쳐 총 11개의 부분으로 이루어진 세 가지 맥거핀을 고안했다. (1) 악당의 영혼을 담은 호크룩스 7개 (2) 죽음의 성물 3개(투명 망토, 딱총나무 지팡이, 부활의 돌) (3) 해리 포터 본인

책을 읽는 독자라면 천천히 페이지를 넘기면서 이 강도 높은 복잡한 구성을 따라가는 것이 가능하다. 앞으로 돌아가서 다시 읽거나 필요하다면

여백에 기록할 수도 있다. 그러나 영화 관객이 11개로 나눠진 맥거핀을 따라가기란 불가능하다. 영화관에서 「해리 포터」의 플롯을 이해하면서 따라간 관객은 영화를 보기 전에 책을 미리 읽었을 것이다.

3. 초맥거핀

「24」 같은 장편 TV 시리즈의 매 시즌은 일반적으로 시즌 당 약 두 달에 해당하는 24개의 에피소드로 구성된다. 그리고 종영한 뒤에도 끝없이 재방영된다. 조지 R. R. 마틴의 『얼음과 불의 노래』 같은 장편소설은 쓰는 데만 수십 년이 걸리고 읽는 데는 몇 달이 걸릴 수 있다. 엄청난 대작은 다양성과 서사 진행이라는 쌍을 이루는 문제를 기하급수적으로 증폭한다. 이 문제를 해결하기 위해 장편 액션에는 지속력이 뛰어난 초맥거핀이 필요하다.

다양성과 서사 진행을 모두 잡기 위해 마블 스튜디오는 인피니티 스톤을 고안했다. 인피니티 스톤은 여섯 개의 부속맥거핀으로 구성된 초맥거핀이다. 각 부속맥거핀은 특별한 사물 안에 숨겨져 있고, 그 결과 6개의 단독 영화에 영감을 제공할 수 있도록 설계되었다.

「캡틴 아메리카: 퍼스트 어벤저」의 스페이스 스톤은 테서랙트라는 큐브에 감춰져 있다. 캡틴 아메리카는 테서랙트를 레드 스컬에게서 빼앗는다.

「어벤져스」의 마인드 스톤은 로키의 정신조작 셉터 안에 박혀 있다.

「토르: 다크 월드」의 리얼리티 스톤은 액체 형태로 존재하며, 우주를 영원한 암흑 상태에 빠뜨릴 수 있다.

「가디언즈 오브 갤럭시」의 콜렉터는 파워 스톤이 들어 있는 오브를 손에 넣는다.

「닥터 스트레인지」의 스티븐 스트레인지는 아가모토의 눈 안에 감춰진 타임 스톤 덕분에 시간을 조작할 수 있다.

6번째 에피소드인 「어벤져스: 인피니티 워」의 최고 악당 타노스는 다섯 개의 인피니티 스톤을 여섯 번째 소울 스톤과 합치기 위해 자신의 딸을 희생시킨다. 타노스는 인피니티 스톤의 우주적 힘을 사용해 우주 전체 생명체의 절반을 파괴한다.

3편으로 구성된 J. R. R. 톨킨의 『반지의 제왕』은 대서사 전쟁 스토리를 방대한 배역 구성과 허구의 판타지 세계 가운데땅을 설정으로 삼은 여러 보조 장르와 교차시킨다. 그러나 톨킨은 맥거핀은 절대반지 하나로 단순하게 가져갔다.

다채로운 액션을 만들어 내고 갈등을 진행시키기 위해 톨킨은 절대반지에 여러 가지 힘을 부여한다. 절대반지를 낀 사람은 눈에 보이지 않고 불멸의 존재가 된다. 그러나 동시에 신체가 병들고 유령 같은 형상이 된다. 톨킨은 절대반지 외에도 힘의 반지를 19개 고안했지만, 그중에서 절대반지가 가장 강력하다.

4. 캐릭터 맥거핀

누가 맥거핀을 손에 넣는가에 따라 누가 살고 누가 죽는지가 결정되므로 악당은 자신의 계획을 완수하기 위해 맥거핀을 손에 넣으려고 노력하고, 영웅은 악당이 성공하지 못하도록 막기 위해 맥거핀을 손에 넣으려고 노력한다. 따라서 어떤 것이든 맥거핀이 될 수 있으며, 액션의 핵심 캐릭터 중 한 명일 수도 있다.

영웅 맥거핀

미사일의 부품이나 정부 기밀은 정적이고 진부하게 느껴지기 쉽다. 다차원적인 영웅은 관객을 정서적으로 몰입시키고 스토리의 액션 중추에 긴 수명을 부여함으로써 이 문제를 해결한다.

영웅 맥거핀의 세 가지 예시를 살펴보자.

「매트릭스」에서 스미스 요원은 맥거핀인 네오를 죽여야만 한다. 네오를 죽이면 인간들이 일으킨 반란도 끝날 것이다. 그러나 모피어스가 네오, 즉 구세자를 구출한 뒤에 네오를 가르쳐서 자신의 능력을 각성하게 하면 네오가 기계로부터 인류를 구원할 것이다. 한편 네오는 자기 자신을 믿기 위해 끊임없이 고민하고, 무엇이 진실이고 거짓인지에 대한 감각을 얻고자 한다.

「본 아이덴티티」, 「본 슈프리머시」, 「본 얼티메이텀」으로 이어진 본 3부작 모두에서 제이슨 본은 맥거핀 역할을 한다. 세 명의 CIA 국장 악당은 제이슨 본을 조종하려고 애쓴다. 본이 자신들의 사악한 계략을 망칠 수 있는 힘을 지녔기 때문이다. 그런데 이 세 영화가 전개되는 내내 제이슨 본은 기억상실증으로 인해 잊어버린 자신의 과거를 밝히려고 고군분투한다. 그리고 마침내 본의 과거는 3부작의 절정에서 그 모습을 드러낸다.

두 개의 「스타워즈」 3부작은 모두 영웅을 맥거핀으로 설정한다. 프리퀄에서는 아나킨 스카이워커가 그 역할을 맡는다. 가장 먼저 제작된 3부작에서는 루크 스카이워커가 맥거핀이다. 루크가 아나킨처럼 자신의 분노에 굴복해 악당 편에 서게 되면 전 우주의 피해자들이 멸망을 맞이하게 될 것이다. 두 3부작 모두에서 황제는 스카이워커를 조종함으로써 우주를 조종하려고 한다.

피해자 맥거핀

「터미네이터 2: 심판의 날」에서 AI 악당과 대결하는 영웅, 미래의 존 코너는 시간여행을 하는 암살자로부터 어린 시절의 자신을 보호할 수 없다. 그래서 소년 존 코너는 피해자이자 맥거핀이 된다.

롱폼 시리즈 「만달로리언」에서 그로구(아기 요다)는 아직 발현되지 않은 염력을 지닌 신비로운 존재다. 영웅 딘 자린은 악랄한 계획을 꾸미는 우주의 모든 악당으로부터 이 피해자 맥거핀을 보호한다.

악당 맥거핀

악당 맥거핀은 다음과 같은 문제를 제기한다. 악당에게 생과 사를 관장하는 초월적인 힘을 주면 악당은 훨씬 더 위험해지고 더 큰 흥분을 불러일으킨다. 그러나 그렇게까지 압도적으로 위협적이면 악당을 패배시키기가 불가능해 보일 수도 있고, 악당을 패배시켰을 때 설득력이 떨어질 수 있다.

「조스」의 맥거핀은 거대한 백상아리다. 자신의 구역에서는 압도적인 힘을 지닌 악당이다. 그런 이유로 영웅이 승리하기 위해서는 행운이 필요했다. 상어가 공격을 하다가 우연히 가스통을 물게 되고 아주 편리하게도 보안관은 그 가스통을 총으로 쏴서 상어를 폭파시킨다. 긍정적인 방향으로 돌리기 위해 운이 다소 필요한 결말은 오로지 영웅의 힘으로만 긍정적인 방향으로 돌린 결말만큼 만족스러운 경우가 드물다. 「조스」는 매우 드문 예외로 보인다.

영웅-피해자-악당 맥거핀

액션 장르의 세 가지 핵심 배역은 무수히 많은 방식으로 통합되거나 분리되거나 진화할 수 있다.

헐크와 킹콩은 세 가지 역할을 다 하면서 또한 맥거핀이기도 하다. 헐크와 킹콩은 생사를 가르는 결정적인 힘을 휘두르며 그 와중에 자신의 행동이 야기한 결과와 그로 인한 죄책감, 자신이 다른 사람들과 자기 자신을 파괴할 수도 있다는 가능성에 괴로워한다.

「다크 나이트」의 하비 덴트는 초반에 배트맨과 공동 영웅으로 활약한다. 그러나 조커가 덴트를 납치하면서 악당의 '고담시 영혼' 게임의 피해자 맥거핀이 된다. 조커는 덴트의 얼굴 절반을 날려 버리고, 덴트는 투페이스라는 악당으로 재탄생한다. 하비 덴트는 영웅에서 시작해 피해자, 맥거핀을 거쳐 악당이 된다.

영웅 맥거핀 문제

앞서 나열한 많은 플롯 전술에서 영웅이 스토리의 어느 지점에서는 맥거핀을 확보하거나 맥거핀이 될 가능성이 높다. 그리고 그 지점에서 스토리는 신뢰성을 잃을 위험에 처한다. 만약 영웅이 맥거핀의 힘을 사물 또는 자신의 내부에 지니고 있다면 왜 그 힘을 사용해서 악당을 파멸시키지 않는가? 또는 만약 스토리 논리상 그것이 불가능하다면 왜 맥거핀을 파괴하거나 자기 자신을 희생해서 맥거핀이 악당의 손에 들어가는 것을 원천봉쇄하지 않는가?

이에 대해 소설가 J. R. R. 톨킨은 만족할 만한 해답을 내놓았다. 톨킨의 순수 판타지 서사극 『반지의 제왕』의 맥거핀인 절대반지는 그 반지를 사용하는 사람을 타락시킨다. 그래서 오히려 자신이 막으려고 하던 바로 그런 악당이 되어 버린다. 절대반지는 운명의 산 불꽃 속에서 만들어졌다. 그래서 파괴할 수 없다고 알려져 있었지만 그것은 잘못된 정보였다. 절대반지를 만들어 낸 불꽃으로 절대반지를 녹여서 완전히 사라지게 할 수 있다.

3부작 영화 시리즈 「반지의 제왕」의 영웅 프로도 배긴스는 서사 초반에 무적의 맥거핀을 손에 넣는다. 프로도는 그것을 파괴해야 한다는 것을 알지만 그 힘을 사용하고 싶은 유혹에 끊임없이 시달린다. 이런 도덕적 딜레마가 서사의 절정를 이룬다. 운명의 산 낭떠러지에 선 프로도는 선택을 해야만 한다. 절대반지를 화산 속으로 던질 것인가 아니면 절대반지의 유혹하는 귓속말에 굴복할 것인가? 프로도는 절대반지를 움켜쥐기로 한다.

그때 별안간 골룸이 튀어나와서 프로도의 손가락을 물어뜯고 절대반지를 가로챈다. 그런데 골룸은 신이 나서 환호하다가 균형을 잃고 화산 속에 떨어져 맥거핀과 함께 재가 되어 사라진다. 일종의 데우스 엑스 미스햅(deus ex mishap-데우스 엑스 마키나의 변주로, 'mishap'은 '작은 사고/경미한 사고'를 의미한다), 즉 작은 사고에 의해 서사극이 막을 내린다.

맥거핀은 영웅의 욕망의 대상일 수도 있고, 아닐 수도 있다. 그러나 언제나 성공의 열쇠다.

11장

전술

영웅은 무능한 거나 다름없는 영웅(「127시간」)부터 거의 전지전능에 가까운 영웅(「슈퍼맨」)에 이르기까지 스펙트럼의 폭이 넓다. 악당 또한 무심한 바다(「올 이즈 로스트」)부터 외계인 침략자(「인디펜던스 데이」)에 이르기까지 온갖 반대 세력 군상이 가능하다. 피해자는 인류 전체가 후보다.

이런 배역들이 점점 더 다양해진 것은 분명하지만, 핵심 설계는 아무리 시간이 흘러도 결코 변하지 않는다. 악당은 힘을 원한다. 피해자는 누군가 자신을 구해 주기를 바란다. 영웅은 악당으로부터 피해자를 구하고 싶어 한다. 이때 캐릭터에 독특함을 부여하는 것은 그 캐릭터가 자신이 원하는 것을 손에 넣기 위해 사용하는 구체적인 전략이다. 따라서 배역 설계에서 독창성은 **액션 전술**(action tactics), 즉 캐릭터가 자신의 목표를 달성하기 위해 사용하는 유일무이한 기술에 달려 있다.

해리 포터는 마법 주문을 외운다. 배트맨은 위협적인 분위기로 두려움에 떨게 한다. 제임스 본드는 살인을 한다. 「엑스맨」에서 사이클롭스는 레이저를 쏘고, 울버린은 손톱이 길어지고, 자비에는 정신을 조종하고, 매그니토는 금속을 움직인다. 「올 이즈 로스트」에서는 무명의 요트 항해사가 자신의 항해 노하우를 활용한다. 영웅은 언제나 어느 정도는 기술과 힘을 지니고 있지만, 영웅이 대적하는 악당의 역량은 언제나 그보다 월등하게 뛰어나다. 영웅이 노력하는 인물이라면, 악당은 성공하는 인물이다.

전술 불균형의 원칙

- **원칙 : 악당은 영웅의 첫 번째 전술에는 전혀 타격을 입지 않는다. 영웅은 악당의 첫 번째 전략에 속수무책으로 당한다.**

전술

영웅이 맞닥뜨리는 가장 흔한 위협은 베일에 싸인 악당의 비밀 계획과 통제 불가능한 시간이다.

미지의 악당이 비밀리에 대규모 파괴 공작 계획을 세웠고 세계 어디에선가 미리 계산된 단계별 일정표에 따라 은밀하게 실행 중이라는 사실을 영웅이 알게 되면 답을 알 수 없는 엄청난 질문들이 영웅을 향해 홍수처럼 밀려든다. 악당의 정체는 무엇인가? 어디에 있는가? 악당의 계획은 무엇인가? 언제 일어날 것인가? 이런 알 수 없는 변수들의 파도가 영웅을 취약하게 만들고, 그 취약성은 멈추는 것이 불가능한 힘, 즉 속절없이 흐르는 시간에 의해 증폭된다. 시간과 경주를 벌여야 한다는 점이 영웅의

결정적 취약성이다.(본서 20장 참조)

이 두 가지 취약성이 「미션 임파서블」 시리즈의 첫 편부터 지금까지 계속해서 동력으로 작용했다. 「미션 임파서블: 고스트 프로토콜」과 「미션 임파서블: 폴 아웃」에서 이단 헌트와 헌트가 이끄는 IMF 팀은 뒤에서 쫓아가는 불리한 입장에서 광기에 사로잡힌 무정부주의자가 세운 끔찍한 계획의 내용을 파악하기 위해 애쓴다. 악당이 핵미사일을 터뜨리기 직전까지도.

살인자-영웅 문제

영웅의 전술이 그 영웅에게 치명적인 힘을 쥐여 주면 악당은 어떻게 그 힘을 막아 낼 수 있을까? 사변소설 작가들은 물리적으로 죽일 수 없는 악당을 설계해서 이 문제를 해결한다. 그러나 사실주의에 기반한 액션 장르의 영웅은 불멸의 존재 내지는 초자연적인 능력을 지닌 괴물과 대적하지 않는다. 제임스 본드의 주요 무기는 발터 PPK다. 이 권총의 총알로 본드는 어떤 악당이든 죽일 수 있다. 그렇다면 작가는 이 문제를 어떻게 해결할 수 있을까? 답은 바로 '교전의 규칙을 바꾼다.'이다.

본드에게는 살인 면허가 있다. 그러나 오직 자기방어가 목적인 살인만 허용된다.

「007 카지노 로얄」에서 본드의 전술 포트폴리오는 르쉬프의 비밀 계획을 밝혀내고, 르쉬프를 생포해서 M에게 인도하는 것이다. 골드핑거, 실바, 미스터 그린부터, 블로펠드, 트리벨리언, 산체스까지 본드는 악당이 누구이든 동일한 임무를 받아서 그 악당을 추적했다. 어찌 되었건 본드는 스파이지 암살자가 아니니 말이다. 이 우아한 전술을 바탕으로 24편이 넘는 영화가 탄생했다.

살인자-영웅 문제를 풀지 못하면 액션 사실주의(Action realism)가 가장 흔히 겪는 문제에 봉착하게 된다. 이를테면 무술영화는 교전의 규칙을 바꾸는 것이 불가능하다. 따라서 무술영화는 오직 다음 두 전술 중 하나로만 악당의 방어력을 높일 수 있다. (1) 영웅보다 더 뛰어난 무술 실력 (2) 대규모 심복 집단.

전자의 경우 더 뛰어난 무술 실력을 지닌 악당을 만난 영웅은 새로운 전략을 세우거나 기존 전략을 더 완벽하게 다듬어야 한다. 둘 다 비교적 쉬운 과제다. 후자의 경우 악당은 질적으로 부족한 점을 양적으로 채우려고 한다. 그러나 이 경우에 심복의 숫자가 아무리 많아도 대개 영웅은 한 번에 두 명씩 해치우면서 결국 심복들을 처리한다. 이런 오버독 영웅은 무술영화감독으로 하여금 무술의 예술성이 만들어 내는 시각적 이미지에 기대어 지나치게 긴 장면을 찍게 만든다. 서스펜스 위주의 흥분을 동적 안무로 대체하는 것이다.

반면에, 영웅이 가장 선호하는 전술을 빼앗는 동시에 악당에게 난공불락의 방어막을 부여하는 스토리 설정은 흥미진진한 전술 퍼즐을 제시한다. 최강의 무기를 잃은 영웅이 무적이 된 악당을 도대체 어떻게 막을 것인가? 탁월한 액션 작가는 불패의 적을 창조한 다음, 영웅의 관점에서 영웅이 이전의 자신을 뛰어넘기 위해 고군분투하게 만든다.

아킬레스건 문제

오버독을 기지나 힘으로 제압하는 언더독을 창조하고, 더 나아가 그 언더독의 전술이 캐릭터상 자연스러우면서도 억지스럽지 않게 실행시키는 작업은 액션 작가에게 가장 까다롭고, 그 어떤 작업보다도 대단한 창의성이 요구되는 최고 난이도 시험과도 같다. 너무나 많은 액션 스토리가 이 시험을 통과하지 못하며, 이로 인해 액션 스토리에는 아킬레스건 문제가 생긴다.

1938년 슈퍼맨의 등장과 함께 슈퍼히어로의 부상은 슈퍼빌런의 탄생으로 이어졌고, '취약성 vs 방어막' 문제 또한 초인적인 수준에서 전개되었다. 특히 판타지 기법적 장르에서 이런 경향이 심했다. 많은 판타지 빌런은 생사에 대해 절대 권력을 휘두른다. 영웅은 그런 무적의 방어막을 어떻게 뚫어야 할까? 이 교착상태를 해결하기 위해 일부 작가는 호메로스의 계책을 차용해 빌런에게 아킬레스건, 즉 감춰진 치명적인 결함을 심어 두었다.

이 전술은 작가가 언제나 실패할 수밖에 없는 딜레마를 낳는다. 만약 절정에서 뜬금없이 악당의 아킬레스건이 드러나는 바람에 영웅이 목숨을 부지하면 작가는 액션 장르에서 가장 악명 높은 범죄, 데우스 엑스 마키나를 소환한 것이 된다.

반면에 작가가 치명적 결함을 서사 초반에 심어 두면 관객 또는 독자는 곧 그런 결함을 알아챌 것이고, 어서 누군가가 악당의 킬 스위치를 작동시키기를 초조하게 기다릴 것이다. 마침내 누군가 킬 스위치를 작동시키더라도 관객은 짜증이 날 것이다. 이미 빤히 예상할 수 있었던 결말이었기 때문이다.

"어떤 식으로 결말이 날 것인가?"라는 질문에 대한 답을 관객이 더 일찍, 더 빨리 알게 될수록 스토리에 대한 만족도는 점점 더 떨어진다.

마스크를 쓰고 숨을 쉬는 두 악당, 「다크 나이트 라이즈」의 베인과 「스타워즈」의 다스 베이더를 비교해 보자.

베인이 마스크를 통해 생명을 연장하는 진통제를 복용한다는 사실이 관객들에게 발각되는 순간 절정에서 어떤 일이 벌어질지 충분히 예상할 수 있다. 배트맨이 베인과 싸울 것이고, 배트맨이 베인의 마스크를 벗기면 베인은 통증에 괴로워하면서 죽어 갈 것이고, 결국 배트맨이 승리할 것이다. 이런 결과에 불확실성을 뿌리고자 앞서 배트맨이 베인의 마스크를 쳤음에도 불구하고 베인이 멀쩡한 전투 장면을 넣기는 한다. 그러나 관객을 속일 수는 없다. 그런 맞춘 듯한 설정은 귀신 같이 알아차린다. 게다가 이 경우에는 실제로도 맞춘 설정이었으니까.

「다크 나이트 라이즈」의 절정을 얼마나 더 흥미진진하게 만들 수 있었을지 상상해 보라. 만약 베인의 마스크가 배트맨의 망토처럼 상징적인 위장의 일종이라거나 다스 베이더의 오마주였다면 어땠을까? 그런 경우에는 배트맨이 베인을 어떻게 패배시켜야 할까?

다스 베이더는 마스크 없이는 호흡이 불가능하다. 그러나 관객은 이 사실을 「스타워즈 6: 제다이의 귀환」의 결말 장면을 보기 전까지는 알지 못한다. 치명상을 입은 다스 베이더가 팰퍼틴 황제를 죽인 뒤에 루크에게 마스크를 벗겨 달라고 부탁한다. 그러자 루크는 마스크를 벗으면 죽는다고 말하면서 말린다. 이것이 다스 베이더가 생명을 유지하기 위해 마스크를 써야만 한다는 사실을 최초이자 마지막으로 언급한 장면이다. 다스 베이더는 아킬레스건이 없다. 적어도 이전까지 우리가 아는 한에서는 그랬다.

뛰어난 악당들—한스 그루버, 스미스 요원, 조스, 프레데터, 에이리언, 헨리 드랙스—은 설계상 약점은 없다.

약점 없는 악당은 작가로 하여금 그 배역의 내면을 들여다보게 한다. 우리가 결코 약점이라고 생각하지 못할 특성을 찾기 위해서다. 다만 그 약점이 일단 드러나는 순간, 우리는 그 약점이 늘 존재했다는 것을 깨닫는다. 그런 특성은 처음에는 힘처럼 보이지만 이후 영웅이 그 특성을 자신에게 유리하게 사용하는 법을 발견하면 약점이 된다. 그것은 영웅이나 작가 모두에게 쉬운 일은 아니다.

약한 악당은 약한 영웅을 낳는다. 약한 악당과 약한 영웅은 약한 스토리를 낳는다. 범죄 장르의 가장 큰 도전 과제는 완전 범죄를 해결하는 것이다. 액션 장르의 가장 큰 도전 과제는 무적인 악당을 패배시키는 것이다.

전지전능 문제

만약 엄청난 힘을 지닌 악당이 성공적인 스토리를 낳는다면 왜 악당에게 무한한 힘을 주지 않는 걸까?

「터미네이터 2」의 T-1000과 「터미네이터 3」의 T-X를 비교해 보자. 두 악당 모두 변신 능력이 있고, 차를 탄 영웅을 뒤쫓는다.

「터미네이터 2」의 T-1000는 액체 금속으로 이루어진 자신의 몸체보다 질량이 더 큰 무기는 만들어 낼 수 없다. 따라서 사라 코너, 존 코너, T-800이 훔친 차로 도주할 때 T-1000도 차를 구해서 타고 추격전을 벌인다. 거리가 좁혀지자 T-1000은 손을 갈고리로 변형시킨 다음 몸을 날려 코너가 탄 차의 트렁크에 매달린다. 양쪽 갈고리를 한 번씩 움직여 몸을 일으킨 다음 차 뒷유리를 깨고 존 코너를 죽이려고 달려든다. 엽총을 든 T-800은 엽총의 총알로는 T-1000을 죽일 수 없다는 것을 안다. 그래서 갈고리가 매달려 있는 차의 옆면을 쏜다. 차체가 떨어져 나가면서 T-1000도 도로 위로 나뒹굴고 사라 코너는 가속 페달을 힘껏 밟아 속도를 높인다.

「터미네이터 3」에서 존 코너는 한계가 없는 변신능력을 지닌 T-X와 대적한다. T-X는 손에서 포탄을 발사한다. 차를 탄 코너와 추격전을 벌일 때 T-X는 자동차 위에 올라가 손을 사슬톱으로 변형해 차 지붕을 자른다. T-X의 임무는 코너를 죽이는 것이다. 그런데 관객은 의아해 한다. 왜 앞 장면에서 썼던 거대한 총을 다시 만들어서 코너를 그 자리에서 즉시 사살하지 않는 걸까? 그러지 않았기 때문에 차 지붕에 구멍을 뚫는 데 시간이 걸렸고, 그 덕에 코너는 탈출할 기회를 얻는다.

T-1000의 한계는 기발한 발상으로 이어진다. 전능한 T-X는 이상하리만치 멍청하고 무능해 보인다.

오버독 영웅에서도 같은 문제가 발생한다. 헬리콥터를 구해야 하는 임무를 수행하는 슈퍼맨과 그린 랜턴을 비교해 보자.

「슈퍼맨」에서는 헬리콥터가 고층 건물 끄트머리에 위태롭게 걸려 있다. 헬리콥터 안에는 로이스 레인이 갇혀 있다. 그러다 헬리콥터가 떨어지면서 로이스가 밖으로 튕겨 나온다. 슈퍼맨은 한 손으로는 로이스를 잡고 다른 한 손으로는 떨어지는 헬리콥터를 잡는다. 그리고 침착하게 로이스와 헬리콥터 모두를 헬리패드 위에 되돌려 놓는다. 슈퍼맨은 지적이고 다정하다.

「그린 랜턴: 반지의 선택」에서 그린 랜턴은 외계인의 반지를 지니고 있다. 그래서 자신이 무엇을 상상하건 빛으로 물리적 사물로 만들어 낼 수 있다. 헬리콥터가 조종 불능 상태가 되어 한창 파티가 진행 중인 고층 옥상에서 추락할 위기가 발생했을 때 그린 랜턴은 어떻게 파티 손님들을 구했을까? 그는 헬리콥터에 핫휠 레이싱카 차체를 덧씌워 바퀴를 달아 준다. 그런 다음 거대한 레이싱 트랙으로 옥상 주위를 빙 에워싸서 헬리콥터가 엔진 소리를 내면서 마치 쳇바퀴 같은 트랙을 따라 돌고 돌게 한다. 마침내 차가 멈추지만 관객은 의아해할 수밖에 없다. 왜 그냥 헬리콥터를 바로 땅에 착륙시키지 않았을까? 왜 굳이 뭔가로 헬리콥터를 덮어씌웠을까? 그런 요란한 해결책은 그린 랜턴을 철없고 무모한 인물로 보이게 만든다.

영웅이나 악당이 한계가 없으면 그가 어떤 액션을 취하건 관객은 언제나 그가 하지 않은 것을 상상해 낼 수 있다. 더 현명하거나 더 멋지거나 그냥 더 놀라운 액션을.

도플갱어 문제

전지전능 문제를 해결하는 또 다른 방법은 영웅과 악당에게 마치 거울을 사이에 둔 것처럼 동일한 힘을 부여하는 것이다. 캡틴 아메리카는 자신의 악당 쌍둥이 레드 스컬과 싸운다. 아이언맨은 개선된 스마트 슈트를 장착한 오베디아 스테인과 싸운다. 헐크는 또 다른 감마선 괴물 어보미네이션과 싸운다. 슈퍼맨은 같은 크립톤 행성 출신인 조드 장군과 싸운다. 인디애나 존스는 마찬가지로 고고학자인 라이벌 르네 벨로크와 대결한다. IMF는 타락한 IMF라고 할 수 있는 신디케이트를 추적한다. 배트맨과 베인은 둘 다 무시무시한 마스크를 쓴다. 이런 복제쌍의 예는 끝이 없다.

도플갱어 악당 장치는 종종 효과가 있지만, 그에 못지않게 문제를 오히려 악화시키기도 한다. 영웅의 클론이 언더독 vs 오버독 대결을 골육상쟁의 교착상태에 빠뜨리는 것이다. 교착상태에는 액션 스토리를 위협적인 서스펜스로 채우는 매력, 수수께끼, 두려움의 조합이 부족하다. 대신 도플갱어 악당이 예측 가능하고 뻔한 캐릭터가 되면서 그로 인한 지루함이 흥분을 질식시킨다.

융합 문제

캐릭터가 영웅인 동시에 악당이면 오버독/언더독 역학은 어떻게 되는가? 대다수의 경우 영웅/악당의 내면에서 전쟁이 휘몰아치다가 마침내 한쪽이 다른 쪽을 정복한다. 몇 가지 예시를 살펴보자.

「엑스맨: 퍼스트 클래스」에서 매그니토는 영웅에서 악당으로 변화곡선을 그린다. 이야기 도입부에서 매그니토는 아우슈비츠 유대인 수용소의 난민으로 등장하고, 이후 찰스 자비에의 뮤턴트 영웅 팀에 합류해 나치 장교였던 세바스찬 쇼우를 추적한다. 그러나 쇼우를 죽인 매그니토는 쇼우와 같은 배타주의자로 돌아선다. 뮤턴트가 인간보다 더 우월하며, 뮤턴트와 인간의 공존이 불가능하다고 믿는 매그니토는 지구의 지배종, 그러나 이제는 낡은 종인 인간을 진화의 산물인 뮤턴트로 교체하기를 원한다.

「루퍼」에서 시간을 여행하는 공동 주인공인 현재의 조와 미래의 조의 인물변화곡선은 반대 방향으로 나아간다. 무자비한 청부살인업자인 현재의 조는 미래의 조를 만난다. 미래의 조는 현재로부터 10년 뒤에 염력이 있는 사이코패스가 자신의 아내를 비롯해 수많은 사람을 죽이는 것을 목격하고 이를 막기 위해 시간여행으로 현재로 온다. 절정에서 현재의 조와 미래의 조 둘 다 미래의 악을 처단하기 위해 자신을 희생한다.

괴물 문제

액션에서 힘의 역학관계는 영웅과 악당 사이에서 생성되고, 피해자는 그 역학관계 안에 갇힌다. 액션의 자기도취적 악당은 타인을 자신이 원하는 것을 얻기 위한 수단으로 여기면서 이용한다. 공포 장르에서 힘의 역학관계는 영웅을 제거하고 피해자와 괴물이 대면하게 한다. 공포 장르에서 가학적인 괴물은 타인을 괴롭힘으로써 자신이 원하는 것을 얻는다. 「에이리언」과 「프레데터」처럼 액션과 호러가 융합하면 배역 구성의 역학관계가 영웅-피해자 vs 괴물로 변형된다.

괴물은 기묘한 영역(과학적으로 설명은 가능하지만 상상을 초월하는 현상) 또는 초자연적 영역(상상은 가능하지만 과학에 반하는 현상)에 뿌리를 두고 있다. 뛰어난 공포물은 괴물이 어느 쪽에 속하는지 관객/독자가 계속 추측하게 한다.

「샤이닝」의 주인공 잭 토랜스는 살의에 사로잡힌 광인이 된다. 그런데 왜 그렇게 되었을까? 호텔의 사악한 유령이 그를 미치게 만들었는가? 아니면 죄책감, 알코올 중독, 창작 슬럼프에 시달려서인가?

잭의 아내는 스스로를 보호하기 위해 잭을 식료품 창고에 가둔다. 잭은 그곳에 서서 문을 마주보며 가족을 죽이지 않았다고 자신을 꾸짖는 유령 같은 목소리와 이야기를 나눈다. 잭이 그 목소리에게 한 번만 더 기회를 달라고 애원하자 문이 저절로 열린다.

관객은 무엇이 이 주인공을 괴물로 만들었는지 그 원인을 선택할 수 있다. 정신이상에서 비롯되었다고 생각하는가, 악마의 소행이라고 생각하는가? 당신의 선택은 내 선택만큼이나 그럴듯한 답이다. 어쨌거나 기묘한 것이건 초자연적인 것이건, 이 이야기는 호러이지 액션은 아니다.

왜 기회가 생겼을 때 그냥 죽여 버리지 않았을까?

최고의 액션 작품이라면 이런 문제가 제기될 일이 없다. 왜냐하면 이야기가 사실적이고 신뢰할 만하기 때문이다. 매혹적인 무적의 악당, 용감하지만 언더독인 영웅을 창조하고 양쪽 모두에게 완벽하게 그럴듯한 행동을 하게 하면 관객은 악당이나 영웅의 동기를 의심할 여지가 없어진다. 모든 전환점은 영웅에게 살아남으라는, 악당에게는 성공하라는 도전 과제를 제시한다. 잘 극화된 장면은 의문을 불러일으키지 않는다.

그런데 문제는 속수무책 장면에서 작가들이 '너를 죽이기 전에 먼저 네가 끔찍한 고통을 당하기를 원하지만 그걸 굳이 지켜볼 마음은 없다.'라는 해결책을 선택했을 때 발생한다.

「배트맨 비긴즈」에서는 웅장한 웨인 저택이 불길에 휩싸여 저택 안에 있는 배트맨의 주위로 무너져 내린다. 나무 기둥이 쓰러지면서 배트맨을 덮친다. 배트맨의 적수인 라스 알굴이 옴짝달싹 못 하고 쓰러져 있는 배트맨을 내려다본다. 그런데 배트맨을 죽이는 대신 라스 알굴은 어깨를 한 번 으쓱하고는 배트맨이 서서히 죽도록 내버려 두고 떠난다. 당연하게도 배트맨은 죽지 않는다. 웨인가(家)의 집사, 데우스 엑스 알프레드(deus ex

Alfred)가 미리 대기하고 있던 구조자 역할을 수행한다.

「블랙 팬서」에서 킬몽거(은자다카)는 와칸다 왕좌의 주인을 정하는 의례 전투를 벌이자면서 블랙 팬서(트찰라)에게 도전장을 내민다. 대결에서 악당이 이기지만, 영웅의 목숨을 손에 쥔 킬몽거는 그 자리에서 블랙 팬서를 죽여서 미래의 위협을 제거하는 대신 그를 폭포 속으로 던진다. 이전의 많은 영웅과 마찬가지로(부치와 선댄스, 리처드 킴블, 셜록 홈즈) 블랙 팬서는 살아남는다. 데우스 엑스 영웅에게 빚진 자(deus ex guy who owes the hero a favor)가 그를 구조한다.

「슈퍼맨」에서 렉스 루터는 슈퍼맨을 속여서 크립토나이트가 들어 있는 상자를 열게 만든다. 그 반짝이는 초록색 광물을 슈퍼맨의 목에 건 다음 슈퍼맨을 가볍게 밀어 수영장에서 익사하도록 내버려 둔다. 자신의 천재적인 계략에 슈퍼맨이 속수무책으로 당하자 자기도취적인 렉스 루터는 슈퍼맨이 천천히 죽음을 맞이할 거라는 생각에 즐거워하지만, 빠듯한 일정 때문에 실제로 슈퍼맨이 죽은 것을 확인하기 전에 자리를 떠난다.

슈퍼맨을 처리한 렉스 루터는 핵미사일 두 발을 서로 다른 방향으로 쏜다. 한 발은 미국 서부 끝에 있는 캘리포니아를 향해, 다른 한 발은 미국 동부 끝에 있는 뉴저지를 향해. 슈퍼맨이 탈출하더라도 동시에 두 곳으로 날아갈 수는 없다. 악당을 도왔던 이브 테스마커는 뉴저지에 있는 어머니를 구하고 싶은 나머지 슈퍼맨을 구한다. 슈퍼맨은 이브에게 감사의 표시로 뉴저지로 먼저 날아간다. 이 세 영화 중 어느 영화에서도 영웅이 기지나 힘으로 악당을 제압하는 일은 일어나지 않는다.

기지와 힘 모두가 부재한 가짜 속수무책 장면은 거짓 위험에 기대고, 악당에게는 방아쇠를 직접 당길 동기가 부족하다. 죽음의 덫과 속수무책 장면이 효과를 발휘하기 위해서는 영웅이 자신의 내면 깊숙한 곳에서 용기와 역량을 끄집어낼 수밖에 없도록 유도해야 한다. 궁극적으로, 힘의 역학관계를 잘 설계했을 때 전체 액션 스토리가 하나의 거대한 죽음의 덫이 된다.

4장에서 설명했듯이 액션의 핵심 사건인 속수무책 장면은 영웅이 기지 또는/그리고 힘으로 악당을 제압하도록 요구한다. 특히 기지를 발휘해야 할 때 더 흥미진진하고 만족감이 큰 전술이 탄생한다. 네 가지 예시를 제시하겠다.

「미션 임파서블: 로그 네이션」에서 IMF 팀은 마치 유도의 업어치기 기술과도 같은 수를 둔다. 이단을 죽이고 싶은 솔로몬 레인의 분노를 이용해 그를 속이고 방탄 플렉시글래스 덫으로 몰아넣는다.

「가디언즈 오브 갤럭시」의 속수무책 장면에서 피터 퀼은 노래를 부르고 춤을 춰서 로난을 혼란에 빠뜨린다. 잠시 로난이 경계를 늦춘 틈을 타 퀼은 로난이 가지고 있던 파워 스톤(여섯 개 인피니티 스톤 중 하나)을 가로챈다. 가디언즈 네 명은 모두 스톤의 힘을 흡수하고 로난을 날려 버린다.

「다이 하드」의 위기에서 악당은 영웅과 영웅의 아내 모두의 목숨을 손에 쥐게 된다. 맥클레인은 자신이 무기가 없는 맨몸이라고 생각하도록 속인 그루버의 앞에서 크게 웃음을 터뜨려 그를 잠시 혼란에 빠뜨리고, 마침내 그루버를 고층 빌딩에서 떨어뜨린다.

「스타 트렉 2: 칸의 분노」에서 스팍은 칸의 전투 전술을 분석하고 칸이 3차원 전투에는 서툴다는 결론에 도달한다. 커크는 이 약점을 이용해 초인적인 악당을 패배시킨다.

한계

특정 악당이 특정 영웅의 전술에 타격을 입지 않는 이유가 다른 영웅의 전술에서도 그대로 통하지는 않을 것이다. 특정 영웅이 특정 악당에게 취약한 이유가 다른 악당에게는 결코 도움이 되지 않는다. 어떤 영웅과 어떤 악당 간 상호작용은 그 두 사람의 관계에서만 유효하며, 그 후속편에서는 성공하지 않을 수도 있다. 배트맨과 조커가 코믹북, 애니메이션, 영화에서 여러 차례 펼치는 각각의 대결들이 그 증거다.

그러니 특정하자. 당신의 영웅과 악당의 전술은 서로 단단히 얽혀서 그 둘의 상호작용이 다른 영웅/악당으로는 대체될 수 없고 다른 스토리에 전이될 수 없어야 한다.

12장

세트 피스

- **정의 : 세트 피스는 액션 시퀀스, 즉 액션 장면을 정교하게 설계하고 조율하는 것이다. 긴장과 운동성을 통합해서 흥분을 야기하는 움직임을 만들어 낸다.**

세트 피스는 액션 스토리의 아리아다. 세트 피스 장면은 가장 강력한 사건을 전환시키고, 영웅적 행위와 악행의 이면에 도사리는 진실을 표현한다. 세트 피스를 단순히 전투나 폭발로 환원하며 평가절하하지 말자. 실제로 관객과 독자는 액션 시퀀스의 동력이 되는 세트 피스로 그 이야기를 평가하는 경향이 있다.

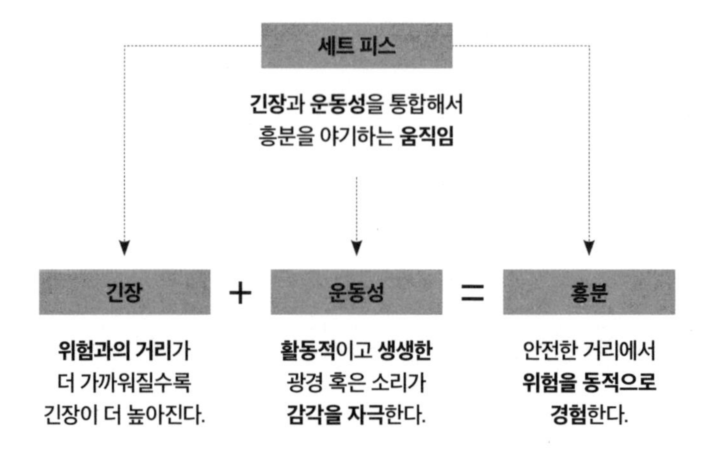

세트 피스(Set piece) : 긴장과 운동성을 통합해서 흥분을 야기하는 움직임.
긴장(Tension) : 위험과의 거리 — 위험과 더 가까워질수록 위험이 더 클수록, 긴장이 더 높아진다.
운동성(Kinesis) : 감각 자극 — 눈에 보이는 광경과 귀에 들리는 소리가 더 활동적이고 생생할수록 장면이 더 많은 에너지를 발산하고, 더 큰 재미를 안겨 준다.
흥분(Excitement) : 위협이 되지 않는 거리에서 끊임없이 변동하는 위험을 경험하는 것.

긴장에서 운동성으로

세트 피스는 신경을 곤두서게 하는 고요 상태에서 시작할 수 있다. 그런 서스펜스에 의한 긴장이 번쩍거리는 이미지와 갑작스럽게 터진 소리로 서서히 방향을 틀면서 동적 흥분(kinetic excitement)을 고조시킨다.

「레이더스」 도입부에서 인디애나 존스가 오래된 지하묘지에 몰래 들어가는 동안 엄청난 긴장이 흐른다. 인디애나 존스는 죽음의 덫을 차례차례 피하면서 귀한 유물인 황금 여신상에 점점 더 가까워진다. 황금 여신상이 놓인 압력판을 건드리지 않기 위해 인디애나 존스는 황금 여신상을 모래주머니와 바꾼다. 그러나 모래주머니가 너무 무거워서 압력판이 눌려지고 그 순간 천장에서 거대한 바위가 튀어나와 인디애나 존스를 향해 굴러온다. 인디애나가 동굴에서 달려 나오는 동안 앞서 그가 성공적으로 피했던 덫들을 건드리게 되고 운동성이 폭발한다. 화살과 못이 튀어나오고, 구덩이가 열리고, 움직이는 벽들이 점점 거리를 좁히며 다가온다. 마침내 거미줄에 뒤덮인 인디애나가 동굴에서 무사히 빠져 나온다.

운동성에서 긴장으로

세트 피스는 동적인 재미에서 시작해 이후 긴장을 더하면서 아슬아슬한 흥분을 만들어 낼 수 있다.

「인크레더블」은 미스터 인크레더블이 나무에서 고양이를 구하는 장면으로 시작한다. 이런 재미있는 상황이 미스터 인크레더블이 악당 봄 보야지와 대면하는 것으로 이어진다. 그러다 봄 보야지의 폭발물이 고가 선로에 떨어지면서 갑자기 위험이 치솟는다. 선로가 폭파해 끊어지고, 통근 기차가 아래 도로로 떨어질 수밖에 없을 것처럼 보인다. 미스터 인크레더블은 비장한 표정으로 끊긴 고가 위에 서고, 기차는 점점 더 가까이 다가온다. 재미있는 운동성으로 시작한 세트 피스가 이후 긴장으로 가득한 위험으로 전환한다.

즉각적인 운동성과 긴장

세트 피스의 첫 비트에서 즉각적인 긴장과 운동성을 점화시킬 수 있다. 「분노의 질주」 프랜차이즈의 숨막히는 자동차 추격전은 죽음의 벼랑에서 금속성의 날카로운 소리와 함께 타이어가 돌아가면서 연기가 피어오르는 광경으로 시작해 곧이어 앞 유리창이 깨지고 차체가 잘려 나가는 장면을 교차편집해서 앞차와 뒤차가 충돌을 향해 나아가는 동안 긴장을 고조시킨다.

위험해 보이는 운동성이 커지면서도 안전함이 유지되면, 그 장면이 더 큰 재미를 제공한다. 위험이 더 커지는 가운데 고요하면 긴장이 더 높아진다. 액션 세트 피스는 두 가지 양극단에서 균형을 이룬다. 세트 피스를 창작하려면 영웅을 위험과 연결시켜라.

세트 피스 움직임

❶ **영웅이 위험을 향해 나아간다**
❷ **영웅이 위험으로부터 멀어진다**
❸ **영웅이 피해자를 찾고 구한다**
❹ **영웅과 악당이 맥거핀을 차지하려고 엎치락뒤치락한다**
❺ **영웅이 악당과 대면한다**

액션 세트피스는 영웅을 다음의 다섯 가지 가능한 방향으로 몰고 간다.

1. 영웅이 위험을 향해 나아간다

영웅이 점점 더 커지는 위험에 점점 더 가까이 다가간다. 흔히 영웅은 탐색하고, 정찰하고, 공격하는 중에 위협의 집중 포화를 받는다.

「반지의 제왕」에서 프로도는 모르도의 위험한 땅과 그가 가는 길에 나타나는 괴물들을 통과하면서 앞으로 나아간다.

2. 영웅이 위험으로부터 멀어진다

탈출하고, 후퇴하고, 회피하면서 영웅이 위험에 등을 돌린다.

'본' 영화 시리즈에서 추격전 시퀀스는 영웅으로 하여금 부패한 CIA로부터 탈출하도록 몰아간다.

3. 영웅이 피해자를 구한다

영웅은 피해자를 찾고, 보호하고, 구하면서 다가왔다가 멀어지는 위험에 도전한다.

「다크 나이트」에서 조커는 배트맨이 사랑하는 레이첼 도스와 친구인 하비 덴트 중 오직 한 명만 구해야 하는 딜레마에 빠뜨린다. 배트맨은 레이첼을 선택하고 레이첼을 구하러 가지만 조커가 두 피해자의 위치를 바꿨다는 것을 알게 된다. 그래서 배트맨은 자신이 구하려고 했던 피해자가 아닌 피해자 하비를 구하고 레이첼은 조커의 손에 죽는다.

4. 영웅과 악당이 맥거핀을 차지하려고 엎치락뒤치락한다

영웅과 악당이 맥거핀을 먼저 차지하려고 싸우는 동안 맥거핀은 영웅과 악당의 손을 오간다.

「미션 임파서블: 고스트 프로토콜」의 절정은 영웅과 악당을 고층 주차타워에서 대적시킨다. 이단 호크와 코발트는 생사를 결정하는 열쇠인 금속 서류가방, 즉 핵미사일 발사 장치를 먼저 차지하려고 애쓴다.

5. 영웅이 악당과 대면한다

영웅이 최후의 결전이나 교착상태에서 악당과 대면한다. 이런 교착상태는 종종 속수무책 장면으로 전환된다. 영웅이 살아남을 수도, 살아남지 못할 수도 있다.

「퍼펙트 스톰」의 피날레에서 영웅적인 어부들은 태산처럼 높은 파도 앞에서 손을 놓은 채 숙명에 굴복한다.

음계의 음표처럼 이 다섯 움직임을 조합하거나 역방향으로 전개하는 등 무한한 변주가 가능하다.

세트 피스의 극화

영웅이 하나의 세트 피스 안에서 위험을 기준으로 가능한 방향 중 하나로 이동할 때 그 영웅은 어떤 장애물과 맞닥뜨리는가? 어떤 장애물을 극복해야만 하는가? 각 세트 피스 안에서 영웅이 매 순간 벌이는 고군분투, 선택하는 전술과 시도는 생생하고 구체적인 이미지로 전달해야 한다.

5장에서 언급했듯이 흥분을 조성하는 다섯 가지 기법은 세트 피스에 운동성과 긴장을 더하는 다섯 가지 방법과 평행을 이룬다. 여기서도 다섯 가지 기법을 살펴보자.

세트 피스에 운동성과 긴장을 더하는 방법

❶ 미지를 탐사하기
❷ 좌절에 대처하기
❸ 한계 정복하기
❹ 권위에 저항하기
❺ 금기 깨기

1. 미지를 탐사하기

이름조차 모르는 위험 또는 수수께끼 생명체가 기다리고 있는, 이전에 한 번도 본 적 없는 전혀 새로운 세계가 예측 불가능한 방식으로 영웅을 위험에 빠뜨린다. 새로운 배경설정에 반응하고 적응할 뿐 아니라 완전히 독창적인 전술을 즉흥적으로 고안할 수 있는 영웅은 독자와 관객을 매료시킨다.

2. 좌절에 대처하기

자동차 시동이 걸리지 않고, 거리에 사람들이 북적거리고, 막다른 골목과 복잡한 미로가 나타나고, 탄창이 비어 있고, 사람들이 거짓말을 하고, 이런 것들이 영웅에게 냉철함을 유지하고 기지를 발휘하기 어렵게 만든다.

3. 한계 정복하기

어둡고, 미끄럽고, 변하고, 경사가 심한 지형은 단순히 까다로울 뿐 아니라 헤쳐 나가기가 거의 불가능해서 영웅의 인내심과 의지력을 시험한다. 뛰어넘어야 하는 틈새나 빠져나와야 하는 소용돌이 등 캐릭터들을 한데 모으거나 뿔뿔이 흩어지게 하는 배경설정은 영웅으로 하여금 밑바닥에 있는 용기까지 끌어모으게 한다. 잃어버린 기억과 해독 불가능한 암호 등 정신적 한계 또한 긴장과 좌절을 더한다.

4. 권위에 저항하기

독재 권력은 폭동을 낳는다. 규칙을 깨고 권위에 불복종하면 영웅과 세트 피스 모두에 반항적인 에너지가 더해진다.

「미션 임파서블: 고스트 프로토콜」의 부르즈 칼리파 시퀀스는 앞선 네 가지 기법을 모두 활용한다. 이단 헌트는 세계에서 가장 높은 빌딩을 올라가면서 자신의 신체적 한계를 극복한다. 지금까지 한 번도 해 보지 않은 일에 도전하기 위해 한 번도 사용해 본 적이 없는 장비를 시험하면서 미지를 탐구한다. 자력 흡착 장갑이 고장나고 등반을 위해 사용한 소방호스도 길이가 모자라는 등 위태로운 등반을 좌절시키는 일들이 끊임없이 발생하지만 결국 헌트는 자신이 디디고 있는 곳에서 3층 아래의 열린 창문 속으로 뛰어들어 가야만 한다. 시퀀스의 절정에서 IMF 팀은 부르즈 칼리파의 군사용 컴퓨터만큼이나 철저하게 보호받고 있는 컴퓨터를 해킹하면서 권위에 반기를 든다.

5. 금기 깨기

앞의 네 가지 기법이 외부의 힘과 관련이 있다면 금기는 영웅의 머릿속에서 심리적·정서적으로 행동을 방해한다. 가치관은 문화, 종교를 통해 전해지고 미신은 영웅의 의지력에 장벽을 세운다. 앞의 네 가지와 마찬가지로 금기도 반항심을 불러일으킨다.

세트 피스와 캐릭터

우리는 언제 다른 인간 존재에 관한 진실을 발견하는가? 우리는 언제 말과 몸짓의 표면 아래에 있는 것을 보는가? 단 하나의 원초적 순간, 압박 아래에서 어떤 선택을 하는지 목격할 때 그것이 가능해진다. 캐릭터가 자신의 감춰진 본능을 드러내는 갈등에 직면했을 때 자신의 욕망을 추구하는 선택을 한다. 그것이 본능적이건 의도적이건 그는 어떻게 행동하기로 선택하는가? 생사가 걸린 상황에서 하는 선택은 캐릭터의 가장 근원적인 정체성을 폭로한다. 실제로 갈등이 더 치명적일수록 캐릭터의 핵심 자아에 더 충실한 선택을 하게 된다.

캐릭터 위주 장르의 배역 구성에 비해 액션 장르의 핵심 배역은 심리적으로 복잡한 경우가 드물지만 여전히 묘사가 필요한 차원들을 지닌다. 이상적인 세트 피스에서는 캐릭터들이 높은 위험부담을 안고, 죽음을 무릅써야 하는 선택을 하고, 그런 선택은 이전에 보이지 않았던 캐릭터의 특성을 드러낸다. 예를 들어 우리는 제임스 본드가 용감하면서도 냉철하고, 치열하면서도 유머러스하고, 끈질기면서도 상상력이 풍부하다는 것을 어떻게 아는가?

「007 카지노 로얄」의 도입부를 구성하는 세트 피스에서 폭탄을 운반하는 살인자는 대규모 건설 현장을 가로지르면서 달린다. 수평과 수직 방해물로 점철된 미로 같은 공간이다. 본드의 대담한 선택은? 목숨을 걸고 추격하는 것이다. 폭파범이 올림픽 출전 선수 같은 속도와 유연성을 선보이면서 도망칠 때 본드의 선택은? 집요함이다. 그는 결코 포기하지 않는다. 폭파범이 통풍구의 틈새로 뛰어들 때 본드의 치열한 선택은? 석고판을 뚫고 달린다. 폭파범이 스파이더맨처럼 비계 사이를 오갈 때 본드의 즉흥적인 선택은? 거대한 크레인에 올라타 구조물을 무너뜨린다. 폭파범이 거리를 벌릴 때마다 본드의 선택은? 모든 것을 알고 있고 재밌다는 듯한 미소를 지으면서 즉흥적인 해결책을 찾는다.

「어메이징 스파이더맨」에서는 스파이더맨이 과학자였다가 리저드가 된 악당과 거의 10분 넘게 결투를 한다. 이 시퀀스를 진행시키기 위해 감독들은 이렇게 자문했다. "스파이더맨은 어떤 선택을 할까?" 괴물을 거미줄로 꽁꽁 싸맨다. "리저드는 어떤 선택을 할까?" 꼬리를 떼서 탈출한다. "십 대 소년은 어떤 선택을 할까?" 놀려대면서 리저드를 도발한다. "과학자는 어떤 선택을 할까?" 화학폭탄을 제조한다. "영웅은 어떤 선택을 할까? 악당은 어떤 선택을 할까?" 이런 식으로 계속 질문을 던진다. 시퀀스는 해설 없이, 대사 없이, 세트 피스에서 핵심 캐릭터가 선택한 물리적 행동을 통해 성격묘사를 하고, 핵심 캐릭터를 드러낸다.

독창적인 선택이 없는 결투는 전형적인 패턴을 따르는 대체 가능한 안무로 전락한다. 캐릭터를 묘사하면서 통찰을 제공하는 선택을 제시하면 평범한 장면이 프랜차이즈 전체를 지지하는 유일무이한 흥분으로 변환된다.

세트 피스와 전환점

생/사의 가치값 역학을 바꾸지 않는 세트 피스는 당신의 재능뿐 아니라 독자/관객의 시간과 돈을 낭비한다. 구조 장면은 생/사의 가치값을 죽음의 문턱(부정)에서 죽음의 손아귀에서 벗어남(긍정)으로 바꾼다. 이와 달리 속수무책 장면은 자유(긍정)에서 포획(부정)으로 돌아선다. 전환점이 없고, 가치값의 변화도 없는 밋밋한 세트 피스는 운동 에너지로 가득한 안무로도 구제할 수 없다.

「매트릭스」 프랜차이즈의 두 세트 피스를 비교해 보자. 「매트릭스」에서 네오는 스미스 요원과 일대일 결투를 펼친다. 쿵푸 결전은 멋진 스턴트로 가득하다. 지하철 역사의 벽을 따라 달리고, 날아오는 총알을 피하고, 기차가 날카로운 소리를 내며 가까워지는 동안 선로에서 뒹굴면서 몸싸움을 한다.

「매트릭스 리로디드」의 첫 시퀀스의 초반 절반 동안 네오와 스미스가 다시 한 번 일대일 결전을 펼친다. 이번에는 도심 공원에서다. 그 어느 때보다 강력해진 네오는 스미스 요원의 군대에 맞서 싸운다. 수십 명의 스미스 복제 요원들이 네오를 공격한다. 네오는 초인적인 힘으로 반격하면서 그 요원들을 가로등에 내동댕이치고, 그들의 머리 위를 달리고, 심지어 하늘을 난다.

5분에 걸친 「매트릭스」의 지하철 결투는 흥분을 자아낸다. 세트 피스 전체가 거대한 전환점을 중심으로 전개되기 때문이다. 결투를 마무리 짓기 위해 네오는 불가능한 것을 하고 스미스 요원을 패배시킨다. 이 부정적인 가치에서 긍정적인 가치로의 전환으로 인해 네오는 자신이 '더 원'이라고 믿게 된다.

「매트릭스 리로디드」의 10분에 걸친 몸싸움은, 무협 스턴트가 연속해서 이어짐에도 불구하고 어디로도 나아가지 않는다. 이 밋밋한 세트 피스는 거의 즉각적으로 지루함을 유발한다. 스미스 요원이 돌아왔고, 스미스 요원이 아주 많다는 것을 알려주는 해설에 불과하기 때문이다.

운동성의 배경설정

열린 공간은 액션에 제약을 가하는 경향이 있다. 광활한 전장을 사이에 두고 대적하는 적이나 요동치는 바다는 서스펜스를 고조시킬 수 있는 여지를 확 줄이면서도 또한 놀라움의 요소도 거의 없다. 구겨진 차가 폭발하면서 불덩이가 되거나 고층빌딩에서 떨어지면서 팔다리를 휘적이는 사람을 느린 속도로 보여 주는 장면처럼 상상력이 한참 부족한 배경설정도 마찬가지다. 하나같이 우리가 닳고 닳도록 본 스턴트들의 재탕이다. 당신의 고유한 비전을 실현하려면 기발한 창작을 요구하는 배경설정을 만들어 내야 한다. 동적 에너지가 살아 있고, 이전에 한 번도 보지 못한 사람과 힘, 사물과 장애물, 현실과 시간성을 지닌 배경설정이 필요하다.

세 가지 예시를 살펴보자.

「다이 하드」에서는 아직 공사 중인 마천루를 이리저리 탐색한다. 지하실부터 옥상까지 각 층마다 독창적인 액션을 창조할 기회를 제공한다. 예를 들어 헬리패드에는 폭탄이 감춰져 있다. 고층 건물의 상층부는 통풍구와 열린 통로, 지지대, 늘어진 전선, 윙 소리를 내며 돌아가는 팬과 전동공구, 곳곳에 나뒹구는 쓰레기가 있는 미로를 만든다. 모두 무기나 덫으로 활용되기를 기다리고 있다.

「스타 트렉 2: 칸의 분노」에서 캡틴 커크와 칸은 서로를 찾아나선다. 양측 다 우주선의 센서가 잡음 외에는 아무것도 탐지하지 못하게 방해하는 방사능 안개가 짙게 깔린 성운 안에 있다. 이런 배경설정은 영웅과 악당 모두의 눈을 가려서 그들이 이성과 상상력에 의존하도록 만든다.

「성룡의 폴리스 스토리 4」에서 성룡은 연회장에서 10여 명의 적과 결투를 벌인다. 그러나 그는 이 공간을 무기의 보고로 변신시키는 데 성공한다. 기회가 생길 때마다 성룡은 테이블 뒤로 뛰어들어 테이블을 뒤집으며 연회장 건너편까지 밀고 가면서 공격하는 적들을 뿔뿔이 흩어지게 만든다. 적들의 옷을 무기로 활용해 그들이 입고 있는 재킷과 넥타이로 묶는다. 그리고 마침내 성룡은 사다리 위에서, 사이에서, 주위에서 벌어지는 긴 전투 장면을 선보인다.

운동성을 위한 조언

만약 액션 장편소설을 쓴다면 당신이 글로 그린 그림 밖으로 반드시 운동성이 튀어나와야 한다. 당신이 언어로 그리는 이미지는 쓰여진 그대로 또는 은유를 통해서 독자의 마음의 눈을 생생하고 맥동하는 에너지로 자극해야만 한다. 결코 만만한 과제가 아니다. 예를 들어 장편소설 『얼어붙은 바다』의 강력한 동적 에너지를 발산하는 산문 이미지를 읽어 보라.

만약 그래픽소설을 창작한다면 일러스트레이터(당신 또는 당신의 공동창작자)는 움직이지 않는 이미지에서 동적 에너지를 발산하는 액션을 구현해야만 한다. 이것 또한 결코 만만한 과제가 아니다.

만약 시나리오를 쓴다면 배우들이 연기하는 허구이건 플레이어가 하는 게임이건, 다른 사람들이 당신의 세트 피스를 구성하게 될 것이다. 프로덕션 디자인, 스턴트, 음향효과 팀이 세트 피스를 무대에 올리고, 촬영하고, 애니메이션 이미지를 제작할 것이다. 최종적으로는 편집자와 작곡가가 그것들을 잘라내고 연주할 것이다. 시나리오의 지면에 모든 타격을 일일이 글로 정교하게 묘사하는 것은 그런 사람들을 성가시게 한다. 그들에게 꼭 필요한 것들만 남겨라. 대개는 '싸운다.'로도 족하다.

13장

칭찬과 조롱

세트 피스는 시각적·물리적으로 강도를 조절한다. 그러나 소리와 말도 사건을 진전시킨다. "말로 죽인다.(Words kill)"는 경구도 있지 않은가. 긴장이 고조되는 동안 이야기에 재치와 아이러니를 더하는 대사는 액션이 선사하는 여러 즐거움 중 하나다.(『Dialogue 시나리오 어떻게 쓸 것인가 2』 참조)

액션 작가에게 칭찬과 조롱은 양날의 검 같은 전술이다. 대개 비판적이거나 칭찬하는 대사는 직설적이고 핵심을 찌른다. 그러나 때로는 칭찬이 불평의 형식을 띠기도 한다. 예컨대 "그 여자는 상어처럼 소리도 없이 다가와."는 비꼬는 칭찬이다.

영웅이나 악당의 힘을 조롱하는 모든 대사는 그 영웅 또는 악당을 폄하한다. 영웅이나 악당의 힘을 칭찬하는 말은 영웅 또는 악당을 미화한다. 그런 것들은 관객/독자의 머릿속에서 일어난다. 그리고 이것이 찬양하거나 비방하는 대사의 목적이다. 그런 대사는 캐릭터에 대한 관객 또는 독자의 인상과 그 캐릭터에 대한 관객 또는 독자의 감정에 영향을 미친다. 여기 신중하게 고른 몇 가지 예시를 살펴보자.

악당을 칭찬하는 대사

강력한 힘을 지닌 사람은 화젯거리가 되기 마련이다. 액션에서는 악당이 모든 사람의 머릿속을 차지한다. 따라서 배역들이 자연히 악당의 정신 상태, 힘, 계획에 대해 이야기하게 되고, 이런 대사는 흔히 경고의 형태를 띤다. 은연중에 악당을 칭찬하고, 그럼으로써 악당의 오버독 지위를 강화한다. 「에이리언」에서 리플리는 로봇인 애쉬에게 에이리언을 어떻게 죽일 수 있을지 조언을 구한다.

애쉬

(음흉한 미소를 띠면서) 당신이 뭘 상대하고 있는 건지 아직도 이해하지 못하는군요. 그건 완벽한 생명체예요. 포악한 만큼이나 구조적으로도 완벽해요. 저는 그 순수성이 존경스러워요. 생존자죠. 양심, 후회, 도덕성이라는 망상에서 자유로워요. 당신이 살아남을 수 있다고 거짓말하진 않겠어요. 그래도 당신을 동정한답니다.

악당을 칭찬하는 대사는 악당의 존재감을 강화할 뿐 아니라 해설을 극화하므로 작가의 입장에서는 관객/독자에게 쉽게 전달할 수 있는 수단이 된다.

「다크 나이트」에서 배트맨은 조커가 여느 범죄자와 다를 바 없는 별 볼일 없는 좀도둑이라면서 무시한다. 그러나 알프레드는 배트맨에게 경고한다.

알프레드

논리에는 전혀 관심이 없는 사람들도 있답니다. 그런 사람은 돈으로 살 수도, 협박할 수도, 설득할 수도, 타협할 수도 없어요. 그냥 세상이 불타는 걸 보고 싶어 하니까요.

「노인을 위한 나라는 없다」에서 르웰린 모스는 사막에서 마약 거래 대금이 가득 든 서류가방을 발견하고 그 가방을 들고 도망친다. 마약 조직은 도둑맞은 돈을 되찾기 위해 사이코패스 암살자 안톤 쉬거를 고용한다. 모스와 쉬거의 총격전 이후 부상을 당한 모스는 멕시코로 도주해 병원으로 간다. 조직이 두 번째로 고용한 암살자 카슨 웰스는 병원에 있는 모스를 찾아내고 거래를 시도하지만 모스가 거부한다.

르웰린 모스

거래를 할 거면 그 쉬거라는 놈이랑 해야지, 안 그래?

카슨 웰스

아니, 아니, 아니, 뭘 모르는군. 그놈이랑은 거래를 할 수가 없어. 네가 그놈에게 돈을 준다 해도 널 죽일 테니까. 쉬거는 이상한 놈이야. 원칙주의자라고도 할 수 있겠군. 돈이나 마약 같은 것보다 원칙을 더 중요시하지. 너랑은 달라. 나랑도 다르고.

이런 경고를 통해 작가는 악당이 가진 어둠의 힘을 한층 더 강화한다. 악당을 본질적으로 비인간적인 포식자로 묘사하면서 관객/독자의 머릿속에 악당의 오버독 지위를 공고히 한다.

액션 스토리에서 악당은 자신의 계획, 자신이 구상한 완전범죄를 사랑한다. 그러나 악당의 승리는 오직 자신의 천재성과 정당성을 영웅 앞에서 과시할 때에만 달콤해진다. 허영심과 자기애가 악당으로 하여금 잘난 척하며 떠벌리게 한다. 이런 점을 염두에 두고서 어떤 작가들은 악당에게 스스로 칭찬할 기회를 준다.

「다크 나이트」에서 배트맨은 조커와 대면한다.

배트맨
왜 날 죽이려는 거지?

조커
널 죽인다고? 네가 없으면 난 어떡하라고. 다시 마피아 애들이나 뜯어먹을까? 아니, 아니, 아니, 아니. 너는 내 단짝이야. 난 괴물이 아니야. 그냥 시대를 앞서나가는 선구자일 뿐. 이 세상을 살아가는 유일하게 말이 되는 방식은 법 없이 사는 거야. 그 무엇도 날 위협할 수 없어.

실존 인물인 악당 사드 후작(Marquis de Sade)이 잘난 척하며 주장했듯이, "사람은 오직 잔인함을 통해서만 초인적인 감수성과 삶의 정점에 도달한다."

전환점이 제대로 연출되면 보조 캐릭터를 위한 칭찬이 역설적이게도 악당에게 전이될 수 있다. 「가디언즈 오브 갤럭시」에서는 우주에서 가장 위험한 교도소에 수감 중인 죄수들이 공포와 경외심을 담아 엄청난 근육질의 파괴자 드랙스에 대해 이야기한다. 그런데 드랙스가 자신의 가족을 죽인 악당 고발자 로난과 대적했을 때 로난은 드랙스를 가볍게 제압하고 고대 우주 생명체의 뇌척수액이 들어 있는 통에 빠뜨려 익사하게 둔다. 그 순간 앞서 드랙스를 향했던 경탄과 칭찬이 로난에게로 전이된다.

영웅을 칭찬하는 대사

주인공에 대한 찬양은 언더독을 오버독으로 승격시킬 위험이 있다.

그래서 액션 스토리에서 영웅을 칭찬하는 대사는 드물다. 그러나 차분한 자신감이 동반된 아주 간결한 칭찬은 악당과 영웅 간 힘의 격차를 무너뜨리지 않으면서도 영웅의 오라를 강화할 수 있다.

「테이큰」에서 브라이언 밀스는 딸과 통화를 하는 중에 인신매매단이 딸의 호텔 방에 침입해 딸을 납치하는 소리를 듣는다. 마르코라는 남자가 전화를 들자 밀스는 말한다.

브라이언 밀스

네가 누군지는 몰라. 뭘 원하는지도 모르고. 몸값을 원한다면 미안하지만 난 돈이 없어. 하지만 아주 특별한 재주가 있지. 오랫동안 일하면서 얻은 재주야. 너 같은 놈들에게 내가 악몽인 이유지. 딸을 지금 풀어 주면 여기서 끝내겠다. 널 찾지 않고 이 일은 잊어 줄게. 하지만 풀어 주지 않으면 널 찾으러 갈 거야. 널 찾아낼 거야. 그리고 죽일 거야.

영웅을 조롱하는 대사

타이밍이 절묘한, 신랄한 조롱은 영웅이 언더독으로 남는 데 도움이 된다. 제임스 본드 같은 특권을 지닌 영웅조차도 예외는 아니다. 본드 시리즈에서는 M이 그런 역할을 한다. 냉정하고 직설적인 M은 처음에 본드를 마음에 들어 하지 않는다. M은 본드에게 다음과 같이 말한다.

M

여자를 차별하고 혐오하는 공룡, 냉전 시대의 유물. 자네의 미소년 같은 매력은 내게 통하지 않아. 순진한 아가씨라면 모를까.

「007 스카이폴」의 악당 라울 실바가 처음 등장할 때 본드는 그의 부하들에 의해 의자에 묶여 있다.

실바

네 놈 꼴을 봐. 약과 술에 의존해 겨우 버티고 있잖아. M이 심리상담사가 네가 현장에 나가도 된다고 말했나?

본드

그래.

실바는 컴퓨터로 본드의 진단 결과에 접속해서 큰소리로 읽는다.

실바

"건강검사: 탈락. 신체검사: 탈락. 심리검사: 알코올 및 약물 중독 진단." *(놀란 척하며)* 오우! *(계속 읽는다)* "권위에 대한 병적 거부. 해결되지 않은 어린 시절 트라우마가 원인. 진단 대상은 현장 투입에 적합하지 않으며 즉시 임무 수행에서 배제할 것을 권고한다." *(본드를 보면서 씩 웃는다)* M은 날 잡으라면서 널 보냈어. 준비가 안 된 걸 알면서. 네가 죽을 걸 뻔히 알면서. 아주 나쁜 엄마로군.

쉴 새 없이 몰아치는 영웅 조롱하기가 액션 코미디의 특징이다. 「맨 인 블랙」, 「갤럭시 퀘스트」, 「가디언즈 오브 갤럭시」 같은 풍자극에서는 영웅 팀의 팀원들끼리 서로를 인정사정없이 놀려 댄다.

영웅을 깎아내리는 대사는 힘의 균형을 악당 쪽으로 기울이는 데 도움이 되지만, 아무리 그런 대사가 효과적이라 하더라도 말이 행동을 대신할 수는 없다. 악당을 겨냥한 조롱의 경우 특히 더 그렇다.

악당을 조롱하는 대사

악당에 대한 조롱은 영웅이 압박을 느낄 때에도 재치를 잃지 않는다는 점을 보여 줄 수 있다. 그러나 냉소가 지나치면, 조롱이 너무 잦으면, 언더독/오버독의 힘의 불균형이 역전되고 홍분에 찬물을 끼얹을 수 있다.

이를테면 「어벤져스」의 영웅 팀은 악당인 북유럽 신 로키를 끊임없이 조롱한다. 브루스 배너는 로키에 대해 고양이가 한가득 든 주머니처럼 발악한다고 말하고, 닉 퓨리는 로키를 벌레에 비유한다. 토니 스타크는 한 장면에서만 로키를 네 번 모욕한다. 로키의 계획을 비웃고 로키의 마법 셉터를 "야광봉"이라고 부른다. 로키는 자신에게는 군대가 있다고 자랑하지만 토니 스타크는 웃어넘긴다. "우리에게는 헐크가 있어." 실제로 스토리의 절정에서 헐크는 로키의 비루한 힘을 비웃으면서 로키를 천 인형처럼 내동댕이친다. 마지막으로 로키가 아이언맨의 정신을 조작하려고 하지만 실패하자 토니 스타크는 로키의 힘 빠진 염력을 발기부전에 비유한다.

그런 순간이 한두 번 나왔다면 재밌을 수도 있지만, 영웅들의 팀 전체가 내뱉는 끊임없는 모욕들이 한데 모여 조롱의 파도를 만들어서 로키가 강력한 악당이라는 오라를 쓸어가 버리고 스릴은 맥없이 축 늘어져 버린다. 그것만 빼고는 매우 성공적인 영화였다.

그러나 잘만 활용하면 악당에 대한 조롱은 종종 주요 전환점을 설정하는 훌륭한 비책이 된다.

두 개의 에피소드로 이루어진 「닥터 후」의 시즌 5 최종화에서 닥터는 서기 102년의 스톤헨지로 시간여행을 떠난다. 세계적인 명소인 원형의 돌기둥 아래에는 판도리카라고 불리는 거대한 첨단 상자 감옥이 감춰져 있다. 그 상자 안에는 우주에서 가장 공포스러운 존재가 도사리고 있다. 닥터는 판도리카를 발견하고 판도리카가 열리기 시작하는데, 그때 스톤헨지의 밤하늘에 외계 우주선들이 나타난다.

50년 동안 방영된 이 시리즈에서 닥터는 자신이 만난 모든 외계 위협을 물리쳤다. 여전히 외계 생명체가 닥터를 상대로 계략을 짠다는 것이 다소 어이없게 느껴지기까지 한다. 그런데도 여러 다양한 외계 우주선이 지금 스톤헨지 위를 돌고 있다. 판도리카를 열고서 그 안에 숨어 있는 우주적 공포를 손에 넣으려고 기다리고 있다. 닥터가 올려다본다.

닥터

누가 판도리카의 주인이 될 것인가, 우주의 주인이 될 것인가. 근데 모두에게 나쁜 소식을 전하게 되었군. 왜냐, 과연 누가…? *(바삐 움직이는 우주선에 짜증이 난다)* 하! 이봐, 좀 들어들 봐. 너무 분주한 것 아냐. 정신이 없잖아. 딱 1분만 그냥 가만히 있으면 안 될까? 왜냐. **내가. 말하고. 있잖아.**

우주선들은 멈춰서 하늘에 가만히 떠 있다.

닥터

(계속 이어서) 자, 지금 이 순간 가장 중요한 질문은? "누가 판도리카를 가지고 있는가?" 정답은. 나. 다음 질문. "누가 내려와서 판도리카를 빼앗을 것인가?"

움직이는 우주선이 한 대도 없다.

닥터

(계속 이어서) 그러지 말고! 날 봐! 거기 바보 같은 작은 우주선에 앉아서 바보 같은 작은 총을 들고 있는 거기 너, 명심해. 누가 네 앞을 가로막고 서 있는지. 그동안 내가 널 막아 세웠던 어두운 날들을 떠올려. 그런 다음. **그런 다음에,** 현명한 선택을 해. 다른 놈한테 먼저 가라고 양보하라고.

우주선들이 하나씩 닥터의 말을 곱씹어 보고는 날아간다.

그러나 지하 구조물에서는 판도리카가 계속해서 소리를 내면서 천천히 열린다. 닥터는 상자 안을 들여다본다. 아무것도 없다. 텅텅 비었다.

갑자기 닥터 후의 천적 수십 명이 다시 나타난다. 처음으로 손을 잡은 외계인들은 닥터를 붙잡아서 판도리카 안에 가둔다. 닥터를 영원히 가두기 위해 설계한 완벽한 감옥이다. 이제 상자는 실제로 우주에서 가장 공포스러운 존재를 가두고 있다. 바로 닥터다. 조롱에 과몰입한 영웅은 스스로를 속수무책 장면에 가둔다.

14장

위기와 절정

액션의 변화곡선

변화곡선은 스토리를 따라 가치가 변하는 궤적을 추적한다. 스토리가 시작해서 끝날 때까지 핵심 가치의 가치값이 어떻게 변하는지 또는 캐릭터의 내적 자아가 어떻게 변하는지를 그린다.

액션 장르의 변화곡선은 거의 언제나 전자다. 배역 구성의 외부 운을 변화시킴으로써 스토리의 핵심 가치를 바꾼다. 대개 영웅과 피해자의 사를 생으로, 악당의 생을 사로 이동시킨다. 변화 과정에서 캐릭터는 자신의 내적 본성을 드러낸다. 그러나 캐릭터의 본질적 자아는 시작부터 끝까지 변하지 않는다.

작가가 영웅의 심층 캐릭터의 변화곡선을 그리고 싶다면, 반드시 액션 플롯을 구원 플롯(선으로 돌아선 악당) 또는 타락 플롯(악으로 돌아선 영웅) 같은 내적 변화의 여섯 가지 장르 중 하나와 융합시켜야 한다.(『로버트 맥키의 캐릭터』 14장 참조)

위기: 영웅의 결정적 선택

스토리 전체 길이만큼 이어지는 액션 중추를 따라 영웅은 내내 피해자를 구하려고 애쓴다. 매번 새로운 전략을 고안하고 실행하며, 그 전략은 언제나 이전 전략보다 더 어렵고 위험하다. 그러다 마침내 최종 결전에 도달한다. 악당의 무기고에서 가장 강력한, 가장 예리한 무기 앞에 선 영웅은 최후의 행동에 나서야 한다. 이것은 위기다. 모든 돌이킬 수 없는 지점을 통과했고, 모든 가능한 전술을 시도하고 실패했다. 이제 남은 건 하나뿐이다.

이 장면은 독자/관객에게 마지막 질문을 유도한다. 영웅은 과연 얼마나 영웅적일까? 이 질문에 대한 답은 압박이 최고조에 이른 상태에서 밝혀지고, 이 시점은 액션 작가에게 가장 창의적인 통찰을 요구한다.

이 순간 영웅이 어떤 행동을 선택하는가는 그 영웅의 용기의 깊이, 기술의 다양성, 압박 상황에서 흔들리지 않는 냉철함, 그리고 가장 중요하게는 그의 변하지 않는 이타주의 정신을 보여 준다. 액션에서 위기는 영웅의 계명을 시험대에 올린다. 타인의 목숨을 구하기 위해 자신의 목숨을 희생할 것인가?

대다수 액션 스토리에서 위기 의사결정은 최후의 시퀀스에서 서스펜스를 한껏 조이고 최종 장의 절정을 촉발한다. 예를 들어 「가디언즈 오브 갤럭시」에서 퀼, 드랙스, 로켓, 그루트, 가모라는 최종 결전에서 힘을 합친다. 위험을 감수하고, 서로를 위해, 그리고 잔다르 행성인 수백만 명을 구하기 위해 자신의 목숨을 걸고, 심지어 죽기까지 한다.

그러나 어떤 작품에서는 영웅이 위기 의사결정을 거의 즉시 내리기도 한다. 이단 헌트와 제임스 본드 같은 캐릭터가 등장하는 스토리에서는 영웅의 주요 의사결정이 액션 중추를 끝내는 선택이 아니라 도발적 사건을 촉발하고 액션 중추를 작동시키는 선택이 된다. 그후에 이야기는 나머지 장들을 통해 갈등 고조의 주기를 구축하고, 마침내 절정의 최고점에서 위기와 긴장을 위한 설정이 보상을 받는다.

본드 시리즈에서 M은 집무실로 제임스를 호출해 현 문명을 붕괴시키려는 마스터 범죄자에 대해 설명한다. M은 그를 막을지 말지는 본드에게 달렸다고 말한다. 본드는 고개를 끄덕이고 말한다. "알았어요. 제가 하죠." 그렇게 답한 본드는 스토리 전체에 걸쳐 악당을 쫓는 임무에 나선다. 그외에는 또 다른 위기 의사결정은 없다.

「미션 임파서블: 고스트 프로토콜」은 네 개의 개별적인 위기 의사결정으로 시작한다. 1장에서 IMF 본부는 이단 헌트에게 임무를 제시한다. 헌트가 임무를 맡기로 결정하면 그는 더 이상 미국 정부의 요원이 아니게 될 뿐 아니라 수배자가 될 것이다. 물론 헌트는 그 임무를 받아들인다. 나중에 이단 헌트는 동료 요원 세 명에게 동일한 임무를 제시한다. 카터는 망설이지 않고 즉시 받아들인다. 벤지는 자신들만이 할 수 있는 임무라고 인정하면서 어쩔 수 없다는 듯 받아들인다. 그런데 이와 달리 브랜트는 자신이 목숨을 걸어야 하는 그럴듯한 이유가 필요하다고 말한다. 계속 임무를 거부하던 브랜트는 핵 학살을 막는 유일한 방법은 이단 헌트의 계획을 지원하는 것뿐이라는 사실을 깨닫는다.

액션의 절정

위기 의사결정을 이야기 도입부에서 하든 결말이 가까워졌을 때 하든, 그 의사결정은 최종 결말을 설정한다. 대다수 액션 스토리의 절정은 지극히 긍정적이다. 악당은 패배하고 영웅은 사람들을 구한다. 악당이 승리하고 사람들이 죽는 완전히 부정적인 절정은 한 손에 꼽힐 정도로 드물다. 그런데 절정이 다음과 같은 아이러니로 끝나는 경우도 있다. 악당은 패배하고 영웅이 사람들을 구하지만, 결국 영웅이 죽음을 맞이한다. 또는 악당이 승리하고 사람들이 죽지만, 생존자들이 중요한 진실을 발견한다.

아주 많은 액션 스토리가 다음과 같은 이유로 인해 긍정적인 절정으로 나아간다. 스토리텔러가 긍정적인 경험을 약속하고, 고로 그 약속을 지켜야만 하기 때문이다.

대다수 액션 서사의 도발적 사건에서 악당은 생사를 좌우할 수도 있는 엄청난 힘을 휘두른다. 그 이후에 펼쳐지는 갈등은 흥분을 전면에 내세우면서 두려움은 시야에서 감춘다. 이런 유쾌한 스릴의 흐름은 용감한 언더독이 끔찍한 오버독을 상대로 상황을 역전시키는 절정의 밑밥을 깐다. 이런 설계가 약속하는 천진난만한 즐거움을 망쳐서는 안 된다.

스토리텔링이 이와 정반대로 전개된다면, 요컨대 두려움을 전면에 내세우고 흥분을 뒷전으로 미룬다면, 작가가 최종적으로 부정적인 결말을 약속하는 것이며, 고로 이번에도 그 약속을 지켜야 한다. 「어벤져스: 인피니티 워」, 「배트맨 대 슈퍼맨: 저스티스의 시작」, 「007 노 타임 투 다이」처럼.

비극적인 액션 서사는 아주 다른 이유로 우리에게 스릴을 안긴다. 인간 본성의 어두운 면이 고결한 영혼이나 정의로운 소명을 굴복시키면 독자/관객은 감춰진 진실을 발견한다. 그 진실은 비현실적인 희망보다 현실적인 가능성을 옹호한다. 어두운 결말은 심리적 · 사회적으로 진실된 통찰을 전달하지만, 「더 그레이」, 「로건」, 「노인을 위한 나라는 없다」 같은 액션 스토리는 예외에 해당한다.

마지막으로, 결말이 절대적으로 긍정적인 것으로 끝난다면 악당의 패배 또한 절대적이어야 한다. 악당의 위협이 주로 그 위협의 실체가 미스터리라는 점에서 비롯되었다면 더욱 그래야 한다. 「터미네이터 2」의 T-1000와 「아이언맨 3」의 알드리치 킬리언은 비밀에 둘러싸여 있다. 아무도 두 악당이 가진 힘의 범위와 수준을 알지 못한다. 그러나 두 악당이 죽기 전에는 그것이 완벽하게 밝혀져서 비밀로 남은 것이 아무것도 없어야 한다. 그렇게 하지 않으면 독자/관객은 악당에게 비장의 무기가 여전히 남아 있고, 죽은 것처럼 보이지만 살아서 돌아올 것이라고 의심하게 된다.

악당의 패배

힘의 균형이 악당에게 한참 기울어져 있어서 영웅의 전술이 전혀 통하지 않는다면 영웅은 어떻게 그 악당을 최종적이고 절대적으로 패배시킬 수 있을까? 4장의 속수무책 장면처럼 이 경우에도 액션의 절정을 만들어 내는 방법이 네 가지 방법이 있다. 이 네 가지는 혼합되거나 융합돼서 무수히 많은 재조합을 만들어 낼 수 있다.

1. 악당을 힘으로 압도한다

영웅은 다음과 같은 두 가지 방식으로 악당을 제압할 수 있다. 첫째, 악당의 무기에 통달하는 것이다. 「배트맨 비긴즈」에서 브루스 웨인은 스승에게 배운 전투 기법을 사용해 라스 알굴을 제압한다. 둘째, 영웅의 잠재력을 완전히 발현시킨다. 「매트릭스」에서 네오의 타고난, 그러나 발현되지 않은 의지력이 최종적으로 스미스 요원을 굴복시킨다.

2. 악당을 속인다

영웅의 모든 시도가 실패하는 동안 영웅은 새로운 무기나 전술을 발굴하기 위해 고군분투한다. 그러다 마침내 무적처럼 보이는 악당의 방어막을 공략할 약점을 발견한다.

「스타 트렉 2: 칸의 분노」에서 커크는 처음에 함선 코드를 활용해 시간을 벌지만, 칸은 같은 속임수에 두 번 속지는 않는다. 그래서 다시 칸에게 미끼를 던지지만, 이후 칸은 계속 신중함을 유지한다. 마침내 커크는 칸의 약점을 발견해서 칸을 속이는 데 성공하고 칸을 패배시킨다. 칸의 약점은 그가 우주 공간에서 벌어지는 전투를 3차원적으로 접근하지 못한다는 것이었다. 칸은 행성 표면에서 전투를 벌일 때와 마찬가지로 오직 2차원적으로만 전투에 임했다.

3. 수적으로 우위를 점한다

일부 영웅은 무기고를 채우거나(「아이언맨」) 사이드킥 팀을 모은다.(「엑스맨」) 어느 쪽이든 궁극적으로 영웅은 기발한 발상으로 제각각인 힘과 능력을 조합해서 악당을 패배시켜야 한다. 장난감 판매를 염두에 둔 유쾌한 콘셉트로 제작된 「볼트론」의 배역들은 말 그대로 합체해서 싸운다.

4. 맥거핀을 활용한다

때로는 「갤럭시 퀘스트」에서처럼 맥거핀 자체가 악당을 무력화하는 무기로 사용된다. 영화 내내 악당 외계인 새리스는 오메가 13 장치를 찾는다. 아무도 그 장치가 무엇을 할 수 있는지 모르지만, 정설은 그 장치가 13초 단위로 시간을 재설정한다는 것이다. 13초는 실수 하나를 바로잡기에 충분한 시간이다. 절정에서 새리스 일당은 프로텍터호의 함교로 쳐들어와 선원들을 죽인다. 네스미스는 오메가 13을 성공적으로 작동시키고, 시간을 13초 되돌려서 상황을 역전시키고 선원들을 되살린다.

거짓 결말

어떤 스토리는 절정에 이르지만, 마지막 순간에 악당이 살아서 돌아오기도 한다. 할리우드에서 **죽은 자 죽이기**(killing 'em dead)로 표현되는 이 기법은 악당을 부활시켜 마지막 스릴을 안긴 뒤에 악당을 확실하게 죽이는 것을 말한다.

「다이 하드」에서 한스 그루버가 죽음을 맞이한 뒤 그루버의 오른팔 칼이 불쑥 다시 나타나지만, 최종적으로 영웅의 사이드킥 파월의 총을 맞아 죽는다. 그러나 죽음에서 되살아난 악당(villain-rising-from-the-dead)은 클리셰를 끌어들이는 또 하나의 자석이다.

결말 장면

액션의 절정은 즉각적으로 세 핵심 캐릭터에 영향을 미친다. 그러나 관객은 그것이 스토리의 세계에 어떤 나비효과를 만들어 내는지 궁금할 수 있다. 따라서 스토리의 결말이 스토리의 설정 전체에 어떤 식으로 반영되는지 보여 줘야 할 수 있다. 예컨대 「아바타」의 마지막 장면에서 판도라 행성에서 거의 모든 인간이 추방되고, 판도라의 승리를 축하하는 화려한 축제로 영화는 막을 내린다.

드물지만 중심플롯이 절정을 지난 이후까지도 완결되지 않은 보조플롯이 연장될 수 있다. 작품의 완결을 위해서 보조플롯을 마무리하는 별도의 결말이 필요할 수도 있다. 그러나 이렇게 하면 결말이 종종 어색해지고 김이 빠질 수 있다. 중심플롯이 스토리의 정서적 심장이므로 이야기는 중심플롯이 끝날 때 끝나야 한다.

15장

속도 조절과 진행

브로드웨이 뮤지컬과 마찬가지로 액션 스토리는 고조되고 요동치는 긴장 주기에 따라 오르내린다. 춤과 노래가 펼쳐지는 뮤지컬 넘버처럼 세트 피스는 폭발적인 운동 에너지를 분출하고, 각 세트 피스는 새로운 곡을 선보인다. 점층적인 액션(Progressive Action)은 몰입을 이끌어 내는 도발적 사건으로 시작해, 복잡성의 속도를 조절하면서 흥분을 고조시키고, 환희의 최고점에서 절정에 이른다.

이런 강력한 효과를 얻기 위해 액션 작가들은 스토리를 리듬, 템포, 강도의 세 가지 측면을 따라 발전시킨다. 장면의 길이는 스토리텔링의 리듬을 결정한다. 장면 안의 에너지는 템포를, 위험과의 거리는 장면의 강도를 결정한다. 액션 작가는 이 세 가지 특징이 조화를 이루도록 장면, 시퀀스, 세트 피스를 구성해서 이야기를 진전시킨다. 결코 반복되거나 딴길로

새는 법 없이 계속해서 흥분을 고조시키면서 절정에 이르도록 지휘한다.

세트 피스 리듬

장면의 길이, 간격, 속도로 스토리의 리듬이 결정된다. 영웅과 악당을 계속 대적시키고 싶은 유혹을 느끼겠지만, 대적이 연속적으로 반복되면 오히려 관심이 퇴색한다. 반복되는 리듬은 흥분에 찬물을 끼얹는다.

이와 달리 장면에 담긴 다채로운 내용들이 점점 짧아질수록 흥미가 깊어진다. 속도가 빨라지면서 시퀀스가 점점 더 팽팽해진다. 이런 활기찬 리듬이 최고점에 달했을 때 잠시 정지할 자격을 얻는다. 이때 작가는 브레이크를 밟고서 주요 세트 피스에 관객을 집중시킨다. 그런 주요 세트 피스는 강력한 전환점이므로 얼마든지 길게 끌어도 무방하다.

- **원칙: 반복하지 말고 진행하라.**

장면들의 상승 주기를 점점 짧게 가져가다가 주요 세트 피스에서 잠시 브레이크를 밟는 식으로 진행하면 강력한 액션 스토리가 구축된다. 따라서 진행을 위해서는 당신 스토리의 차례 개요(step-outline)에 주요 전환점의 목록을 작성한 다음 세트 피스의 임팩트에 따라 전환점에 순위를 매겨라. 예를 들어 스토리에 여섯 개의 세트 피스가 필요하다면 가장 임팩트가 약한 세트 피스를 1번으로 두고 가장 임팩트가 큰 세트 피스를 6번으로 둔다. 그 사이에 나머지 네 개도 임팩트를 기준으로 나열하고 번호를 매긴다.

세트 피스를 1번부터 6번까지 순서대로 연출하는 것이 당연하다고 생각할 수 있지만, 그것은 가장 효과적인 진행 방식이 아니다. 왜냐하면 약하게 시작해서는 관객/독자의 관심을 붙들 수 없기 때문이다. 대신 큰 액션 중 하나로 강렬하게 시작한 다음 점점 더 강력한 액션을 배치한다. 4-1-2-3-5-6으로 배열하면 몰입을 이끌어 낼 수 있다. 강렬하게 시작하고 살짝 물러났다가 진행하면서 강도와 흥분을 높여가며 절정으로 향한다.

다양성

반복은 세 단계를 거치게 된다. 어떤 기법을 처음 사용하면 최대의 효과를 발휘한다. 두 번째로 사용할 때는 기존 효과의 절반 내지는 절반 이하의 효과를 낸다. 세 번째 사용할 때는 오히려 역효과가 나서 진행을 가로막는 결과를 야기한다.

따라서 세트 피스는 아무리 동적이거나 강렬해도 동일한 움직임(공격, 공격, 공격)을 반복해서는 안 된다. 반복은 스토리의 진행을 늦출 뿐 아니라 흥분에 찬물을 끼얹고 서사를 퇴보시킨다. 진행의 다양성을 유도하기 위해 다섯 가지 액션 세트 피스를 모두 탐구하고 그 세트 피스의 내적 움직임에 변화를 줘라.

그러나 다음과 같은 예외가 존재한다. 배역 구성이 다양성을 만들어 낼 때에는 동일한 움직임을 재활용할 수 있다. 「어벤져스」에서는 대적이 반복된다. 캡틴 아메리카가 로키와 싸우고, 토르가 아이언맨과 싸우고, 캡틴 아메리카가 아이언맨과 손잡고서 치타우리와 싸우고, 토르가 헐크와 싸우고, 헐크가 로키와 싸우고, 이런 식으로 계속 반복된다.

교차편집

모든 세트 피스에는 자연스러운 고저가 있기 마련이다. 두 개 이상의 병렬 세트 피스를 교차편집하면 불필요한 하강을 막고 주요 흐름에 집중할 수 있다. 에너지가 약해지기 전에 잘라내면 흥분은 정점에서 정점으로 옮겨가면서 계속 상승한다.

「니모를 찾아서」는 두 개의 동시적 세트 피스를 교차편집한다. 말린이 아들 니모를 찾아 점점 위험에 가까워지는 동안 니모는 치과 병원의 수족관에서 탈출해 위험에서 점점 멀어지려고 애쓴다. 서스펜스로 가득한 대양을 가로지르는 말린의 모험이 정점에 달하면 서사는 니모의 위기로 넘어간다. 니모의 위기가 잦아들 즈음 교차편집에 의해 말린의 분투로 돌아온다. 그리고 다시 니모의 위기로 돌아간다. 이를 통해 치열한 액션에 초점을 맞추면서 관객을 계속 서스펜스가 높은 상황들에 머무르게 한다.

임팩트의 속도 조절

그러나 정점에서 정점으로, 또 다시 정점으로 이동하는 것은 반복으로 느껴질 위험이 있다. 따라서 액션 스토리라인은 때때로 기어를 바꿔야 한다. 그래서 시점을 바꾸거나 어조를 대비시키거나 다른 장르의 보조플롯을 취한다.

「인크레더블」은 두 개의 장르를 혼합한다. 액션 중심플롯에 사회드라마 보조플롯을 엮어 넣는다. 슈퍼히어로 가족이 사회적 편견에 대처하는 장면 중간중간에 액션 세트 피스를 배치한다. 덕분에 인크레더블 가족과

신드롬의 싸움은 반복이 아닌 진행처럼 느껴진다.

「가디언즈 오브 갤럭시」는 드라마와 코미디를 대비시켜 서사에 유쾌한 톤의 다양성을 부여한다. 예컨대 탈옥 세트 피스는 피터 퀼과 동료 영웅들이 자신들을 죽이려고 안달이 난 수감자들과 교도관 무리에서 탈출하는 고긴장 상황에서 시작한다. 그러나 그다음에 피터 퀼이 자신이 좋아하는 노래가 담긴 카세트 플레이어를 가지러 다시 감옥으로 돌아가면서 드라마가 코미디로 전환한다.

가치 대립항의 속도 조절

반복은 짜증을 유발한다. 그런데 장면이 바뀌어도 같은 가치값이 반복될 때 그런 짜증이 최고조에 달한다. 연속되는 가치값이 긍정이든 부정이든 마찬가지다. 관심을 붙들고 싶다면 전환점들 중간과 장면 내에서 가치값을 교체하라. 예컨대 장면을 긍정적인 가치값으로 시작한 다음 부정적인 가치값으로 넘어갔다가 다시 긍정적인 가치값으로 돌아오자. 그리고 장면을 시작했던 가치값에 반대되는 가치값으로 마무리하자. 그러나 가치값의 변화 역학이 너무 급격하면 이야기가 변덕스럽거나 무작위적이라고 느껴질 수 있다. 반면에 가치값 변화의 역학이 너무 미묘하면 같은 가치값이 반복되고 있다고 느껴질 수 있다.

반복을 피하고 다양성을 부여하기 위해 가치 대립항을 발판 삼아 사건을 전환하라. 「미션 임파서블: 고스트 프로토콜」에서는 러시아 경찰이 이단 헌트를 향해 포위망을 좁혀올 때 정의/불의가 활용된다. IMF 팀이 고위험 세트 피스를 연달아 직면할 때는 생/사가 서사에 도입된다. 마지막으로 악당이 전쟁/평화를 핵학살을 향해 몰고 간다.

물론 장면 내에서 매 비트마다 가치값을 교체할 수도 있다. 「아이언맨 3」를 예로 들어 보겠다.

토니 스타크는 시골 마을의 술집에 들어가 수다를 떨면서 악당에 대한 유용한 단서를 얻는다.(좋은 소식) 그런데 국토안보부 요원을 가장한 여자가 불쑥 등장해 토니 스타크를 체포한다.(나쁜 소식) 마을 보안관이 여자에게 신분증을 보여 달라고 요구하자(좋은 소식) 여자는 초능력을 써서 보안관을 죽인다.(나쁜 소식) 스타크는 도망치지만(좋은 소식), 여자가 스타크를 찾아낸다.(나쁜 소식) 스타크가 수갑으로 여자의 목을 조르자(좋은 소식) 여자는 수갑을 녹인다.(나쁜 소식) 스타크는 담에 불을 붙여서 여자를 떼어 내려고 하지만(좋은 소식) 여자는 불길을 통과한다.(나쁜 소식) 그렇게 스타크가 놓은 함정으로 걸어 들어온 여자는 엄청난 가스 폭발에 휩싸여 제거된다.(최고로 좋은 소식)

템포 조절

에너지가 더 커질수록 흥분도 더 커진다. 그러나 변동성이 과하면 관객도 지친다. 끊임없는 선회가 집중력에 부담으로 작용해서 관객이 이야기의 흐름을 놓치고 관심을 잃게 된다. 그러나 운동 에너지가 낮은 상태가 너무 오래 지속되면 관객은 채널을 돌린다. 작가의 기술은 늘 그렇듯이 '너무 모자란'과 '너무 넘치는'의 양극단 사이에서 균형을 잡는 것이다. 반복적인 액션과의 전쟁에서 이기기 위해서는 다음과 같은 다섯 가지 템포 조절 전략을 고려할 수 있다.

1. 활동의 속도 높이기

끊임없이 추격전의 속도를 높이고 난사전을 벌이면서 연출 속도를 높이는 것이다. 이것은 어떤 매체에서나 통한다. 예를 들어 소설가는 단어를 통해 고속으로 재생되는 이미지를 만들어 낸다. 머리 위로 총알이 쏜살같이 날아다니고, 오토바이가 구불구불한 길을 달려 내려가고, 사람들이 지붕 위를 뛰어다닌다. 이 모든 것을 천천히 떠다니고, 늘어지고, 흘러가는 언어와 대비시킬 수 있다. 그렇게 하면 다시 속도를 높였을 때 더 큰 에너지가 생성된다.

장편소설은 작가가 세트 피스를 묘사하는 방식을 통해 운동 에너지를 만들어 낼 수 있다. 그런데 영화는 도구가 세 배는 더 많이 주어진다. 화면에서는 세 가지 층위의 움직임이 작용하기 때문이다. 배경설정에서 일어나는 캐릭터들의 움직임, 그 캐릭터들을 촬영하는 카메라의 움직임, 그리고 그 촬영 이미지를 편집하는 움직임. 시나리오 작가는 느린 움직임과 빠른 움직임을 대비시킬 수도 있지만, 또한 카메라의 이동, 촬영 각도의 변화, 대위법적 편집도 활용할 수 있다.

정적 움직임과 동적 움직임 간 역학을 이용하기 위해 '매트릭스' 감독들은 복수의 사진 카메라를 설치하고 타임 슬라이스(time slice)의 일종인 불릿 타임(Bullet Time)으로 날아오는 총알을 피하는 네오의 묘기를 극적으로 전달한다. 먼저 네오가 광속처럼 빠른 주먹과 발차기를 날리면서 싸울 때는 고정 카메라로 찍는다. 그러다 네오를 향해 총알이 발사되었을 때 영화는 매우 느린, 거의 얼어붙었다고 할 만큼 정지에 가까운 프레임 속도로 전환한다. 그 덕분에 네오는 날아오는 총알의 궤적에서 비켜날 수 있다. 그런 다음 네오와 총알들이 허공에 떠 있을 때 카메라는 엄청난 속도로 한 지점에서 다른 지점으로 카메라가 빠르게 수평 이동하는 퀵 팬(quick-pan)을 한다.

2. 세트 피스 통합하기

세트 피스가 합쳐지면 에너지가 축적된다. 탈출을 구조와 융합하는 세트 피스는 두 가지 움직임을 하나의 움직임으로 결합하므로 위기와 위험이 두 배가 된다. 만약 두 세트 피스가 맥거핀을 확보하기 위한 결투와 합쳐지면 또 다시 운동 에너지가 두 배가 된다.

「다크 나이트」 절정에서 배트맨은 조커를 쫓아 비계로 뒤덮인 고층건물 꼭대기에 도달한다. 아래로는 고담강이 보이고 페리선이 두 척 떠 있다. 한 페리선에는 일반 시민들이 타고 있고, 다른 하나에는 수감자들이 타고 있다. 양쪽 다 조커의 처분만 기다리는 신세다. 조커는 두 페리선 모두에 폭탄을 심어 두었다. 그런데 기폭 장치는 각각 다른 쪽 페리선에 있다. 조커가 벌인 게임은? 한쪽이 다른 쪽을 먼저 폭파시키면 살려 줄 것이고, 그렇게 하지 않으면 조커가 둘 다 동시에 폭파시키겠다는 것.

더 나아가 그 건물에는 인질을 잡아 두고 있는 조커의 심복들이 있다. SWAT팀보다 먼저 도착한 배트맨은 조커가 얼마나 악랄한 계획을 세웠는지 알게 된다. 조커 일당은 인질을 납치범처럼, 납치범을 인질처럼 보이게 만들어 놓았다. SWAT팀이 인질들을 죽이도록 한 다음 심복들이 SWAT팀을 죽일 속셈이었다. 배트맨은 인질들뿐 아니라 SWAT팀도 구해야 한다. 그 와중에 페리선에 타고 있는 사람들도 구출해야 한다. 이 절정 세트 피스에서 배트맨은 위험에 직면하고, 위험 속으로 뛰어들고, 세 집단을 모두 구해 낸다. 배트맨의 각각의 선택과 액션은 다섯 개의 액션 라인을 따라 펼쳐진다.

3. 리듬의 속도를 높이기

장면 내 템포의 운동 에너지 외에도 전환점의 속도 또한 흥분을 유발한다. 방향 선회의 간격이 좁아질수록 절정에 더 빨리 이르고, 서사가 더 치열해진다.

「미션 임파서블: 고스트 프로토콜」의 마지막 두 장에서 영화는 여러 주요 전환점의 속도를 높인다. 이를테면 한 전환점에서 IMF 팀은 컴퓨터 시스템에 브랜트를 침투시키는데, 빠른 속도로 회전하는 거대한 팬이 보호막 역할을 하고 있다. 그런데 코발트가 시스템 통제 기능을 장악해서 팬을 과열시키는 바람에 불붙은 팬이 떨어져 나간다. 이 불타는 죽음의 덫에서 브랜트가 탈출하는 씬이 영화의 10번째 세트 피스를 마무리한다.

그런 다음 IMF 팀은 코발트를 쫓아 인도 뭄바이로 가고 11번째 세트 피스에서 이단과 카터는 꽉 막힌 도로 위에서 코발트를 잡기 위한 추격전에 나선다. 그러나 이단과 카터가 코발트에게 닿기 전에 코발트는 러시아 잠수함을 속여서 샌프란시스코를 향해 핵미사일을 발사하게 한다.

핵미사일이 샌프란시스코를 타격하기까지 몇 초밖에 남지 않은 상황에서 이단은 끈질기게 코발트를 쫓아가고 이 장면은 나머지 팀원들이 코발트의 심복들과 총격전을 벌이는 장면과 교차편집된다. 이단은 마침내 악당을 따라잡고 미사일을 해체하는 장치를 확보하기 위해 육탄전을 벌인다. IMF 팀원들이 코발트의 심복을 죽일 때 이단은 코발트를 죽이고 맥거핀을 손에 넣는다. 그리고 핵미사일이 샌프란시스코를 타격하기 1초 전에 발사 장치를 해제한다. 이 절정의 전환점들—위험 속으로 뛰어들기, 위험에서 탈출하기, 추격전, 총격전, 육탄전—은 7분 동안 다섯 개의 세트 피스를 연결한다.

물론 영화 전체를 그런 긴박한 속도로 전개할 수는 없다. 대신 처음에는 빠르게 시작했다가 잠시 속도를 늦추었다가 다시 더 빨라지고, 잠시 멈춘 다음에 또 다시 가속 페달을 밟으면서 가속 주기를 높여 가다가 마지막 장의 절정에서 모든 것을 쏟아붓는다.

4. 배경설정을 대비시키기

다양성을 위해 배경설정을 다양하게 변화시키면 비용은 많이 들어도 관객의 눈을 즐겁게 해 준다. 「007 시리즈」처럼 여러 지역을 돌아다니는 프랜차이즈는 이국적이고, 화려하면서도, 이전과는 다른 장소를 계속해서 공급한다. 「미션 임파서블: 고스트 프로토콜」에서 위험으로부터 멀어지거나 위험을 향해 나아가는 많은 움직임은 러시아 크렘린부터 부르즈 칼리파, 인도 뭄바이의 고층 자동 주차타워까지 지구 곳곳을 옮겨다니면서 반복적인 스턴트들에 흥분을 불어넣는다.

5. 운동성을 위한 교차편집

교차편집은 운동 에너지를 높이는 또 다른 방법이다. 서사는 다양한 캐릭터의 시점, 공간적 위치, 시간적 위치(과거, 현재, 미래), 중심플롯과 보조플롯 사이를 오갈 수 있다.

락스타 게임즈(Rockstar Games)의 「그랜드 테프트 오토 V(Grand Theft Auto V)」은 세 명의 영웅-악당(은퇴한 은행 강도 마이클 드 산타, 갱스터 프랭클린 클린턴, 마약 및 총기 밀매업자 트레버 필립스)의 스토리라인을 교차편집한다.

강도 조절

생존 가능성이 낮아질수록 흥분은 점점 더 고조된다. 액션 창작의 다른 모든 측면과 마찬가지로 스릴은 반드시 생성되어야 하고, 속도 조절이 필요하다. 다음에 제시하는 다섯 가지 기법은 앞서 나열한 전략 내에서 강도를 조절한다.

1. 위험과의 거리를 좁힌다

죽음의 덫을 탈출하건 적들에게 집중포화를 받건 영웅이 죽음에 가까워질수록 흥분의 강도가 높아진다. 예를 들어 '클리프행어(cliffhanger)'라는 용어는 20세기 중반 토요 명화 시리즈에서 유래했다. 에피소드 마지막 장면을 액션 영웅이 절벽에 매달린 상태에서 채로 끝냈고, 그 위기가 다음 주 에피소드에서 해소될 때까지 기다려야 했다. 특히 절벽에 필사적으로 매달린 손가락을 확대해 죽음과의 근접성을 보여 줌으로써 한껏 흥분을 고조시켜 그 흥분이 한 주 내내 이어지게 했다.

「터미네이터 2」의 구출 세트 피스는 죽음과의 거리를 11단계에 걸쳐 점층적으로 좁힌다.

❶ 소년 존 코너는 정신병원에서 어머니를 구출하고 싶어 한다. 존 코너의 수호자인 터미네이터는 반대한다. T-1000이 자신들을 기다리고 있을 것이기 때문이다. 이 선택을 두고 논쟁을 벌일 때 두 사람은 죽음과는 한참 멀리 떨어져 있다.

❷ 존과 터미네이터가 정신병원에 침투해 사라 코너를 탈출시킨다.

❸ 그러나 갑자기 T-1000이 등장해 보안출입구 앞에 선다. 악당은 아무렇지 않게 액체로 변해 철창을 통과한다.

❹ 그런데 허리에 찬 권총이 철창에 걸린다. 이제 탈출을 감행 중인 세 사람과의 거리는 십여 미터에 불과하다.

❺ 존과 사라는 엘리베이터를 향해 달린다. 터미네이터가 T-1000을 향해 엽총을 연속으로 발사하면서 세 사람이 문이 닫히기 직전의 엘리베이터 안으로 들어갈 시간을 번다. 이제 악당과의 거리는 1미터가 채 되지 않는다.

❻ T-1000은 엘리베이터 승강로를 열고 엘리베이터 지붕 위로 뛰어내린다. T-1000의 팔 앞부분이 커다란 칼로 변해 엘리베이터 천장을 마구잡이로 찌르고 그동안 엘리베이터는 주차장에 도착해 문이 열린다. T-1000의 손에 거의 잡힐 뻔한다.

❼ 사라는 엘리베이터에서 달려나와 경찰차를 탈취한다. T-800이 운전대를 잡고 존은 뒷자리에 탄다. 사라가 엽총을 넘겨받는다. 이제 T-1000과의 거리는 2~3미터 정도로 벌어졌다.

❽ T-1000은 액체로 변해 엘리베이터 지붕 위에 난 구멍으로 흘러내려온 뒤 다시 인간의 형상으로 변신해 경찰차를 향해 돌진한다. 차를 돌릴 시간이 부족한 터미네이터는 차를 거꾸로 몰아 주차장에서 나온다. 일단 밖으로 나오자 사이드 브레이크를 걸어 차를 돌리고 속도를 높인다.

❾ 그러나 차를 돌리는 행위는 T-1000이 따라잡을 시간을 준다. T-1000의 손은 갈고리로 변하고, T-1000은 몸을 날려 자동차 뒷범퍼에 매달린다. 이제 T-1000과의 거리는 다시 1미터 내외로 좁혀졌다.

❿ 터미네이터는 속도를 늦추지 않은 채 방향을 바꾸고 T-1000은 아

스팔트 위를 구른다. 그러나 자동차 위로 올라가는 데 성공하고, 자동차 뒷유리를 깨고서 존을 잡으려고 팔을 휘두른다. 바로 코앞까지 왔다.

⑪ 사라가 운전대를 넘겨받고 터미네이터는 창밖으로 몸을 내민다. 엽총을 쏴서 T-1000의 갈고리를 떼어내 악당을 도로 위로 날려 버린다. 3인조 영웅은 속도를 높여 악당과의 거리를 벌린다.

이 세트 피스가 T-1000을 영화의 맥거핀인 존 코너와 점점 더 가까이 붙이며 위험과의 근접성을 조절하는 동안 우리의 맥박은 빨라진다.

2. 가치를 증식시킨다

생/사라는 핵심 가치는 모든 액션 스토리의 동력이다. 예컨대 「터미네이터 2」에서 모든 갈등은 오로지 이 가치 하나를 중심으로 전환한다. 그러나 많은 이야기에서 생/사는 다른 가치와 결합해 흥분을 고조시킨다.

「도망자」에서는 킴블이 연방보안관 제라드를 따돌리는 모든 장면에서 생/사뿐 아니라 킴블이 자신의 아내를 죽인 남자를 잡으려고 분투하면서 정의/불의라는 가치 대립항을 오간다.

「가디언즈 오브 갤럭시」는 네 가지 가치로 구성된 복합체를 엮는다. 영웅들은 '자유 vs 감옥'을 감수하고서 노바군단에 도움을 요청한다. 개인적 층위에서 영웅들은 '우정 vs 적의' 사이를 오간다. 더 깊은 층위에서는 그들의 양심이 '도덕성(남을 위해 자신의 목숨을 거는 것) vs 비도덕성(이기적으로 자신의 목숨을 사수하는 것)' 사이에서 전쟁을 벌인다. 물론 전반적으로는 핵심 가치인 '생 vs 사'가 영화를 지배한다. 네 가지 가치 모두 굴절과 역전을 거듭하다가 절정에서 각 가치를 긍정적인 방향으로 돌린다.

3. 위험부담을 키운다

스토리는 사회와 물리적 세계로 확장되어 진행할 수도 있고, 캐릭터의 정신과 정서 속으로 깊이 들어가면서 진행할 수도 있다. 경우에 따라서는 양쪽 다 가능할 수도 있다. 캐릭터가 자신이 원하는 것을 손에 넣기 위해 치를 각오가 된 대가와 희생이 커질수록 위험도 커진다. 그리고 그 과정에서 캐릭터가 더 많은 세상과 사람들을 구하기 위해서는 개인적인 삶의 안전과 내적 평온함을 더 많이 포기해야 한다.

「어벤져스」와 「가디언즈 오브 갤럭시」를 비교해 보자. 「어벤져스」에서는 위기가 정적이다. 시작부터 끝까지, 어벤져스는 자신의 목숨을 걸지만 그 외의 것은 외적인 것이든 내적인 것이든 희생하지 않는다. 「가디언즈 오브 갤럭시」가 시작할 때 스타로드는 자신의 수익조차도 희생하기를 거부한다. 그러나 절정에서는 자신의 목숨을 내놓고, 추가로 친구들의 목숨, 그리고 추가로 영웅으로서의 자존감, 그리고 또 추가로 잔다르 행성의 1200억 명의 운명을 내놓는다. 위험부담이 클수록 흥분의 강도도 세진다.

4. 악당에게 깊이와 폭을 더한다

「본」 시리즈의 스토리라인 다섯 개는 정부 관료주의라는 미로 안에 숨은 악당 조직을 양파 껍질을 까듯이 한 겹 한 겹 벗겨 낸다.

「다크 나이트」에서 조커는 자신의 내면에 있는 악도 소중히 여기지만, 하비 덴트와 배트맨 같은 영웅의 내면에 감춰진 악을 노출시키는 것에서 최고의 희열을 느낀다.

5. 위험부담을 양극화시킨다

완벽한 성공과 총체적 실패는 인간이 노력한 결과를 나타내는 스펙트럼의 양극단을 닫는 괄호다. 그러나 위험부담의 강도가 최고점에 도달하면 중간 지대는 사라지고 위험부담은 모 아니면 도, 승리 아니면 패배의 이분법으로 고정되면서 타협의 여지가 사라진다.

「스타워즈」에서 루크 스카이워커에게는 두 번째 기회라는 것이 없다. 이제 죽음의 행성을 향해 쏠 수 있는 양자 어뢰가 단 한 발 남았다.

패배하면 잃을 것이 동일하게 유지되더라도 영웅에게 주어진 선택지가 점점 줄어들수록 위험이 첨예해지고 위험부담도 커진다.

「미션 임파서블: 고스트 프로토콜」에서 IMF 팀원들은 임무를 맡는 순간 자신의 목숨을 건다. 그러나 코드를 빼앗을 기회는 단 한 번뿐이고, 핵미사일 발사를 멈출 기회도 단 한 번뿐이고, 핵미사일을 해제시킬 기회도 단 한 번뿐이다. 계획을 세울 시간조차 없다. 매번 실패할 때마다 코발트를 막기 위한 IMF 팀의 시도가 점점 더 절박해진다. 「고스트 프로토콜」처럼 촌각을 다투는 임무는 위기를 양극화시킨다. 영웅이 활용할 수 있는 자원과 실패로부터 회복할 기회가 줄어들고, 재앙이 기정사실이 되면서 가까워진다. 영웅의 선택지가 모 아니면 도에 가까워질수록 위험의 강도도 세진다.

작품 분석

다이 하드

「다이 하드」는 8개의 세트 피스에 걸쳐 리듬, 템포, 강도를 지휘하면서 다섯 가지 액션 움직임을 활용한다. 이 작품 분석에서는 먼저 고전 액션 영화의 세트 피스 8개를 정리하고 이 장에서 살펴본 표현 기법이 이야기 내에서 어떤 식으로 조화를 이루는지 알아보겠다.

다이 하드 : 세트 피스 리듬

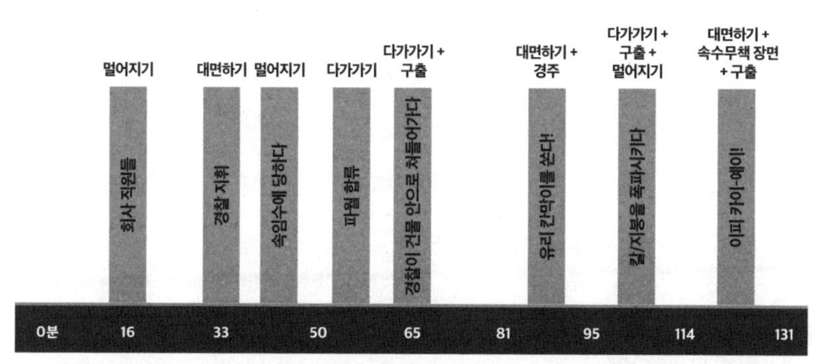

이피 카이-예이(Yipee Ki-Yay): 미국 원주민들이 전쟁에 앞서 내지르는 함성에서 기원된 서부영화 대사로 "죽기 좋은 날이다!"를 의미한다.

1. 위험에서 탈출하기

다이 하드 : 세트 피스 1

움직임 : 멀어지기

영화가 시작한 지 15분이 지났을 때 한스 그루버와 그의 일당은 테러범으로 가장하고 나카토미 플라자에 침투한다. 자신들의 길을 막는 사람은 모조리 죽이면서 공포에 질린 인질을 잔뜩 확보한다. 맨발에 셔츠도 입지 않은 채 손에 권총을 쥐고 있던 존 맥클레인은 그루버 일당에게 자신의 존재를 들키기 전에 몰래 탈출한다.

2. 위험과 대면하기

나중에 맥클레인은 그루버의 오른팔 칼을 체포하려고 시도하지만, 칼은 당황하지 않고 오히려 맥클레인을 죽이려고 한다.

다이 하드 : 세트 피스 2

움직임 : 대면하기

3. 위험에서 탈출하기

맥클레인은 뿌리치고 환풍구로 뛰어 들어간다.

다이 하드 : 세트 피스 3

움직임 : 멀어지기

4. 위험 속으로 이동하기

다이 하드 : 세트 피스 4

움직임 : 다가가기

경찰 파월이 나카토미 플라자를 순찰하고 아무 문제가 없다고 판단한다. 순찰차로 돌아가는데 맥클레인이 그루버의 심복을 죽여서 창밖으로 내던진다. 시체가 파월의 순찰차 위로 떨어져서 행동에 나설 수밖에 없게 된다.

5. 위험 속으로 이동하기/피해자 구출하기

SWAT팀이 플라자 안으로 돌격하자 그루버의 부하들은 군사용 무기를 마구 발사한다. 상황을 제대로 파악하지 못한 채 준비가 부족하고 화력에서도 밀린 SWAT팀은 무기력하게 당한다. 이번에도 맥클레인은 테러범들을 공격하며 위험 속으로 이동한다. 달아나는 SWAT팀을 엄호하며 구출한다.

다이 하드 : 세트 피스 5

움직임 : 다가가기 + 구출

6. 맥거핀을 확보하기 위한 경주

다이 하드 : 세트 피스 6

움직임 : 대면하기 + 경주

그루버는 나카토미 플라자 옥상에서 엄청난 폭발을 일으킬 계획이다.

인질도 죽이고, 자신도 그 폭발로 죽은 것으로 위장하기 위해서. 그러려면 탈출로를 확보해 줄 폭발물을 옥상에 설치하고 기폭장치를 숨겨 놔야 한다. 이 기폭장치가 「다이 하드」의 맥거핀이다. 처음에 맥클레인은 맥거핀을 손에 넣기 위해 달린다. 그러나 그루버가 기폭장치 주위의 유리 칸막이를 총으로 쏴서 부수고, 깨진 유리 조각들이 바닥에 흩뿌려진다. 이로 인해 맨발인 맥클레인은 기폭장치를 손에 넣는 데 실패한다.

7. 위험 속으로 뛰어들기/피해자 구출하기/위험에서 벗어나기

다이 하드 : 세트 피스 7

움직임 : 다가가기 + 구출 + 멀어지기

세 개의 움직임으로 이루어진 마지막에서 두 번째 세트 피스에서 맥클레인은 칼과의 최후의 결전을 위해 지붕으로 달려간다. 맥클레인은 칼을 죽이고 그루버의 폭탄이 터지기 직전에 인질들을 구출한다. 맥클레인은 자기 몸에 소방 호스를 묶고서 폭발하는 옥상에서 뛰어내린다. 30층 높이에서 대롱대롱 매달린 맥클레인은 유리창을 깨고 건물 안으로 들어가는데, 소방호스의 고정장치가 떨어져 나가면서 허리에 묶은 소방호스에 의해 죽음으로 끌려갈 뻔한다.

8. 속수무책 장면/위험 대면하기/피해자 구출하기

다이 하드 : 세트 피스 8

움직임 : 대면하기 + 속수무책 장면 + 구출

세 개의 움직임으로 이루어진 최종 세트 피스는 속수무책 장면으로 시작한다. 맥클레인은 권총을 맨등에 테이프로 붙여서 마치 무기가 없는 것처럼 악당을 속인다. 그다음에는 그루버와 마지막으로 대적하고 아내를 구한다. 두 사람은 그루버가 떨어져 죽는 것을 함께 지켜본다.

세트 피스의 진행

「다이 하드」의 오프닝 세트 피스는 임팩트가 높아서 관객을 서사 속으로 끌고 들어간다. 그런 다음 두 번째 세트 피스는 강도를 낮춰서 다음 여섯 개의 세트 피스가 연달아 진행될 수 있는 토대를 마련한다. 나머지 세트 피스는 매번 강도를 높여 간다.

세트 피스의 길이

강력한 사건은 화면에서 펼쳐질 시간이 필요하다. 세트 피스가 빠른 속도로 지나가면 아무리 많은 목숨이 희생되어도 임팩트가 약해진다. 갑작스럽고 예상하지 못한 폭발로 수백만 명이 목숨을 잃으면 관객이 놀랄 수는 있어도 별다른 감흥은 없을 것이다. 그 경험이 1~2초에 불과하기 때문이다.

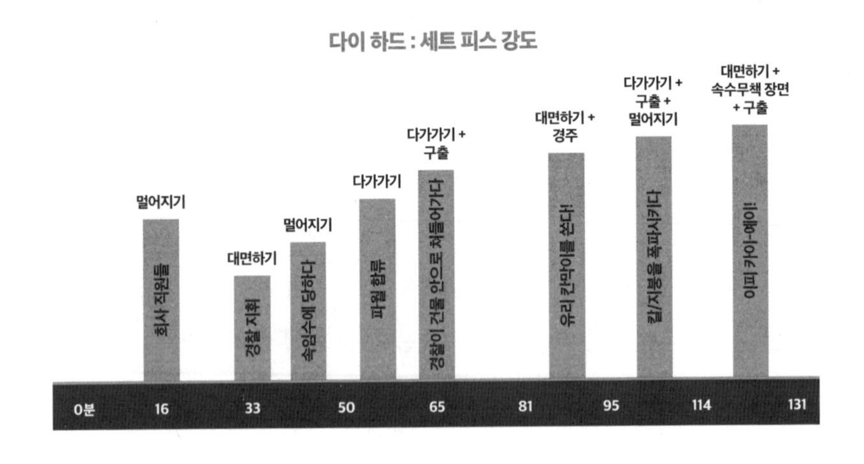

만약 앞 세트 피스가 끝나자마자 세트 피스가 액션에 돌입하면 반복적으로 느껴지고 효과가 확 줄어든다. 액션 사이에 시간 간격을 두면 액션 에피소드가 기대를 고조시킬 뿐 아니라 다음에 다가올 일을 강조한다. 「다이 하드」에서는 동적인 각 세트 피스가 끝나면 다음 액션 시퀀스의 방아쇠를 당기기 직전에 잠시 멈춤으로써 서스펜스를 더 꽉 조이고 긴장 상태를 더 길게 유지한다.

시점의 교차편집

「다이 하드」는 주로 영웅을 통해 이야기를 전달하는 데 초점을 둔다. 그러나 몰입을 확장하기 위해 그루버의 시점, 그루버의 수하들의 시점, 인질이 된 홀리의 시점, 건물 밖 경찰의 시점, 헬기를 탄 FBI의 시점을 교차편집한다.

역동적인 가치값

'생 vs 사'의 긍정/부정 리듬은 인질을 구출하려는 맥클레인의 노력과 함께 요동친다. 맥클레인이 인질 구출에 더 가까워질수록 긍적적인 방향으로 나아가고, 인질 구출에서 멀어질수록 부정적인 방향으로 나아간다.

반복을 피하면서 리듬을 구축하기 위해 영화의 사건들은 시작과는 다른 가치값으로 끝난다. 장면이 긍정적인 가치값에서 시작했다면 부정적인 가치값으로 끝난다. 부정적인 가치값에서 시작했다면 긍정적인 가치값으로 전환한다.

강력한 효과를 내기 위한 여러 세트 피스 움직임의 통합

마지막에서 두 번째 액션 시퀀스는 세 개의 세트 피스(위험 속으로 뛰어들기, 피해자 구출하기, 위험에서 벗어나기)를 통합한다. 영화의 시네마틱 시퀀스는 다른 세 개의 세트 피스(속수무책 장면, 최종 대치, 아내 구출)를 혼합한다.

어조의 대비

강도를 조절하기 위해 「다이 하드」는 인질들이 느끼는 공포와 영웅의 피투성이 상처를 담은 클로즈업을 맥클레인의 농담 및 LAPD 본부장의 우스꽝스러운 행동과 병치시킨다.

점점 좁혀지는 거리

영웅과 악당이 이 층에서 저 층으로 옮겨 가며 서로 점점 더 가까워질수록 흥분이 고조된다. 위험과의 거리는 계속 좁혀지다가 마침내 맥클레인은 그루버와 1미터도 채 안 되는 곳에서 두 손을 머리 위로 든 채 그루버에게 목숨을 구걸해야 하는 신세가 된다. 게다가 악당은 영웅의 아내를 인질로 잡고서 아내의 머리에 총을 겨누고 있다.

증식하는 가치들

효과를 키우기 위해 「다이 하드」는 핵심 가치인 생/사를 중심으로 복잡한 세 가지 가치들을 추가한다. 그루버가 '1억 달러 탈취'라는 세기의 절도 행각을 시도한다는 점에서 정의/불의, 홀리와 맥클레인의 부부관계 문제로 인한 함께하기/이혼, 맥클레인이 죽음에 직면했을 때 도전/두려움이다.

악행 심화하기

처음에 한스 그루버는 정치사범 석방을 요구하기 위해 무력을 행사하는 해방군 단체의 리더인 척한다. 그러나 실은 수십 명의 무고한 시민을 죽이고자 하는 소시오패스 강도라는 사실이 드러나면서 그의 악행은 '선을 가장한 악'이라는 부정의 부정을 통해 더 큰 잔인성을 얻는다.(『STORY 시나리오 어떻게 쓸 것인가』 14장 참조)

점층적으로 커지는 위험부담

영화가 전개될수록 생/사의 위기가 심화되면서 임팩트가 점점 더 강렬해진다. 처음에 그루버는 오직 나카토미 플라자의 인질들에게만 위협적인 것으로 보이며, 맥클레인을 막는 것에 만족한 듯 보인다. 미로와도 같은 마천루에 갇힌 맥클레인은 경찰에 신고를 하지만, SWAT 팀의 작전이 실패하는 바람에 맥클레인은 몸을 숨겨야 한다. 위험의 범위는 급속도로 확장되어 단순히 LAPD뿐 아니라 시장, FBI, 맥클레인의 아내까지 끌어들인다.

맥클레인이 그루버의 계획에 점점 더 큰 위협으로 작용하자 악당 무리는 맥클레인 추적에 나설 수밖에 없게 된다. 악당 무리가 맥클레인을 찾고 맥클레인이 그루버의 오른팔인 칼의 형제 토니를 죽이면서 맥클레인은 범죄자에게 개인적인 원한까지 사게 된다. 승리/패배, 모 아니면 도라는 절정을 향한 스토리의 전반적인 진행은 '최고는 최후까지 아껴 둔다.'는 보편 원칙에 따라 마지막에 가서야 그루버를 30층 높이에서 추락시킨다. 파월 경사를 오랫동안 짓눌렀던 죄책감을 해소하면서 영화의 막이 내린다.

결론

작곡가는 단순히 음표를 악보에 찍는 것이 아니라 포르테 또는 피아노, 스타카토 또는 레가토, 크레센도 또는 디크레센도 등 그 음표를 어떻게 연주해야 하는지도 표시한다. 소설가도 마찬가지다. 디테일이 빠진 대략적인 장면은 밋밋해 보이는 반면, 지나치게 구체적으로 묘사한 이미지는 머릿속을 어수선하게 만든다. 독자의 상상력 위에서 당신의 단어 물감이 이미지를 그릴 때 '너무 모자란'과 '너무 넘치는' 사이에서 확실하게 균형을 잡기 위해 노력하라.

시나리오 작가들도 비슷한 딜레마에 직면한다. 시나리오의 탄생 이후 액션 연출(action choreography)에 대해 '쓴다 vs 맡긴다'의 두 가지 방식이 대립했다. 모든 공격 행위와 방어 행위를 일일이 지면에 옮기는 작가도 있다. 대다수는 "싸운다."라고만 적고 그에 대한 연출은 스턴트 감독에게 전적으로 맡긴다. 대체로 모자라는 편이 나아서 제작팀이 최고의 성과물을 내는 데는 "싸운다."로 충분하다. 그러나 만약 당신에게 기존에 없었던 완전히 새로운 세트 피스나 스턴트를 위한 훌륭한 아이디어가 있다면 당연히 그것을 상세히 적어도 좋다.

그러므로 두 가지 조언을 하겠다.

❶ 시나리오 작업을 하면서 액션 시퀀스를 쓸 때 장면을 전환하고, 캐릭터에 대한 이해를 높이고, 흥분을 조성하는 힘에 초점을 둬라. 인물들이 날린 모든 주먹이 어디를 가격했고, 차를 폭발시킨 정확한 메커니즘이 무엇인지 세세하게 설명할 필요가 없다. 대신 장면의 가치값을 뒤집는 액

션이 무엇인지 특정하라. 누가 갈등에서 이겼는지, 승자가 패자를 상대로 머리를 써서 속였는지 힘으로 제압했는지 명확하게 보여 줘라. 무엇보다 액션을 묘사할 때는 아무리 성글게 쓰건, 아무리 빽빽하게 쓰건, 전환점만큼은 확실하게 제시하라.

❷ 다음 중 어느 작가가 독창적인 장면을 상상한 것처럼 보이는가? "전투기 두 대가 공중전을 벌인다."라고 쓴 작가인가, 아니면 중력이 전투기 조종사에게 미치는 영향을 조사해서 그로 얻은 통찰을 이용해 그 장면을 의외의 방향으로 전환시키는 작가인가? 각 세트 피스의 배경을 조사하라. 다른 사람은 결코 보지 못한 사물과 행동을 찾아라. 스턴트 감독에게 특정 무기의 특정 용도를 시각화해서 전투 신 안무(tactical choreography)에 영감을 줄 수 있는 통찰을 제시하라.

마지막 단계에서 액션을 글로 표현하라.

16장

깊이와 폭

창작하고자 하는 스토리의 첫 페이지에서 마지막 페이지까지 진행되는 속도가 정해졌다면, 다시 처음으로 돌아가서 당신의 작업물에 맨 처음 상상했던 것보다 더 큰 깊이와 폭을 더할 수 있는 가능성들을 탐색해 보자. 매 장면을 다듬고 수정하면서 의미, 정서, 임팩트를 강화할 수는 없는지 고민해 보라.

의미, 정서, 임팩트를 각각 살펴보자.

1. 의미

액션 작가가 뭔가 하고 싶은 말이 있다면 그 **뭔가**란 정확하게 어떤 것인가? 그런 건 어디서 찾는 걸까? 그 뭔가란 아이디어인가 감정인가, 양쪽 다인가? 어떻게 하면 통찰과 수수께끼를 모두 당신의 액션 스토리에 더할 수 있을까?

시인은 풍성한 언어를 통해 의미를 강화한다. 스토리텔러는 풍성한 사건을 통해 의미를 강화한다. 실제로 영화, 게임, 만화는 단어를 통하지 않고도 강력한 이야기를 들려준다.

모든 일관된 스토리는 단 하나의, 더 이상 환원 불가능한 의미를 전달한다. **삶은 왜, 어떻게 변화하는가.**

의미는 배경과 장면 아래에서, 이야기와 소음 아래에서 흐른다. 허구이건 실화이건 감정으로 충만한 스토리에서는 작가가 사건의 설계를 통해 자신의 비전을 구현한다. '어떤 일이 어떤 이유로, 어떤 순서로 일어났는가?'를 나타내는 장면 배열을 뒷받침하는 인과관계의 힘을 구성하면서 작가의 비전이 구체화된다. 따라서 특정 스토리는 서브텍스트에 뿌리를 내리고 있다. 배경, 배역 구성, 주인공 자신의 내부에서 발산되는 감춰진 원천이 서브텍스트다.

삶은 수없이 많은 원인들에 의해 돌아간다. 그 원인은 잠재의식일 수도, 개인적인 것일 수도, 정치적이거나 심지어 우주적인 것일 수도 있다. 그런 힘들은 캐릭터로 하여금 선택을 하고, 행동에 나서고, 반응에 대처하도록 등을 떠민다. 캐릭터가 그렇게 할 때 그들의 삶에서 위태로워진 가치, 예컨대 자유/노예, 진실/거짓, 정의/불의, 생/사는 부정에서 긍정으로 긍정에서 부정으로 역동적으로 전환한다. 따라서 스토리의 의미는 동기가 된 원인(motivating cause)과 가치 변화를 연결하는 단 하나의 문장으로 나타낼 수 있다.

액션에서의 의미

세 가지 예시를 살펴보자.

「다이 하드」에서 확실한 죽음(부정)에 직면한 영웅은 기발한 책략을 고안해서(원인) 악당을 죽이고 피해자를 구한다.(긍정적인 결과) 고로 압박 아래에서도 상상력은 죽음을 정복한다.(의미)

「가디언즈 오브 갤럭시」에서 전능한 존재에 대적하며(부정) 영웅들은 사소한 의견 차를 해소하고 동지애로 똘똘 뭉쳐(원인) 수십억 명을 죽기 직전에 악당을 날려 버린다.(긍정적인 결과) 고로 우정의 힘이 악을 패배시킨다.(의미)

「미션 임파서블: 고스트 프로토콜」에서는 계속해서 등장하는 장애물과 싸우면서도(부정) IMF의 재주 많은 영웅들은 포기하지 않는다.(원인) 결국 악당의 계획을 무효화시키고 핵 학살로부터 세상을 구한다.(긍정적인 결과) 고로 버텨 내는 의지력이 인류를 구한다.(의미)

위에서 예시한 그 어느 액션 스토리에서도 위에 서술한 내용을 소리 내어 말하는 캐릭터는 한 명도 없다. 캐릭터의 **행동**이 의미를 만든다.

약한 글은 아이디어를 설명한다. 반면 뛰어난 글은 사건, 즉 캐릭터의 선택을 통해 통찰을 전달한다. 스파이더맨은 이렇게 말한다. “큰 힘에는 큰 책임이 따른다.” 그러나 「스파이더맨」 영화 시리즈 중에서 이 선한 도덕적 메시지를 의미로 삼은 영화는 단 한 편도 없다. 오히려 그 영화들은 하나같이 이런 의미를 담고 있다. ‘용감한, 거미줄을 발사하는, 마스크를 쓴 자경단원이 법의 테두리 밖에서 분투하며 악당을 머리와 힘으로 제압할 때 생명을 죽음으로부터 구한다.’

액션 스토리의 진실은 최종 장의 절정에서 관객의 가슴에 박힌다. 그 진실을 통해 관객은 이야기를 되돌아보면서 점들을 연결하고 인과관계를 포착하고 최종적으로 일어난 일의 원인과 과정을 이해하게 된다.

당신의 관객은 여기서 제시한 세 가지 예시에서처럼 당신의 아이디어를 말이나 글로 표현할 수도 표현하지 않을 수도 있다. 그러나 그건 중요하지 않다. 중요한 것은 당신의 스토리가 진실로 다가오고 너무나 옳게 느껴져서 그들이 당신의 의미를 **경험**(experience)하는 것이다.

액션 스토리의 의미는 원초적일 수는 있지만 결코 피상적이지는 않다. 하나같이 삶이 지속되거나 중단되는 이유와 과정을 전달한다.

어떤 작가는 복수에 대한 집착이 인간을 비인간적으로 만드는 과정에 초점을 맞춘다.(『모비딕』) 생존이 기지와 끈기에 달려 있다고 말하는 작가도 있다.(『언더그라운드 레일로드(The Underground Railroad)』) 또 다른 작가는 동료애가 어떻게 전쟁과 자멸이 낳은 끔찍한 현실에서 살아남도록 돕는지를 전달한다.(『반지의 제왕』) 각각의 경우에 작가는 매 전환점마다 가치값에 변화를 줌으로써 아이디어를 전달한다.

거의 모든 액션 예시가 긍정적인 가치값으로 끝난다는 점에 주목하라. 중요한 것은 '스토리가 어떻게, 왜 절정에 도달하게 되는가?'다. 독창적인 액션을 창작하기 위해서는 먼저 이전에 한 번도 보지 못한 전술을 사용하는 영웅과 악당을 고안해야 한다. 그런 다음 유일무이한 배경설정과 오직 한 번만 생길 수 있는 문제를 일으키는 갈등에 초점을 맞춘다. 마지막으로 당신만이 상상할 수 있는 자원과 힘을 활용하는 해결책을 발굴하라. 그리고 무엇보다 힘에 대한 진실을 말하라.

독재 신화

파시즘부터 공산주의, 제국주의에 이르기까지 모든 독재 체제는 인간이 부패한, 보이지 않는 힘에 의해 희생당하는 무기력한 피해자라는 논리를 펼친다. 그것이 사회가 도덕적 붕괴에 빠지고 늘 무정부 상태에 직면하고 있는 이유라고 주장하면서 혼돈에 질서를 부여하고 도덕성을 회복하려면 사람들이 반드시 강력하고 고결한 지도자에게 자신들의 힘을 맡겨야 한다고 설득한다.

이 아이디어를 선전하기 위해 독재자들은 액션 장르를 왜곡해서 신화로 변형시켰다. 위에서 내려와 악한 자들을 죽이고, 선한 자들을 구한 다음 하늘나라로 다시 올라가는 지도자를 묘사한다.

이 신화는 거짓이고 늘 거짓이었다. 역사의 히틀러들은 결코 떠나지 않는다. 일단 폭군이 권력을 잡으면 독재를 휘두르고, 영웅과 무고한 시민 모두를 몰살시키면서 그들이 마침내 프랑코와 스탈린처럼 자는 동안 평화롭게 죽는 그날까지 최대한 먼 곳까지 나아가 불을 지른다.

그러니 경계하라. 액션 신화에 대한 무지는 독재 신화를 영속화할 위험이 있다. 실제로 그런 거짓을 폭로하는 것이 종종 훌륭한 글의 동기로 작용하기도 한다.

러디어드 키플링은 우월성의 신화를 믿는 제국이 지구 곳곳의 사람들을 예속시키는 것을 직접 목격했다. 「왕이 되려 한 남자」에서 두 명의 영웅-악당은 먼 땅으로 이동해 부족장들에게 용병으로 일하겠다고 자원한다. 원주민의 나라가 지금은 약하지만, 자신에게 남자들을 맡겨 주면 군대를 양성하겠다고 말한다. 그렇게 부족을 다시 강력한 국가로 만들고 나서 평화롭게 떠나겠다고 약속한다. 그러나 물론 그들은 계속 머물면서 권력, 그리고 권력에 수반되는 부를 손에 넣는다.

「배트맨 대 슈퍼맨: 저스티스의 시작」에서 배트맨은 슈퍼맨이 다른 초인적인 존재들과 전투를 벌인 뒤에는 폐허만 남을 거라고 우려한다. 그래서 두려움에 휩싸인 우리의 망토를 두른 구세군 배트맨은 강철의 사나이 슈퍼맨을 죽이기로 한다. 그 시각 슈퍼맨은 내면의 도덕적 위기에 갇혀 있었다. 슈퍼맨은 여느 폭군처럼 자신이 지구 전체에 자신의 의지를 관철시키고 있다는 것을 안다. 어떤 정부도 그에게 책임을 물을 수 없다. 그는 자신이 선하다고 믿는 것을 일방적으로 강제하고, 자신이 보기에 벌을 받아야 하는 이들을 독단적으로 단죄한다. 오직 타고난 이타주의적 성향만이 슈퍼맨이 폭군이 되는 걸 막고 있다.

교훈

독창성을 확보하려면 이전에는 한 번도 보지 못한 인과관계를 만들어 내야 한다.

거의 모든 액션 스토리에서는 영웅이 승리한다. 해피엔딩이 거의 보편적인 결과이므로 액션 작가 지망생은 종종 자신들이 장르의 그런 경향을 따라가야만 한다고 생각한다. 그래서 그들은 기존의 장치를 모방하고 자신들의 클리셰를 위장하기에 급급하다.

흥미진진한 액션과 펄프(pulp)를 구별하는 것은 어떤 일이 일어났을 때 그 일이 왜, 어떻게 일어났는지에 관한 독창적인 비전이다. 뛰어난 작가는 누구든 생전 처음 보는 방식으로 행동하는 영웅과 악당을 만들어 낸다. 캐릭터들이 아무도 예상하지 못하지만 절대적으로 설득력 있는 방식으로 행동하는 데 필요한 독특한 재능과 전술을 부여하라. 독창적인 원인은 그에 어울리는 독창적인 결과라는 보상을 선사하고, 그래서 그런 결말은 해피엔딩이건 새드엔딩이건 충격과 놀라움이 기다리는 절정에 도달한다.

2. 정서

5장에서는 흥분에 대해 살펴보았다. 흥분은 액션 독자와 관객이 서사 전반에 걸쳐 느끼는 핵심 감정 내지는 지속적인 감정이다. 그러나 그런 총체적인 에너지 내부에는 순간순간 달라지는 구체적인 감정들이 솟아나와 특정 전환점에 반응하는 관객 또는 독자를 관통한다.

모든 감정은 감정이입에서 시작한다. 관객은 액션을 대리 체험하고 싶어 한다. 마치 자신에게 지금 일어나고 있는 일인 것처럼, 그러나 실제로는 그런 일이 일어나지 않기를 바라면서……. 개별 독자 또는 관객의 상상력과 개방성이라는 개인적 자질이 그런 대리 체험의 깊이를 결정한다. 그러나 허구적 캐릭터와의 동일시는 어느 정도는 인간의 보편적인 자질이다. 따라서 오프닝 장면에서 관객과 독자는 '나와 같다.'는 동일시의 감각을 모색하면서 자신의 인간성을 비춰 주는 캐릭터를 찾는다. 그들이 자신의 내면 가장 깊숙한 곳의 자아가 지니고 있다고 느끼는 긍정적인 특성을 보여 주는 캐릭터를 찾는다. 액션 장르에서 그 캐릭터는 거의 언제나 영웅이다.

영웅에게 감정이입한 관객은 영웅이 무엇을 원하는지 알게 되고 영웅이 그것을 손에 넣게 되기를 응원한다. 더 나아가 관객은 영웅이 그 욕망의 대상을 확보하는 것에 얼마나 가까워졌는지 또는 얼마나 멀어졌는지를 감각한다. 일단 정체성을 공유한다는 감각으로 영웅과 연결되면, 관객의 감정은 변화와 함께 맥동한다. 영웅의 삶에서 흔들리는 가치(생/사, 정의/불의, 강함/약함, 충성/배신)의 가치값이 긍정에서 부정으로, 부정에서 긍정으로, 그리고 다시 긍정에서 부정으로 바뀌는 동안 감정이 밀려왔다가 쓸려나가면서 역동적으로 관객을 관통한다.

감정은 이행기(transitions)에 솟구친다. 영웅이 분투하면서 자신의 욕망의 대상에 점점 더 가까워질수록 부정에서 긍정으로 가치값이 전환할 때마다 희망을 준다. 역으로, 영웅이 적대 세력에 의해 자신의 목표에서 점점 더 멀어질수록 긍정에서 부정으로 가치값이 이행하면 급격히 실망하는 감정이 든다. 영웅이 구출을 향해 나아가면 스릴을, 구출에서 밀려날 때는 한기를 느낀다. 사건 설계를 하면서 변화의 방향을 끊임없이 바꾸면 감정이 생생하게 유지된다. 반면 반복적인 패턴은 감정을 죽인다.

'수확체감의 법칙(The Law of Diminishing Returns)'에 따르면 어떤 감정이 자주 반복될수록 그 효과는 점점 더 떨어진다. 픽션 작가에게 이 법칙은 3등분 규칙으로 구체화된다. (1)어떤 장면이 어떤 감정을 처음으로 불러일으키면 그 감정의 임팩트는 완전하다. (2)다음 장면에서 동일한 감정을 다시 한 번 불러일으키면, 그 임팩트는 처음의 절반 또는 그 이하로 떨어진다. (3)서사가 동일한 감정을 연속해서 세 번 불러일으키려고 하면 세 번째에서는 임팩트가 마이너스로 돌아서고 오히려 반대 감정을 촉발한다.

만약 연속해서 부정적인 장면을 세 번 연달아서 붙이면, 그 효과는 비극/비극/비극이 아니라 비극/우울/익살이 된다.

첫 번째 장면에서는 관객이 눈물을 흘릴 수 있다. 두 번째 장면에서는 슬픔을 느낄 수 있다. 그러나 세 번째 장면에서는 피식 웃는다. 첫 두 장면에서 슬픔을 소진한 나머지 세 번째 장면에서는 흘릴 눈물이 남아 있지 않은 것이다. 오히려 자신이 또 울 거라고 생각하는 작가에게 짜증이 난다. 그래서 무슨 일이 벌어지건 관객은 그 장면이 터무니없고 우스꽝스럽다고 느낀다. 실제로 반복은 '귀류법'이라고 알려진 코미디 기법이다.

교훈

"반복은 죽인다." 피해자와 영웅이 처한 위험은 점층적으로 증가해야 할 뿐 아니라 역동적으로 증가해야 한다. 그러니 이렇게 접근해 보자. 당신의 스토리를 단계-개요로 정리하고 매 장면마다 매 시퀀스마다 영웅의 시점에서 가치값의 변화를 추적하라. 전환점이 긍정과 부정을 오가는지 아니면 한군데에 뭉쳐 있는지 검토하라. 만약 후자라면 그 뭉치를 해체하고 재구성하라. 또한 사건이 시작부터 끝까지 연속적으로 강도가 높아지는지 확인하라. 강도가 지속적으로 상승하는 주기를 타는가 아니면 나선형으로 하강하는가? 만약 후자라면, 이번에도, 사건의 순서를 재설계해야 한다.

3. 심화되는 임팩트

좀처럼 잠을 이룰 수 없을 때 당신의 지친 머릿속으로 어떤 생각들이 스쳐 지나가는가? 마구 내달리는 생각들, 꼬리에 꼬리를 무는 걱정, 두려움, 분노, 욕정, 불안들이 당신의 상상을 뚫고 지나간다. 당신은 그날에 **일어났어야** 하는 방식으로 일어나지 않은 일들을 머릿속으로 끊임없이 재생한다. 당신이 그날 **말했어야** 하는 대사를 떠올린다. 당신은 이번에는 드디어 제대로 해낼 거라는 희망으로 다음 날의 계획을 세운다. 그렇게 생각들이 반복된다. 마침내 잠이 들면 당신의 머릿속은 꿈 모드로 전환된다.

꿈은 유영하는 조바심과 후회를 기괴하지는 않더라도 이상한 이미지들로 응축하고, 우리는 그런 이미지를 상징이라고 부른다. 꿈은 잠든 상태를 유지하기 위해 그렇게 한다. 안 그러면 이미지는 마치 악몽을 꿀 때처럼 너무 생생해져서 우리는 잠에서 깨게 되고, 다시 한 번 생각들이 몰려들어 우리에게 불면증이라는 저주를 내린다.

인간의 꿈속 세계(dream life)에서 기원한 상징주의는 예술, 종교, 정치, 역사 등 문화의 모든 측면에 체화되었다. 문자적 이미지와 비교해 상징적 이미지가 의미와 감정에 영향을 미치는 이유는 두 가지다. 첫째, 상징은 시각적으로 헤아릴 수 없는 다수의 아이디어 변주를 하나의 이미지 안에 응집해서 보이지 않는 곳에 가둔다. 둘째, 상징은 잠재의식에 침투하고, 일단 침투하면 깊은 내적 에너지를 발산한다.

스토리와 스토리의 이미지는 꿈처럼 작동한다. 스토리와 스토리의 이미지 또한 잠재의식에 침투하고, 그곳에서 의미와 감정을 압축해서 강도를 엄청나게 높인다. 그러나 관객 또는 독자가 상징을 상징적인 것으로 인식하게 되면, 잠재의식에 새겨지는 상징의 특징을 의식하게 되면, 상징의 감춰진 의미를 추론하게 되면, 상징을 상징의 용도인 스토리텔링 장치로 보게 되면 상징의 영향력은 사라진다.

그러므로 당신이 액션 스토리의 임팩트를 강화하고 싶다면 '이미지 시스템(image system)'을 만들어라. 이미지 시스템은 당신의 이야기 전반에 걸쳐서 반복되는 이미지들의 범주로, 잠재의식에서 의미와 감정을 강조하는 역할을 한다.

첫째, 단 한 종류의 사물과 소리를 선택한다. 이때 당신의 캐릭터, 갈등, 설정과 관련이 있다고 느껴지는 것으로 선택한다. 기계, 가축, 문서, 날씨, 금기시되는 것, 신성시되는 것, 마법적인 것 등을 떠올리면 된다. 그런 다음 그 사물과 소리를 당신 스토리의 묘사, 행동, 대화에 엮어 넣어서 그 이미지 시스템이 미묘하게 달라지면서 다채롭게, 그러나 결코 튀거나 주목받지는 않은 채로 반복되도록 한다.

이미지 시스템이 잠재의식에 작용할 때에만 관객의 생각과 느낌이 더욱 생생해진다. 따라서 가장 중요한 것은 당신의 이미지를 끊임없이 변화시키는 것이다. 반복하되 절대로 반복적으로 느껴져서는 안 된다. 예컨대, 당신의 이미지 시스템이 '정원'이라면 영웅이 생각을 하느라 잠시 멈춰 섰을 때 매번 같은 버드나무가 같은 모양의 그림자를 그 영웅 위에 드리우면 안 된다는 것이다.

세 가지 예시를 살펴보자.

「에이리언」은 SF, 공포, 액션 장르를 통합한다. '성폭력'이라는 이미지 시스템을 적용해 세 가지 장르를 하나로 묶는다. 남근과 질의 이미지들이 거의 모든 장면에 우글거린다. 알을 낳기 위해 괴물은 피해자의 입으로 침투한다. 그런 다음 갓 부화한 새끼가 피해자의 복부를 뜯어먹으면서 뚫고 나온다. 출산을 끔찍하게 패러디했다. 달아나는 새끼는 마치 스케이트보드에 올라탄 성난 빨간 남근처럼 보인다. 이 영화에는 시각적으로 강간을 담은 세 개의 장면이 있다.

후속작 「에이리언 2」는 '모성'이라는 새로운 이미지 시스템을 도입한다. 엘렌 리플리는 리베카 "뉴트" 조든에게 어머니가 되어 준다. 조든은 에이리언의 대학살에서 홀로 살아남았고, 늘 아기 인형을 품고 다닌다.

리플리와 조든은 퀸 에이리언과 대적한다. 퀸 에이리언은 모든 에이리언의 어머니로, 자궁 같은 둥지에서 살면서 에이리언 알을 낳는 괴물이다. 주요 전환점에서 리플리는 이렇게 말한다. "그 괴물은 널 임신시켜."

「헝거 게임」의 이미지 시스템은 3부작 장편소설과 4부작 영화 시리즈 모두에서 타이틀과 함께 작동하기 시작한다. 명사인 **게임**(game)은 두 가지 의미를 지닌다. 승리를 위해 참가하는 스포츠와 식량으로 사냥당하는 사냥감. 이야기의 이미지는 그 두 가지 의미를 생중계되는, 목숨을 건 스포츠 안에서 결합시킨다. 영웅은 인간 게임을 사냥하고 그 게임은 영웅을 사냥한다.

교훈

관객 또는 독자의 경험을 강화하려면 당신의 상상이 스토리의 배역 구성, 설정, 전환점을 헤집고 다니도록 내버려 둬라. 사건을 관통해 울려 퍼지는 테마, 캐릭터와 갈등을 하나로 묶는 원형적인 아이디어를 열린 마음으로 대하라. 그런 것을 시금석 삼아 이미지 시스템의 후렴구와 함께 시각과 소리로 표현하라.

제4부

액션의 부속장르

모든 장르는 주된 극적 질문(major dramatic question)을 제기하는데, 그 질문은 이야기가 "어떻게 될 것인가?"의 변형이다. 독자 또는 관객은 이야기가 당연히 장르의 주제에 의해 주어지는 한계 내에서 설득력 있는 답을 내놓을 것이라고 예상한다. 그러나 어떤 장르에서 그 질문의 초점을 새로운, 예상 밖의 방식으로 재조종하는 이야기들이 충분히 많아지면 그런 작품들은 함께 고유한 부속장르로 묶인다.

예를 들어 범죄 장르의 주된 극적 질문은 "범인이 누구인지 밝혀지고, 그 범인이 벌을 받게 될 것인가?"다. 범죄 장르의 부속장르는 주인공의 직업이라는 렌즈로 이 질문의 초점을 재조정한다. 경찰, 변호사, 기자, 갱스터, 뛰어난 탐정, 뛰어난 범죄자 등. 따라서 이런 질문을 제시한다. "이 주인공은 어떻게 범인을 밝혀내고 범인에게 벌을 줄 것인가?"

연애 장르는 이렇게 묻는다. "사랑이 결실을 맺을 것인가, 실패할 것인가?" 부속장르는 연인의 관계가 현재 지나가고 있는 단계에 관한 더 구체적인 질문을 던진다. "두 사람의 연애/결혼이 성공할 것인가, 실패할 것인가?" 또는 "두 사람의 성적 강박은 실현될 것인가, 실현되지 않을 것인가?"

갈등의 원천이 무한하거나 모호하면 어떤 일이든 일어날 수 있다. 어떤 일이든 일어날 수 있는 스토리는 결국 아무 얘기도 하지 못한 채 끝나게 된다. 따라서 범죄 장르, 연애 장르와 마찬가지로 액션 장르 또한 갈등의 초점을 조정하는 부속장르가 필요하다.

모든 액션 스토리의 주된 극적 질문의 일반형은 "영웅이 악당을 패배시킬 것인가?"다. 액션의 네 가지 부속장르는 악당의 힘의 원천이 무엇인가에 따라 더 구체적인 질문을 던진다. 그 힘의 원천 네 가지는 바로 자연의 물리력, 사회기관의 거대한 힘, 한 개인의 악마적인 힘, 막을 수 없는 시간의 힘이다.

이것을 그림으로 표현하면 다음과 같다.

액션의 부속장르

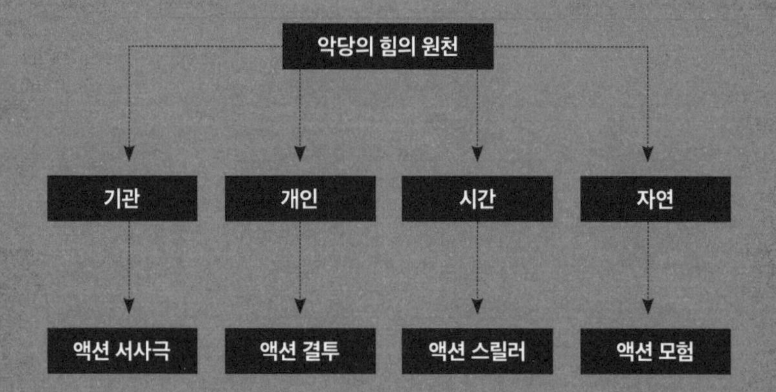

적대 세력에게 힘을 부여하는 네 가지 원천 중 한 가지를 선택함으로써 작가는 액션의 부속장르 중 한 가지를 선택한다. 액션 서사극, 액션 결투, 액션 스릴러, 액션 모험. 부속장르의 선택은 스토리의 액션 중추를 규정하고, 액션 중추는 작가의 창의성과 독자/관객 기대의 이정표가 된다.

이들 네 가지 부속장르는 지금까지 아무도 상상하지 못한 방식으로 얼마든지 변형되고, 융합되고, 혼합될 수 있다. 실제로 부속장르 자체가 너무나 큰 인기를 끈 나머지 각 부속장르 내에서 다양한 방식으로 초점을 다시 조정하게 되었다. 그 결과 각 부속장르에서 갈라져 나온 하위부속장르들이 갈등의 원천을 더 미세하게 빚어낸다.

액션의 네 가지 부속장르와 16가지 하위부속장르를 하나씩 살펴보자.

17장

액션 모험

액션 모험은 인간을 자연과 대적시킨다.

영웅이 모퉁이를 돌아 미지의 세계로 들어갈 때 관객과 독자의 심장이 두근거린다. 흥분을 불러일으키는 기본 기법 네 가지 중에서 캐릭터를 어두컴컴한, 이름 모를 영역으로 보내는 것이 종종 가장 짜릿한 전율을 일으키는 기법인 것처럼 보인다. 미개척지 설정은 『베어울프』의 어스름한 늪지대부터 「스타 트렉 2: 칸의 분노」의 우주 성운, 『얼어붙은 바다』의 북극의 불모지에 이르기까지 다양하다. 여기에 그런 세계에 서식하는 위험한 괴물을 추가한다.

액션 모험으로 장편 분량의 관심을 붙들 수 있으려면 작가가 먼저 이전에 한 번도 보지 못한 힘이 감춰진 배경설정을 창조해야 한다. 그런 다음 그런 독특한 힘의 작동방식에 관한 놀라운 폭로를 고안해야 한다.

이 부속장르에서 자연은 영웅을 제외한 모든 배역을 담당할 수 있다.

작가가 배경설정에 어떤 배역을 맡기는가에 따라 '재앙 플롯, 괴물 플롯, 종말 플롯, 미궁 플롯'과 같은 하위부속장르가 결정된다.

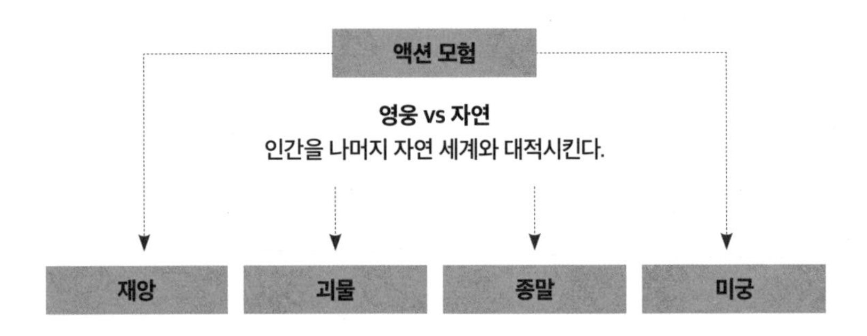

재앙 플롯

배경설정이 악당 배역을 맡는다.

모든 액션 스토리에서 서사를 진전시키는 동력은 악당의 계획이다. 재앙 플롯은 자연에게 악당 배역을 맡겨서 의식적인 목적과 치명적인 계략을 부여한다.

내버려 두면 자연은 장엄하며 안정적이다. 폭풍, 산불, 지진은 그저 자연이 가구를 재배치하는 방법일 뿐이다. 그러나 인간이 자연을 침범할 때 자연의 가장 어두운 의도를 도발한다. 목적의식이 없다면 자연의 무작위성에 의해 스토리의 액션 중추가 파편화되고 스토리의 의미도 지워질 것

하위부속장르 : 액션 모험 ❶

재앙 플롯

배경설정 자체가 악당이 된다.
마치 자연환경이 **의식적인 목적**과 **치명적인 계략**을
지니고 있는 것처럼 보인다.

이다. 따라서 작가는 자연의 의도를 표현하기 위해 일련의 재앙을 설계해야 한다. 객관적인 관점에서는 우연으로 보이겠지만, 배역 구성과 관객의 주관적인 관점에서는 집요하고, 의도적이고, 치명적인 것으로 받아들여진다.

예를 들어 「퍼펙트 스톰」에서 합쳐지면서 커지는 사이클론은 특정 어선을 겨냥한 것처럼 보인다. 치명적인 폭풍 속에 그 어선을 가두고 집어삼키기를 원하는 것처럼 보인다. 산처럼 거대한 파도가 유일한 퇴로를 가로막는 것을 보면서 캡틴 빌리 타인은 폭풍에 인격과 목적의식을 부여하며 이렇게 말한다. "우리를 보내 주지 않을 셈인 거야."

액션 악당의 전술을 규정하는 원칙들은 영웅의 무기에 대한 악당의 방어력과 마찬가지로 재앙 플롯의 물리력에도 적용된다. 자연은 항상 영웅에 비해 전술적으로 유리한 고지를 점령하고 있다.

「올 이즈 로스트」에서 바다는 로버트 레드포드가 분한 요트 선원으로부터 그의 목숨을 구할 수 있는 모든 것을 서서히 빼앗는다. 「언스토퍼블」에서 폭주하는 기차를 막기 위한 모든 시도는 오히려 그 기차의 속도를 높이는 결과를 낳는다. 「아마겟돈」에서 우주비행사들이 지구를 파괴

할 소행성을 폭파시키려고 할 때 소행성은 암석 폭풍과 수소 가스 분출로 반격한다. 「127시간」에서 캐니어링(canyoning) 선수 아론 랠스톤을 포획한 암반의 틈새는 랠스톤이 사용하는 장비를 부러뜨림으로써 영화를 100분짜리 속수무책 장면으로 변환한다.

괴물 플롯

하위부속장르 : 액션 모험 ❷

괴물 플롯

야수가 악당이 된다.
최고 정점의 포식자가 **먹이사슬**의
꼭대기에 자리하고 있다.

괴물이 악당 배역을 맡는다. 액션 장르에서 배경설정에 악당 배역을 맡기면 그 서사는 악의적인 힘의 주요 원천을 잃는다. 괴물 플롯은 자연을 **먹이사슬**로 변환함으로써 이 문제를 해결한다. 포식자는 먹이사슬의 최고정점에 자리한다. 구조적 힘이 부여하는 악랄한 전술을 마음껏 누린다. 「조스」의 상어는 사악한 목적에 맞춰 먹이사슬을 왜곡한다. 휴가를 즐기는 관광객을 간식으로 삼고, 그들의 공포를 즐긴다.

「더 그레이」에서 영웅은 비행기 추락 사건의 생존자들을 야생으로 이끌고 들어간다. 늑대 무리가 그들을 뒤쫓고, 악당에 대한 칭찬과 조롱의 말들이 절정을 구체화한다. 영웅은 늑대의 지적 능력과 잔혹한 아름다움을 찬미하는 한편, 예비 피해자들은 잘려나간 늑대의 머리를 늑대 떼를 향해 던지면서 늑대를 조롱한다. 늑대들은 성이 나서 으르렁대고 울부짖는다. 겁에 질린 생존자들은 마침내 이 영역에서는 자신들이 아닌 늑대가 힘을 쥐고 있다는 사실을 깨닫는다.

종말 플롯

배경설정은 피해자 배역을 맡는다.

자연은 보통 배경설정을 제공하지만, 앞서 살펴본 두 하위부속장르에서처럼 자연은 악당 배역도 맡을 수도 있다. 또한 자연환경이 위기에 몰린 것이 확실한 오늘날에는 피해자 배역을 맡기기도 쉽다.

종말 플롯은 존재를 죽음을 넘어 멸종으로 몰고 간다. 자연의 순환 안에서 생명은 죽음으로, 죽음은 생명으로 돌아간다. 멸종은 그런 순환을 깬다. 코뿔소 수천 마리를 죽이는 것과 최후의 코뿔소 한 마리를 죽이는 것. 둘 중 무엇이 더 끔찍한가?

「업」에서 악당 먼츠는 희귀한 남아메리카 새를 찾고 있다. 그 새의 새끼

하위부속장르 : 액션 모험 ❸

종말 플롯

배경설정은 **피해자** 배역을 맡는다.
생태계, 심지어 행성과 행성의 인구 전체가 위험에 처한다.

들은 어미 없이 살 수 없는데도 어미새를 생포하여 과학적 업적의 트로피로 삼기 위해서다. 희귀새의 존재를 세상에 증명하는 일에 집착하는 먼츠의 병적인 욕망은 오히려 그 새를 멸종으로 몰고 간다.

종말 플롯은 작가의 상상력이 허락하는 한 악당이 파괴하는 생태계의 규모를 얼마든지 키울 수 있다. 「푸른 골짜기(FernGully)」에서 헥서스는 동식물, 인간을 가리지 않고 열대우림 전체를 파괴하려고 든다. 「아바타」에서는 판도라 행성 주민 나비족이 멸종에 직면하고 있다. 「트랜스포머: 더 무비」에서 거대 로봇 유니크론은 행성들을 전부 소멸시킨다.

미궁 플롯

배경설정이 무기가 된다.

미궁은 영웅, 악당, 피해자를 뿔뿔이 흩어지게 하거나 한곳에 모을 수 있다. 영웅이 미궁의 길과 장애물로 들어가거나 빠져나오는 동안 피해자를 구출하기가 점점 더 어려워지고 위험해진다.

미궁은 바다처럼 거대할 수도 있고, 어항처럼 작을 수도 있다.(「니모를 찾아서」) 이 하위부속장르의 영웅은 악당과 상호작용하는 일이 드물다. 왜냐하면 자연환경이 영웅과 악당을 갈라놓기 때문이다.

「다이 하드」에서 맥클레인이 직면한 갈등의 제1원천은 나카토미 플라자다. 30층이 넘는 고층인 데다가 유리창과 유리 칸막이, 복도와 문, 환풍구와 보안 시스템으로 채워진 미로다. 이 미로에서 영웅은 그루버의 시야에서 숨는 행위와 인질이 죽기 전에 그루버의 부하들을 죽이는 일을 교대로 수행한다. 그루버는 맥클레인을 찾는 행위와 맥클레인을 가두는 행위

하위부속장르 : 액션 모험 ④

미궁 플롯

배경설정은 **무기**가 된다.
영웅, 피해자, 악당은 **뿔뿔이 흩어지거나 한데 모인다.**
영웅은 수많은 장애물을 통과하거나 우회하면서
미로를 **헤쳐 나가야** 한다.

를 교대로 수행한다.

「다이 하드」는 나카토미 플라자의 각 층이 배경설정인 동시에 고유한 방식으로 무장한 무기가 된다. 맥클레인은 헬리콥터와 싸운 뒤, 폭파하는 건물 옥상에서 벗어나기 위해 소방 호스를 공중그네 삼아 건물에서 뛰어내려 유리창을 깨고 안으로 들어간다. 앞서 그루버는 맥클레인이 맨발이라는 것을 알아채고 유리 칸막이를 총으로 쏴서 바닥을 깨진 유리 조각으로 뒤덮는다.

이런 식으로 배경설정을 활용하는 것은 이후 작가들이 "공항에서 좀처럼 죽지 않기"(「다이 하드 2」), "버스에서 좀처럼 죽지 않기"(「스피드」), "백악관에서 좀처럼 죽지 않기"(「백악관 최후의 날」) 같은 아이디어로 차용하면서 또 하나의 미니장르가 되었다.

18장

액션 서사극

액션 서사극은 반역자-영웅을 국가에 맞서게 한다. 이 부속장르에서는 정치적·사회적 위계질서에 배역이 주어진다. 이후 흥분을 야기하는 주요 방법인 반역이 전체 서사를 구성한다. 영웅이 하는 거의 모든 액션은 법에 위배되거나 사회적 금기를 깬다.

제도가 갈등의 원천이 될 때, 다음 네 가지 역학관계 중 하나의 동기로 작용한다. 독재 체제가 악당 배역을 맡는다. 악당이 제도를 무기로 삼고 휘두른다. 사회가 무기력해진다. 사회가 피해자가 된다.

따라서 액션 서사극은 작가에게 '반역 플롯, 음모 플롯, 자경단 플롯, 구원자 플롯'이라는 네 개의 하위부속장르를 제시한다.

액션의 하위부속장르

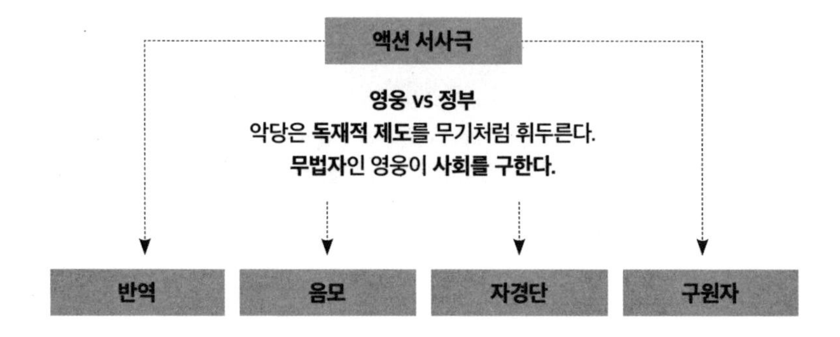

반역 플롯

반역 플롯에서는 방대한 제도의 위에서부터 아래까지, 예컨대 최고 지도자부터 말단 부하까지 부패가 파고들면서 다차원적인 거대 악당이 탄생한다.

부패한 제도라는 배경설정 안에서 펼쳐지는 스토리는 사회적 구조를 밑바탕에 깔고서 해방을 위한 투쟁과 예속 상태를 대적시킨다. 액션 창작자는 한없이 방대하고 정교한 힘의 피라미드를 고안하고, 각 층의 배역 구성을 설계해야 한다. 이후 지령과 과제의 흐름을 정상부터 밑바닥까지 전달하고 다시 역방향으로 전달해야 한다.

「헝거 게임」에서 호화로운 수도 판엠은 타락한 손길을 주변의 빈곤한 12개 구역으로 뻗친다. 판엠의 칙령은 주인공 영웅으로 하여금 자신의 길을 가로막는 모든 사람을 죽이게 만든다.

「매트릭스」는 컴퓨터 시뮬레이션 가상현실을 통해 악행의 범위를 엄

하위부속장르 : 액션 서사극 ❶

반역 플롯

제도가 위에서부터 아래까지 **부패**해 있다.
악당의 힘과 활동 범위를 **넓힌다.**
영웅으로 하여금 그의 길을 막는 **모든 사람**을 죽이게 한다.

청나게 확장한다. 악당은 매트릭스 내에 있지 않다. 매트릭스가 곧 악당이다. 스미스 요원이 휘두르는 무기는 가상현실이 만들어 내는 환상이다. 네오, 모피어스, 트리니티는 자신이 노예라는 것도 모르고 있는 인류를 기계들로부터 해방시키고자 정신능력을 시험하는 전투를 벌인다. 반역자인 네오는 영웅-맥거핀으로서 가상현실 세계를 무너뜨리기 위해 싸우지만, 스미스 요원은 전지전능한 무적의 적처럼 보인다. 게다가 사회의 모든 개인들이 즉각적으로 스미스 요원으로 변신할 수 있다.

음모 플롯

앞서 살펴본 반역 플롯에서 영웅은 불가피하게 부패한 제도의 관료와 요원을 죽인다. 그러나 음모 플롯의 영웅은 그런 사람들을 보호한다. 어쩔 수 없이 관료와 요원과 싸우지만 그들이 무고하다는 것을 알기 때문에 죽이지는 않는다.

하위부속장르 : 액션 서사극 ❷

음모 플롯

악당은 **무고한 제도**를 무기로 삼고,
제도 내 사람들의 **무지**를 이용한다.
따라서 영웅은 그런 사람들을 **보호한다.**

반역 플롯에서 악당은 제도 전체에 스며들어 있다. 음모 플롯에서 제도는 악당의 전술적 무기다. 지도자가 악하다는 사실을 짐작도 하지 못하는 제도 내 사람들을 이용한다.

로버트 러들럼의 3부작 장편소설 『본』과 이를 원작으로 제작된 영화에서 제이슨 본은 자신을 체포하려고 출동한 경찰을 죽이지 않으려고 엄청나게 노력한다. 그 경찰들은 실제로는 진실을 모르는 꼭두각시에 불과하기 때문이다. 따라서 음모 플롯에는 종종 숨은 악당이 배후에 감춰져 있다. 그 악당의 정체를 둘러싼 수수께끼와 꼭두각시를 조종하는 장치가 관객의 호기심을 불러일으킨다.

자경단 플롯

이 하위부속장르는 음모 플롯의 전술적 관계를 뒤집는다. 자경단 플롯의 영웅은 처음에는 법제도를 무기로 삼아 악당을 패배시키려고 노력한다. 그러나 법제도 내의 어떤 권한으로도 악당에게 타격을 입힐 수 없다 보니 영웅은 어쩔 수 없이 법을 어기게 된다.

하위부속장르 : 액션 서사극 ❸

자경단 플롯

영웅은 **제도적 권위**를 무기로 삼으려고 시도한다.
악당은 사회의 법 테두리 내에서는 **보호받고** 있어서,
영웅도 **법을 무시**할 수밖에 없다.

「리썰 웨폰」에서 두 형사 리그스와 머터프는 마약조직의 리더를 쫓는다. 그러다 관료주의와 법적 제약에 지친 나머지 형사 배지를 반납하고 자경단원이 된다.

자경단 플롯은 종종 범죄 장르와 융합한다. 생/사 가치를 정의/불의 가치와 혼합해 시민을 액션 영웅으로 변신시킨다. 비교적 최근 작품으로는 「해리 브라운(Harry Brown)」, 「브레이브 원(The Brave One)」, 「프라미싱 영 우먼(Promising Young Woman)」, 「맨 온 파이어(Man on Fire)」, 그리고 덴젤 워싱턴이 출연한 영화 「더 이퀄라이저(The Equalizer)」 등이 있다.

구원자 플롯

이 스토리에서 악당은 사회 전반에 공격을 가한다. 제도를 구조될 필요가 있는 피해자로 만들고 영웅으로 하여금 슈트를 입고 시민들의 투사로 나서게 등 떠민다.

하위부속장르 : 액션 서사극 ❹

구원자 플롯

악당은 **제도**를 구조가 필요한 **피해자**로 만들어서
영웅으로 하여금 **시민들의 투사**로 나서도록 만든다.
이 피해자는 영웅이 극복해야만 하는 **장애물**을
만들어 내는 장본인이기도 하다.

이 하위부속장르는 시민 구원자를 등장시킨다. 주인공은 일상에서 무명의 시민으로 살아가면서 초능력을 지닌 도플갱어의 정체를 숨긴다. 이 영웅은 항상 다음과 같은 아이러니에 직면한다. 영웅이 구하려는 피해자-사회가 오히려 영웅이 극복해야 할 장애물을 끊임없이 만들어 낸다.

「다크 나이트」는 배트맨을 조커와 대적시키면서 "고담시의 영혼"을 건 결투를 벌이게 한다. 그러나 배트맨은 또한 고담시 시민들의 고장난 도덕성과 흥분한 군중과도 대적해야 한다.

구원자 플롯은 수많은 2차적 가치를 끌어들인다. 전쟁/평화, 문명/야만, 질서/혼돈 등. 그러나 앞서 살펴본 액션 서사극의 다른 하위부속장르도 자유/예속, 정의/불의 같은 가치 대립항을 편입한다. 다만 이런 2차적 가치는 필수적이지도 않고 배타적이지도 않다. 언제나 '생 vs 사'만이 액션의 핵심 가치다.

19장

액션 결투

액션 결투는 사회와 사회제도는 뒤로 밀어 둔 채 개인 간 갈등을 불러일으키는 일대일 대치에 초점을 맞춘다.

액션의 하위부속장르

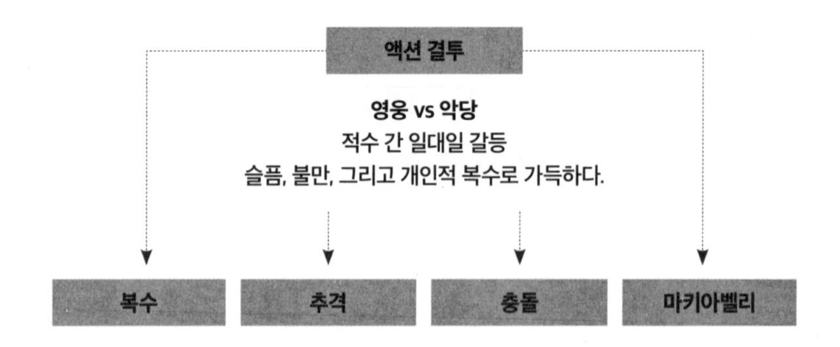

액션 결투에서는 개인적인 슬픔, 불만, 복수가 다른 부속장르의 사회권력에 대한 갈망이나 부에 대한 탐욕을 대체한다.

액션 결투에서 흥분을 야기하는 주된 원천은 증오에 사로잡힌 캐릭터들을 좌절시키는 기다림과 장애물이다. 그래서 캐릭터들은 서로를 마주보고 원을 그리면서 죽음의 결투라는 중심점으로 점점 가까이 다가간다.

결투를 벌이는 캐릭터들의 어두운 동기와 전략에 따라 액션 결투는 다시 네 개의 하위부속장르인 '복수 플롯, 추격 플롯, 충돌 플롯, 마키아벨리 플롯'으로 나뉜다.

복수 플롯

하위부속장르 : 액션 결투 ❶

복수 플롯

영웅은 악당에 의해 **침해당한**
개인적인 **명예**를 회복하고자 노력한다.
악당은 법에 의해 **단죄되지 않는다.**

인류학자들은 문명이 구성원들의 행동을 통제하는 주요 시스템, '법 vs 명예'를 기준으로 문명을 분류한다. 법이 쇠하면 명예가 흥한다. 강력한 제도적 시스템이 없으면 정의/불의에 대한 대중의 감각이 개인화하면서 명예/불명예가 제도를 대체한다. 복수 플롯에서는 영웅이 악명 높은 악

당에게 고통을 당하지만, 그 악당이 법에 의해 단죄되지 않는다. 영웅은 명예에 대한 개인적 감각을 회복하고자 분투한다.

악당이 범죄 집단인 경우에도(「테이큰」, 「킬 빌」) 혼자인 영웅은 아무리 상황이 불리하다 해도 결코 물러서지 않는다. 실제로 악당의 추하고 역겨운 행동들은 영웅이 앞으로 나아가는 동력이 된다. 거의 모든 세트 피스에서 마음속 깊은 곳에서 분노가 끓고 있는 영웅을 악당의 심복 무리와 대적시킨다.

복수 플롯이 외부적으로는 영웅을 따라갈지 모르지만, 여느 액션 스토리처럼 복수 플롯에서도 악당이 액션 중추의 동력이다. 악당이 예전에 아무리 비윤리적인 범법 행위를 저질렀다 하더라도 영웅이 얌전하고 수동적인 악당을 뒤쫓는 이야기는 절대로 흥분을 불러일으킬 수 없다. 과거에 악당이 법망을 유유히 빠져 나갔다고 하더라도 영웅은 추적을 멈추면 안 된다. 그렇지 않으면 영웅이 치명적인 딜레마에 뛰어들어도 그런 행동을 뒷받침할 강력한 복수의 의지가 느껴지지 않을 것이기 때문이다.

「13인의 자객」에서 충직한 사무라이는 일그러진 폭군을 상대로 복수에 나선다. 무소불위의 권력을 지닌 거만하고 악랄한 쇼군은 마치 사디스트처럼 가신과 백성들을 끊임없이 괴롭힌다. 그런 일관되고 지속적인 비윤리적인 행동은 사무라이가 꿋꿋이 단죄에 나설 수 있도록 해 준다.

추격 플롯

이 하위부속장르는 복수 플롯을 뒤집는다. 엄청난 신체적 · 전술적 능력을 지닌 악당으로 인해 영웅은 도망다니는 피해자 신세가 된다.

하위부속장르 : 액션 결투 ❷

추격 플롯

엄청난 **신체적·전술적 능력**을 지닌
악당으로 인해 **도망다니는 피해자** 신세가 된 영웅은
스스로를 구해야만 한다.

추격 플롯의 영웅-피해자는 스스로를 구해야만 한다.(「에이리언」의 엘렌 리플리) 그래서 악당으로부터 쫓기는 상황에서 위험으로부터 거리를 벌리기 위해 계속 움직여야 한다. 액션/SF 장르와 액션/호러 장르 융합에는 추격 플롯이 자연스러운 정착지가 된다.

「스타 트렉 2: 칸의 분노」에서는 안전한 연방 영토에서 멀리 떨어진 우주의 변두리에서 커크 함장과 칸을 대적시킨다. 칸 같은 악당은 제도에 기대거나 독재 권력의 유혹에 눈길을 줄 여유가 없다. 마치 포식자처럼 자신과 자신의 사냥감 사이에 끼어드는 것은 무엇이든 뭉개 버린다.

추격 플롯이 음모 플롯과 결합하면 악당은 사회를 기만해 영웅 수배에 나서게 한다. 「도망자」가 그런 예다.

만약 액션 스토리의 배경설정에 제도적 권력이 등장하지 않는다면 작가는 장면을 새롭고도 복잡한 방식으로 전환시키는 무기와 전술을 고안해야만 한다. 예를 들어 「터미네이터 2」의 악당은 자유자재로 쓸 수 있는 무기의 종류가 엄청나게 다양하다.

「프레데터」에서처럼 수수께끼에 둘러싸인 악당은 추격 전술을 비밀리에 진행하다가 불시에 습격한다. 도주하는 영웅의 놀란 반응과 임기응변

장면이 흥분을 불러온다.

충돌 플롯

앞서 살펴보았듯 복수 플롯은 영웅을 악당을 향해 돌진하게 한다. 추격 플롯은 영웅을 악당으로부터 멀리 떨어뜨리려고 한다. 충돌 플롯은 두 영웅을 일대일로 붙여서 서로 싸우게 한다. 충돌 플롯의 설계는 세 가지 중대한 문제를 제기한다. 동기, 공감, 힘의 균형이다.

하위부속장르 : 액션 결투 ❸

충돌 플롯

두 영웅이 대적하면서 일대일 결투를 벌인다.
이 일대일 결투는 흔히 악당이 **도발**한 것이다.

---

1. 동기

왜 선한 인물이 다른 선한 인물을 죽이려고 들겠는가? 영웅이 영웅적이기 위해서는 자신의 목숨을 걸어야만 한다. 영웅은 서로 죽이지 않기 때문에 둘 사이의 의견 다툼은 생 vs 사가 아닌 우정 vs 적의가 걸린 문제일 것이다.

최근작 중 충돌 플롯을 적용하는 세 영화 「어벤져스」, 「어벤져스: 에이지 오브 울트론」, 「캡틴 아메리카: 시빌 워」는 오해와 정신 조작을 두 영웅이 충돌하는 동기로 삼았다. 정신 조작은 「드라큘라」(1931)를 통해 처음 화면에 데뷔했다. 오해는 탭 댄스를 하는 프레드 아스테어(Fred Astaire)가 출연한 로맨틱 코미디물의 구심점이었다. 그러나 충돌의 동기가 진정성이 있다면 충돌 플롯에서 목숨을 건 결투는 불가피하게 느껴지고 흥분을 고조시킨다.

「루퍼」는 배역의 인물변화곡선을 통해 고유한 해결책을 찾았다. 이 시간여행 모험에는 동일한 캐릭터의 두 가지 버전이 서로 충돌한다. 서사 초반에는 젊은 캐릭터가 악당, 늙은 캐릭터가 영웅으로 출발한다. 그러다 스토리가 진행하면서 두 사람의 인물변화곡선이 반대 방향으로 나아가고 결국 두 사람의 배역이 서로 맞바뀐다.

「트로이」는 두 가지 설계를 모두 활용했다. 아가멤논과 메넬라오스 아르테우스 형제가 일으킨 전쟁에 휘말린 두 영웅 아킬레스와 헥토르는 서로 충돌한다. 그러나 시간이 흐르면서 영광에 눈이 먼 아킬레스의 영혼이 타락하고, 관객은 화살이 아킬레스의 약점인 아킬레스건에 박히는 것을 보면서 환호한다.

2. 공감

만약 두 영웅이 동등한 수준으로 공감을 이끌어 낸다면 관객이 충돌 플롯에 흥분할 수 있을까? 그렇지 않을 것이다. 한쪽을 응원하는 대신 관객은 두 영웅이 언젠가는 제정신으로 돌아오기를 기다릴 것이고, 아킬레스와 헥토르, 배트맨과 슈퍼맨처럼 대립관계가 지속되면 흥분이 아닌 유감을 느낄 것이다.

3. 힘의 균형

충돌 플롯에서는 힘의 균형에도 문제가 생길 수 있다. 영웅들이 악당과의 관계에서는 언더독이지만, 영웅들 사이에서는 서로와의 관계에서 언더독이 아니다. 동등한 언더독끼리의 교착상태는 설득력이 떨어진다.

「배트맨 대 슈퍼맨: 저스티스의 시작」에서 영웅들 간 힘의 균형은 렉스 루터의 무기들에 의해 역동적으로 변화한다. 처음에는 엄청난 초능력을 지닌 슈퍼맨이 배트맨을 손쉽게 제압한다. 그러나 배트맨은 루터가 숨겨둔 크립토나이트를 사용하고 전세가 역전된다. 강철사나이 슈퍼맨은 배트맨에게 속수무책으로 당한다.

마키아벨리 플롯

하위부속장르 : 액션 결투 ④

마키아벨리 플롯

두 악당이 대적한다.
영웅은 **두 악당 모두**를 처치해야 한다.

마키아벨리 플롯에서는 충돌 플롯과는 역으로 두 악당이 서로 싸우는 가운데 영웅이 그 두 악당 모두를 무력화시키기 위해 고군분투한다.

이런 두 갈래 스토리 설계에는 어느 정도 위험이 따른다.

● 관객의 무관심: 두 악당이 서로 맞선다고 해 보자. 왜 그런 것에 관심을 가져야 하는가? 악당들이 서로 죽이면 영웅도 편하고, 적어도 두 악당의 피해자들도 위험에서 벗어나게 된다.

● 관객의 혼란: 악당들이 서로 대적하지 않고 오히려 영웅으로 하여금 두 악당 모두를 뒤쫓게 한다면 어떻게 될까? 악당이 각자 별개의 고유한 욕망의 대상이 있고, 그 욕망의 대상을 겨냥한 개별적인 계략을 세우고, 성공을 위해서는 다른 맥거핀이 필요하다면 스토리텔링이 두 갈래로 갈라지면서 서로 무관한 두 개의 액션 중추가 만들어진다.

관객과 독자는 통일성을 기대한다. 스토리의 여정을 따라간 경험이 몇 년 쌓인 관객과 독자는 스토리의 모든 대사, 이미지, 행동이 스토리의 나머지 것들과 어떤 식으로든 연결되어 있다는 것을 배운다. 그 연결은 인과적인 관계일 수도 있고, 주제적인 관계일 수도 있다. 텍스트가 아무리 매력적이어도 관객은 인과관계의 연결고리, 서브텍스트에서 대비되는 상관관계를 탐색한다. 예컨대 마키아벨리 플롯에서 관객과 독자는 두 스토리라인이 어떻게든 서로를 비춰 주는 거울이 되고 이야기가 끝나기 전에 다시 하나로 합쳐질 것이라는 본능적인 기대를 품고 있다.

액션 중추의 분열은 마키아벨리 플롯 안에서 세 가지 방식으로 통합될 수 있다. 두 악당에 게 동일한 목표를 부여하거나 동일한 맥거핀을 부여하거나 동일한 목표와 맥거핀 모두를 부여한다.

이를테면 「스타 트렉 다크니스」에서 두 악당은 완전히 다른 목표물을 사냥하지만 동일한 맥거핀을 두고 싸운다. 유전자조작으로 탄생한 초인류 칸이 냉동보존된 슈퍼솔져를 실은 함선을 탈취한 이유는 초인류로만 구성된 사회를 건설하기 위해서다. 다른 한편에서는 스타플릿호 제독 알렉산더 마커스가 동일한 함선을 노리는데, 마커스의 목표는 클링온을 상대로 전쟁을 일으키는 것이다.

마키아벨리 플롯에서는 영웅이 아슬아슬한 외줄타기를 해야 한다. 한 악당을 공격하면 다른 악당의 시선까지 끌 위험이 있는데, 서로 다른 방향에서 달려오는 악당 둘을 동시에 물리치기란 불가능하기 때문이다. 게다가 최악의 경우 두 악당이 자신들의 힘을 합치면 영웅을 손쉽게 해치울 수 있다는 것을 깨달을 수도 있다. 그러나 영웅으로서는 서로 대적하게 만들기 위해서 그런 위험을 감수해야만 한다.

일본 고전영화 「요짐보」를 리메이크한 「황야의 무법자」에서 주인공은 두 폭력 조직이 장악한 마을과 대적한다. 두 폭력 조직은 서로의 구역을 건드리지 않고 공존하고 있으며, 두 조직에 의해 마을 사람들은 지옥과도 같은 삶을 살아간다. 영웅은 두 조직에 각각 합류하는 척하며 서로 싸우도록 부추긴다. 그러나 영웅의 의도가 폭로되면서 그는 합심한 두 조직의 공세에 홀로 맞서야 한다.

20장

액션 스릴러

액션 스릴러에서는 영웅이 시간과 싸운다. 시간이 부족하거나 끝없이 이어지기도 하고, 시간 자체가 무기 또는 피해자가 되기도 한다.

액션의 하위부속장르

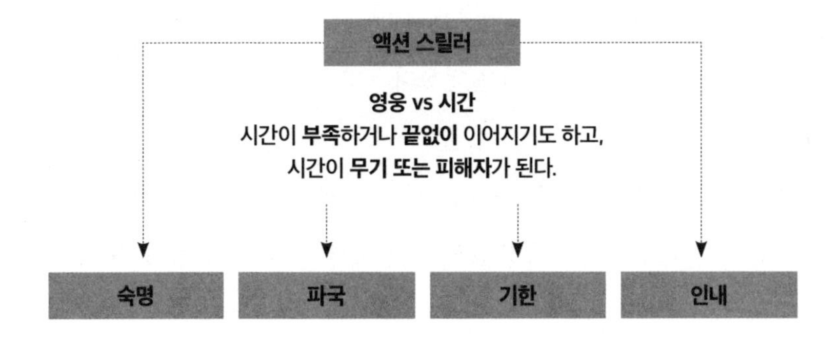

흘러가는 시간이 시, 분, 초마다 영웅을 시간의 덫에 가두면서 고긴장 흥분을 자아낸다.

시간은 우리가 변화에 붙인 이름이다. 아침에서 밤으로, 계절에서 계절로, 삶에서 죽음으로, 우주와 그 안에 있는 모든 것이 변한다. 우리는 이와 같은 측정 가능한 변화 과정을 시간이라고 부른다.

시간은 인간에 대해 절대적인 힘을 행사한다. 우리는 시간의 노예다. 시간은 우리를 지배하며, 우리는 시간에 복종한다. 시간은 천천히 흐르거나, 빨리 흐를 수도 있고, 판타지 세계에서는 앞으로 흐를 수도, 거꾸로 흐를 수도 있으며, 영원한 꿈의 영역에서는 나란히 흐를 수도 있다. 그러나 삶에서는 시간이 흐르는 방향과 목적이 우리의 통제에서 완전히 벗어나 있다.

자연은 순응하고 시간은 버틴다. 우리는 종종 자연을 목적의식이 있는 살아 있는 생명체, 때로는 치명적인 의도를 지닌 존재라고 생각한다. 그러나 우리가 시간을 우리의 행동에 반응하는 살아 있는 존재로 여기는 경우는 드물다. 그런데 액션 스토리가 시간에 목적의식을 부여하면 임의적이고, 무의미하고, 무해하게 보이던 것이 의도적이고, 유의미하고, 유해한 것이 된다. 시간은 현실을 지배하고 우리는 시간의 장엄한 제1법칙에 무릎을 꿇는다. 시간의 제1법칙은 말한다. "모든 것은 필연적으로 변한다."고.

배역, 속도 조절, 그리고 시간의 목적의식에 관한 선택에 따라 액션 스릴러는 하위부속장르인 '숙명 플롯, 파국 플롯, 기한 플롯, 인내 플롯'으로 구분된다.

숙명 플롯

하위부속장르 : 액션 스릴러 ❶

숙명 플롯

시간이 **악당**이 된다.
시간이 **부정적인 결말**을 유도할 때
우리는 그런 결말을 **숙명**이라고 부른다.
영웅은 숙명을 **막기** 위해 애쓴다.

숙명 플롯에서는 시간이 악당이다.

스토리가 시작되면 우리는 본능적으로 스토리의 미래를 바라보며 영웅의 **운명**(Destiny)을 점친다. 희망은 그 종착지에 긍정적인 빛을 투사한다. 그러나 스토리가 절정에 이르렀을 때 지나온 인과관계의 사슬을 되돌아보면 우리는 캐릭터가 그 캐릭터의 내적 본성에 따라 그가 선택한 행동들을 선택할 수밖에 없었다는 것을 깨닫는다. 더 나아가 캐릭터의 세계 또한 본질적 필요성에 의해 세계가 그렇게 반응한 방식으로 반응할 수밖에 없었다는 것도 깨닫는다. 그러고 나면 우리는 영웅의 **숙명**(Fate)에 생각이 미친다. 사건의 경로를 멈출 수 없는 것처럼 보인다는 점에서 숙명은 다소 부정적인 함의를 지닌다. 숙명 플롯의 액션 영웅은 이런 필연성의 감각에 저항하기 위해 시간에 맞서고 시간이 강제하는 변화의 법칙을 거부한다.

「백 투 더 퓨처」에서 마티 맥플라이는 과거로 시간여행을 하고 우연히 그 과거를 바꾼다. 시간은 마티를 역사에서 지우기 시작하고 마티는 자신의 실수를 바로잡기 위해 분투한다. 시간이 사진에서 마티의 누나와 형을 차례로 지우는 것을 보면서 우리는 시간의 의도가 치명적이라는 것을 깨닫는다.

파국 플롯

하위부속장르 : 액션 스릴러 ❷

파국 플롯

시간은 **피해자**가 된다.
시간이 **긍정적인 결말**을 가져오면,
우리는 그런 결말을 **운명**이라고 부른다.
영웅은 운명을 **구하기** 위해 애쓴다.

파국 플롯에서는 시간이 피해자다.

숙명 플롯에서 영웅은 자신의 숙명을 막기 위해 분투한다. 반면 파국 플롯에서 영웅은 자신의 운명을 구하기 위해 분투한다.

시간이 생명이 없는 존재라고 믿는다면 시간을 죽이는 것도 불가능하다. 그러나 우리가 시간을 자연처럼 여기고 적극적인 목적의식을 부여하면 시간은 죽일 수도 있는 생명체가 된다. 파국 플롯은 시간에 취약한 피해자라는 배역을 맡긴다. 과거, 현재, 미래는 절멸당할 위험에 직면한다.

숙명 플롯에서는 시간이 악당 배역을 맡아서 한눈팔거나 지치는 법 없이 끈질긴 결정론으로 무장하고서 자신의 목적을 향해 달려간다. 당신이 무엇을 하든 하지 않든, 시간은 당신을 당신의 숙명을 향해 몰아간다.

파국 플롯은 이를 뒤집는다. 피해자가 된 시간은 변형을 가하기도 쉽고 부서지기도 쉬워서 참새 한 마리의 죽음조차도 시공간을 가로지르는 파급력을 지닌다. 그 결과 수천 년에 달하는 문명도 완전히 새로 쓸 수 있다.

「백 투 더 퓨처」에서는 시간이 마티를 거의 지워 버릴 뻔하지만, 「백 투 더 퓨처 2」에서는 시리즈의 악당인 비프 태넌이 시간을 지우고 아기자기한 작은 마을이라는 힐밸리의 운명도 지워 버리는 바람에 행복한 마을이 퇴폐한 무법의 지옥이 된다.

「맨 인 블랙 3」의 영웅인 J요원과 K요원(젊은 K요원과 늙은 K요원 모두), 그리고 악당 짐승 보리스(젊은 보리스와 늙은 보리스 모두)는 서로 돌아가면서 각자 자기 입맛에 맞는 미래를 만들기 위해 수십 년에 달하는 시간을 지워 버린다.

「엑스맨: 데이즈 오브 퓨처 패스트」에서 울버린은 미래에 펼쳐질 악몽과도 같은 대학살을 막기 위해 과거로 돌아간다. 그러나 과거와 상호작용하면서 역사의 궤적이 본 궤도에서 이탈하고 미래의 악몽이 오히려 앞당겨진다. 파괴로 이어지는 주요 사건들이 원래보다 수십 년씩 더 일찍 일어난다. 울버린의 모든 행동과 반응이 도리어 위기를 키운다.

기한 플롯

하위부속장르 : 액션 스릴러 ❸

기한 플롯

시간이 **무기**가 된다.
악당은 **엄격한 제약**을 둠으로써 영웅을 덫에 가둔다.

기한 플롯에서는 시간이 무기가 된다.

거의 모든 액션 스토리가 어떤 식으로든 시간을 이용하지만, 기한 플롯에서는 악당이 시간을 무기화해서 시간에 엄격한 제한을 설정함으로써 자신의 계획에 영웅을 가두는 덫으로 활용한다. 초침이 움직일 때마다 기한 플롯은 현재와 기한 사이의 틈을 천천히 지우고, 매 장면의 속도와 템포를 높이면서 운동 에너지가 과열된다. 영웅은 점점 줄어드는 시간 안에 여러 개의 과제를 동시에 완수하느라 진땀을 흘린다.

「미션 임파서블: 고스트 프로토콜」의 모든 세트 피스는 제3차 세계대전을 막기 위해 고군분투하는 IMF 팀에게 시간과의 싸움이라는 추가 과제를 부여한다. IMF 팀에게는 본부지원팀도 없고 휴식 시간도 없기 때문에 기발한 해결책 못지않게 꺾이지 않는 투지도 중요하다. 실수를 했을 때 되돌릴 시간이 없으므로 팀원들은 유일한 기회를 절대로 망쳐서는 안 된다는 압박감에 시달리며 매 장면을 하얗게 불태워야 한다.

제한된 시간으로 인해 선택지도 제한된다. 제한된 선택지로 인해 위험은 무한대로 커진다. 「다크 나이트」에서 조커는 사람들로 가득한 페리선을 자정에 폭파하겠다고 위협한다. 그런데 페리선 탑승객들에게 살아남을 기회를 준다. 두 페리선에 각각 다른 페리선의 폭탄을 폭파시킬 수 있는 기폭장치를 숨겨 둔 것이다. 먼저 기폭장치를 누르는 쪽은 살아남을 수 있다. 자정이 될 때까지 어느 쪽도 기폭장치를 찾지 못하거나 누르지 않으면 두 페리선의 탑승객들 모두 목숨이 날아간다.

「테넷」에서 세상을 멸망시키려는 악당은 엔트로피 인버전을 일으키는 기술을 개발하는데, 그 기술을 이용하면 시간여행을 할 수 있다. 악당은 지구 전체의 엔트로피를 거꾸로 돌릴 수 있는 알고리즘을 찾아 미래로 간다. 그 알고리즘을 손에 넣은 뒤 인류는 물론이거니와 지구상의 모든 생명체를 없애 버리려는 것이다.

인내 플롯

하위부속장르 : 액션 스릴러 ❹

인내 플롯

시간은 증폭된다.
시간을 최대한 늘림으로써 영웅을 괴롭히고
그 시간이 영원처럼 느껴지게 한다.

인내 플롯은 시간을 증폭시켜 거대하고 무한한 배경설정으로 삼는다.

모든 액션 스토리는 내러티브 동인(무슨 일이 벌어질지 기대하기)와 서스펜스

(숨죽이고 기다리기)를 결합한다. 기한 플롯은 내러티브 동인을 미래로 넘겨서 시간을 지운다. 반면 인내 플롯은 시간을 꼭 붙들고서 영웅을 괴롭힌다. 서스펜스를 마지막 한 방울까지 짜내면서 마치 그 시간이 영원처럼 느껴지게 한다.

모든 액션 장르의 세트 피스는 긴장에 운동 에너지를 섞는다. 기한 플롯은 운동 에너지를 통해 만개한다. 그러나 인내 플롯은 긴장을 더 선호한다. 영웅이 점점 소진되는 자원으로 어떻게 최대한 버텨 내는지 지켜보면서 영웅의 끈기와 투지의 깊이를 드라마화한다. 무엇보다 인내 플롯은 명칭에서도 드러나듯이 영웅의 인내심이 얼마나 오래 지속될 수 있는지 시험한다.

「127시간」의 아론 랠스톤은 영화 제목에서 제시한 시간 동안 버티기 위해 자신이 가지고 있는 모든 자원을 신중하게 배분한다. 그런 자원에는 자신의 오줌과 정신 상태까지도 포함된다. 「아틱(Arctic)」의 영웅 매즈 미켈슨은 북극 오지를 가로지르는 끝없는 여정을 견뎌 낼 뿐 아니라 부상당한 헬기 조종사를 썰매에 싣고 끌고 간다.

21장

장르의 혼합과 융합

장르가 혼합되면 한 장르의 스토리라인을 다른 장르의 스토리라인과 교차시킨다. 액션 스토리의 영웅이 러브 스토리의 주인공이 될 수도 있다. 그러면 이야기는 액션 스토리와 러브 스토리를 오갈 것이다.

장르가 융합되면 한 장르가 다른 장르와 하나로 합쳐져서 캐릭터에게 더 깊은 동기를 제공한다. 장르의 융합에서도 영웅은 액션 스토리와 러브 스토리 모두의 주인공일 수 있다. 다만 영웅의 상대 연인이 스토리의 피해자가 되고, 영웅은 사랑에 빠졌기 **때문에** 악당을 쫓는다. 이제 러브 스토리는 액션 스토리의 동력이 된다.

액션 부속장르와 하위부속장르는 혼합되고 융합될 수 있다. 장르들이 서로 상충하는 것처럼 보이는 경우라도 가능하다. 「엣지 오브 투모로우」는 인내 플롯과 기한 플롯을 융합한다. 빌 케이지는 외계인과의 전투에서 죽지만 자신이 막 죽음을 맞이하게 된 날의 시작점에서 다시 깨어난다. 빌 케이지는 타임 루프로 인해 같은 전투에 다시 합류한다. 그는 거듭해서 다시 살아나고 다시 시도하면서 더 나은 전사가 되기 위해 인내하는 한편, 동일한 제한 시간에 반복적으로 가로막힌다.

더 나아가 액션은 나머지 외부 변화의 9가지 기본 장르 중 어느 것과도 교차편집될 수 있다. 이를테면 「백 투 더 퓨처」는 액션 스토리라인에 가족 드라마와 러브 스토리를 더한다. 「리썰 웨폰」 같은 액션/범죄 장르의 융합은 주인공에게 탐정-영웅 배역을 맡긴다. 「앤트맨」 같은 액션/범죄 하이브리드 장르는 범죄자를 영웅으로 탈바꿈시켜 범죄자를 구원한다.

기본 장르의 융합은 무한한 스토리텔링 가능성을 제공하지만, 다른 한편으로는 균형, 강조, 초점에 관한 문제가 발생한다. 각각과 관련해 한 장르에 얼마나 많은 비중을 둘 것인가? 반대로 다른 장르의 비중을 얼마나 작게 가져갈 것인가?

혼합 vs 융합

액션 장르의 핵심 가치는 생/사이며, 그래서 범죄 장르의 정의/불의, 정치 드라마의 권력 있음/권력 없음, 현대 서사극의 자유/예속, 전쟁 스토리의 승리/패배처럼 오직 외부적 가치에만 초점을 맞춘 기본 장르와 쉽게 엮을 수 있다.

그러나 액션 이야기가 영웅의 심리적 복잡성을 깊게 파고들면 외부의 갈등이 도덕성 vs 비도덕성, 신념 vs 불신, 성숙 vs 미숙 등 내적 딜레마를 발동시킨다. 그렇게 정서적으로 깊이 들어가면 관객도 영웅에게 더 깊이 감정을 이입하며, 그 결과 흥분이 불안으로 바뀐다. 따라서 작가는 다음과 같이 자문해야 한다. "내가 이 액션에 내적 변화곡선을 융합하면 내 스토리가 야기하는 흥분이 얼마나 약해질까?"

기본 장르의 혼합 그리고/또는 융합은 주요 스토리 요소 간 균형 잡기를 요구한다. 두 장르가 합쳐지면 어느 핵심 사건에 방점을 둬야 할까? 범죄 장르의 핵심 사건에서는 범인이 밝혀진다. 그렇다면 범죄와 액션이 융합될 때 이런 폭로가 속수무책 장면 전에 와야 할까, 후에 와야 할까?

「본 아이덴티티」의 속수무책 장면은 본을 프랑스의 시골집에 가둔다. 그 집에서 탈출해서 암살자를 죽이는 것이 2장의 절정을 구성한다. 이후 워싱턴에서 악당의 정체가 밝혀지면서 3장이 절정에 이른다.

매체와 장르

1장에서 개략적으로 소개했듯이 화면, 지면, 무대, 비디오게임은 매체 장르를 생성한다.

무대 위에서 펼쳐지는 액션이 가장 보기 드물다. 운동성을 무대공연으로 표현하기가 어려울 뿐더러 위험하기 때문이다. 실제로 뮤지컬 「스파이더맨」의 경우 출연진이 잦은 부상으로 고생했다. 물론 「라이온 킹」이 입증했듯이 뮤지컬의 춤과 노래가 운동성의 효과를 극대화하기도 한다.

만화와 그래픽노블은 운동성을 이미지로 구체화하는 반면, 글로 하는 묘사는 독자의 상상 속에 이미지들을 빠른 속도로 투사한다. 그러나 액션은 만화로 제작되건, 라이브 공연으로 연출되건, 쌍방향 공연으로 진행되건, 화면에서 펼쳐지는 것이 가장 자연스럽다.

그러나 일부 영화감독들은 액션이 편집을 거치면 부자연스러워진다고 생각한다. 그래서 전투 신을 더 사실적으로 전달하기 위해 원테이크(싱글 테이크)로 촬영한다. 촬영장에서 수많은 부상을 감내하는 성룡은 무술 안무의 동적 효과가 제대로 표현될 때까지 100번 이상 재촬영을 하는 것으로 유명하다.

만화 원작은 거의 100년간 지면 위의 그래픽 시공간을 넘나들며 우주의 폭군들과 싸워 왔다. 최근 몇 십 년 사이에 그 원작들은 실사 화면에서도 성공을 거뒀다. 그런 액션 영화들은 CGI로 채운 이미지 덕분에 손으로 그린 캐릭터의 풍부한 역사를 발굴해 그동안 묵시적으로 전제되었지만 결코 실현되지 않았던 것, 바로 움직임(motion)을 실현했다.

유럽의 만화와 그런 만화를 원작으로 한 비디오게임 또한 100년이 넘는 역사를 자랑한다.(『발레리언(Valerian)』, 『땡땡의 모험』, 『아스테릭스(Asterix)』, 『써틴 XIII』, 『럭키 루크』 등) 일본의 SF 만화 시리즈도 마찬가지다.(『아키라』, 『공각기동대』, 『진격의 거인』, 『북두의 권』 등) 이들 역시 모두 장편 애니메이션 또는 애니메이션 시리즈로 화면에 옮겨졌다.

시간과 장르

스토리의 분량은 천차만별이다. 그래서 시간 장르는 이야기를 분량에 따라 단편 형식(short form, 1시간 이내 또는 100페이지 이내), 장편 형식(feature form, 1~4시간 또는 100~400페이지), 확장 형식(long form, 한자리에 앉아서 처음부터 끝까지 다 보거나 읽을 수 없는 이야기, 즉 적어도 한 번은 쉬는 시간이 필요한 이야기)으로 나눈다.

이야기의 분량에 따라 이야기의 복잡성, 캐릭터의 다양성, 세트 피스의 수, 예산이 정해진다. 액션 장르에서도 마찬가지로 단편 액션은 최소한의 배역 구성, 가장 단순한 플롯, 최저 예산, 그리고 대개 한두 개의 세트 피스로 꾸려진다. 장편 형식은 그런 제약이 다소 느슨해지고, 장편의 규모가 커지면 네 가지 구성 요소의 상한선이 한없이 높아진다. 확장 형식의 이야기는 시리즈이건 시퀄(sequel, 후속편)이건 액션 작가에게 창의성을 가장 많이 요구한다.

확장 형식 이야기 창작자가 가장 먼저 맞닥뜨리는 까다로운 문제는 동일한 독자/관객이 동일한 영웅과 다시 공감대를 형성하도록 매 편이 시작될 때마다 요청해야 한다는 것이다. 어떻게 하면 매번 독자/관객의 관심을 사로잡을 수 있을까? 무엇이 새로워질 수 있는가? 답은 악의 원천이다.

악행은 영웅적 행위보다 훨씬 더 기발하고 유연하다. 영웅적 행위는 기본적으로 악행에 대한 도덕적 반응이기 때문이다. 악한 자가 없다면 선한 자도 필요 없어진다. 이런 맥락에서 배트맨은 매우 운이 좋다. 배트맨이 수십 년 동안 롱런할 수 있었던 비결은 아캄 수용소의 정신병자들 덕분이다. 아캄 수용소의 수감자들은 돌아가면서 차례대로 탈출하는 것 같다. 반면, 영웅이 동일한 천적과 대적한다면 매 편마다 신비로우면서도 좀처럼 손에 넣기 어려운 맥거핀으로 관객을 사로잡아야 한다. 예를 들어 「스타워즈」에서는 루크 스카이워커와 다스 베이더가 우주 제국의 통치권을 두고 충돌하지만, 궁극적으로 중요한 것은 포스 지배력이다.

제임스 본드는 각 영화에서 매번 다른 악당을 상대하지만 최근에는 그 악당들이 모두 스펙터(SPECTRE)라는 비밀 범죄 조직을 위해 일하고 있다. 이런 기관은 영웅에게 다스베이더와 아캄수용소를 하나로 합친 적을 선사한다. 집요한 무적의 적이 각양각색의 악랄한 조직원 일당을 지휘하면서 새로운 악당을 끊임없이 공급하기 때문이다.

액션 영웅의 모험을 몇 년, 심지어 몇십 년에 걸쳐 끌고 나가다 보면 반복과 창의성 고갈의 위험이 있다. 그러나 다행히 장르, 부속장르, 하위부속장르의 혼합 및 융합과 더불어 악당과 피해자를 끝없이 재발명하면 확장 형식을 영원히 끌고 나가는 것도 가능하다.

구조적 장르

액션 이야기의 대다수는 고전 아크플롯(archplot) 안에서 외적 갈등을 극화한다. 그러나 「올 이즈 로스트」 같은 미니플롯, 「몬티 파이튼의 성배」 같은 안티플롯(anti-plot), 「왕좌의 게임」 같은 다중플롯(multi-plot) 등 특수한 사건 설계로도 관객을 흥분시킬 수 있다. 다만 이런 경우에는 반드시 영웅을 영웅 내면의 반동 세력이 아닌 외부의 반동 세력과 대적시켜야만 한다.(『Story 시나리오 어떻게 쓸 것인가』 75~94쪽 참조)

기법적 장르

액션 스토리는 기법적 장르의 어떤 조합으로도 이야기를 펼칠 수 있다. 1장에서 열 가지 기법적 장르—톤, 뮤지컬, SF, 역사, 존재론, 다큐멘터리, 애니메이션, 자서전, 전기, 순수예술—를 소개했다. 이런 광범위한 스타일에 따라 진지함 vs 유머 톤의 필터를 씌운 액션을, 과거-현재-미래라는 다양한 시간적 관점을 통해, 사실적 또는 허구적으로, 그리고 필요하다면 응집된 청각적·시각적 기획으로 표현할 수 있다.

가장 즐겨 사용되는 기법적 장르는 코미디다. 어떤 액션 이야기든 코미디 톤으로 표현하면 관객의 경험이 완전히 달라진다. 코미디는 관객을 안전하고 고통 없는 거리에 둔다. 캐릭터가 아무리 고통에 몸부림치며 사지를 비틀고 두려움에 떨어도 액션/코미디의 유혈이 낭자한 폭력적인 장면들은 이렇게 속삭인다. "실은 별로 아프지 않아."

고대의 스토리텔링 관습에 따라 코미디는 캐릭터에게 신음소리를 내게 만들고 관객은 웃게 만든다. 실제로 액션/코미디의 기습적이고 폭발적인 전환점이 가장 큰 웃음을 이끌어 낸다. 예를 들어 「갤럭시 퀘스트」, 「맨 인 블랙」, 「가디언즈 오브 갤럭시」의 속수무책 장면에는 가장 흥미진진한 결전뿐 아니라 가장 기막힌 농담들도 나온다.

22장

순수모험

기법적 장르 중 하나인 순수예술은 스토리의 비전을 구체적인 것에서 보편적인 것으로 확장시킨다. 관습적 이야기의 구체적인 의미들은 순수예술에서 보편적 진실로 확장된다. 이를테면 셰익스피어는 미치광이 왕 암레스에 관한 잔혹한 덴마크 설화를 가져다가 자신의 대작 『덴마크 왕자 햄릿의 비극』으로 재탄생시켰다.

액션 장르의 순수예술(High Art)은 순수모험(High adventure)이다. 순수모험은 생/사의 가치를 더 깊고 복잡하게 다루면서 인간의 마음뿐 아니라 사회적·정치적 영역으로 주제를 확장한다. 생생한 묘사로 절로 페이지를 넘기게 만드는 피터 벤츨리의 소설 『조스』와 숭고한 이야기를 들려주는 어니스트 헤밍웨이의 『노인과 바다』를 비교해 보자. 전자는 베스트셀러이자 영화화되어 흥행작이 되었고, 후자로 헤밍웨이는 노벨문학상을 받았다. 전자에 대한 우리의 관심은 수십 년 전에 사라졌지만, 후자는 앞으로도 몇 백 년 동안 계속 읽힐 것이다.

액션의 배역들이 자신의 목숨을 지키기 위해 텍스트에서 결투를 벌이는 동안 순수모험의 작가들은 이들 캐릭터와 그들이 살아가는 세계의 서브텍스트 속으로 독자/관객을 초대한다. 그런 다음 이미지 시스템으로 이야기의 강도를 높이고 이야기를 전형(typical)에서 원형(archetypal)으로 승격시킨다.

의미의 심화

순수모험은 캐릭터에 뿌리를 둔 가치를 관여시킨다. 물리적 영역에 속하는 액션의 외적 가치인 생 vs 사에 도덕성 vs 비도덕성, 연민 vs 무심, 자비 vs 잔인함 같은 내적 갈등을 더해서 캐릭터의 인간성의 진화 내지는 퇴행을 다룬다.

순수모험 : 은유로서의 액션

이미지 시스템

엄청나게 **다채롭고 절묘한** 세부 요소들을
반복하는 **상징적** 이미지의 범주.
독자/관객의 **잠재의식**에서 이야기의
의미와 **정서**의 강도를 높인다.

대다수 액션 스토리에서는 영웅이 기지나 힘으로 악당을 제압하고 선이 악에 대해 승리를 거둔다. 그러나 순수모험은 밖으로 확장되어 의미와 소명에 관한 가장 근원적인 질문, 인류 전체를 아우르고, 심지어 시공을 초월하는 보편적인 주제를 탐구한다.

그런 깊고 넓은 탐구를 위해 순수모험은 상징적 이미지 시스템을 통해 이야기의 강도를 높인다.

물리적 배경설정은 원형으로 발전한다. 도시의 거리가 미궁이 되고, 물길이 바다가 되며, 광활한 황무지가 사막이 되고, 뒷골목이 지하세계가 되며, 열대 섬이 천국이 되고, 집이 궁전이 되며, 험준한 산 정상이 신성한 산령이 된다.

그런 다음 이들 원형은 이야기 전반에 걸쳐 다른 이미지와 연결되어 이미지 시스템을 형성하고, 그 이미지 시스템은 이야기 내내 엄청나게 다양하고 미묘한 세부 요소들을 반복하면서 이야기의 의미와 정서를 더 깊고 풍성하게 만든다. 16장에서 밝혔듯이 이런 지속적인 모티프 패턴은 반드시 잠재의식을 통해 전달되어야 한다. 이야기가 펼쳐지는 동안 독자와 관객이 상징과 상징의 의미를 의식하는 일은 결코 없어야 한다. 이미지 시스템이 지면 또는 화면에서 **예술**이라는 티를 내면서 눈길을 끄는 순간 그 시스템의 효과는 사라지고 오직 속물근성만이 남는다. 지적 토론은 영화가 끝난 후에 해야 한다. 영화가 진행 중인 동안이 아니라.

캐릭터의 복잡성

순수모험은 캐릭터의 강도도 동일한 방식으로 높인다. 순수모험에서는 관습적 핵심 배역 구성에서 드러나는 이타주의, 자기도취, 무력감이라는 각각의 특성에 자기모순, 다차원성, 심리학적 복잡성이 더해진다.

순수모험의 과장된 캐릭터들은 도덕적·정신적 모순을 통해 인간의 본성을 체화한다. 주인공이 자신의 주적이 되면 영웅적 행위는 종종 악행과 뒤섞인다. 이런 영웅-악당은 종종 자신이 저지른 악행의 피해자가 되기도 한다. 관객과 독자는 이들이 자신이 자초한 숙명을 대면하는 동안 발현되는 내적 복잡성에 매료되고, 관객과 독자의 마음속에 흥분, 연민, 두려움이 한꺼번에 소용돌이치게 된다.

순수모험의 절정은 종종 영웅에게 비극적인 아이러니를 들이민다. 영웅은 승리하지만 뭔가 소중한 것을 읽거나 실패하지만 지혜처럼 더할 나위 없이 귀중한 것을 얻는다. 전 세계의 독자와 관객의 입장에서 탁월한 순수모험 이야기는 단순히 즐거운 오락을 뛰어넘어 삶을 풍요롭게 만드는 예술작품이다.

주제의 복잡성

2장에서 살펴봤듯이 역동적이고 단순한 핵심 가치인 생/사가 액션 장르의 동력이다. 생/사의 의미는 명확하고 단일하다. '지금 이 자리에서 살아서 움직이는 것 vs 죽고 묻혀서 이 세상에서 완전히 사라진 것', 요컨대 존재/부존재를 의미한다.

순수모험은 이 가치를 불멸 vs 지옥살이로 증폭시킨다. 생명에는 생물학적 한계가 있다. 불멸은 그 한계를 영원으로 확장한다. 죽음은 확정적이지만 지옥살이는 결코 끝나지 않는다. 지옥에서 고통받는 영혼의 입장에서는 존재하는 상태에서 벗어나는 것이 오히려 은총이다. 예컨대 호러/액션 영화 「콘스탄틴」에서 지옥으로 내려간 영웅은 무(無)로 탈출하기 위해 몸부림치는 고통받는 영혼들을 본다.

생/사는 언제나 위태로운 균형을 유지하고 있지만, 순수모험은 종종 여기에 다른 가치를 추가해서 이야기를 풍성하게 만든다. 피해자를 구하기 위해 외부 세계에서 영웅이 벌이는 분투는 정신적·도덕적 죽음으로부터 스스로를 구하기 위한 내적 전쟁의 은유가 될 수 있다. 순수모험은 가치를 더 깊이 파고들어가기 위해 캐릭터의 내면을 진화시키거나 퇴행시킬 수 있다. 그동안 서스펜스에 사로잡힌 관객/독자는 영웅의 모험이 최종적으로 그의 인간성을 풍성하게 만들지 아니면 그의 인간성을 말살시킬지 궁금해하며 이를 지켜본다.

세 가지 예시를 살펴보자.

얼어붙은 바다

이 액션 모험 시리즈의 원작은 이언 맥과이어의 장편소설이다. 이 스토리는 육지와 바다에 사는 인간과 동물에 대한 자연의 냉혹한 무정함의 스펙트럼 전체를 극화한다. 구토로 뒤덮인 부둣가 골목길부터 얼음으로 채워진 북극 해로에 이르기까지 생존이 걸린 생/사 가치가 범죄 스토리 보조플롯의 정의/불의와 연결되면서 가치 복합체가 생성된다. 스토리를 따라가면서 주인공의 진화 플롯의 변화곡선은 충만한 인간성에 도달한다.

왕좌의 게임

이 확장 형식 액션/판타지에서는 이상주의자인 광신도(대너리스 타르가르

엔)와 현실주의자인 군주(세르세이 라니스터)가 치열한 액션 대결을 펼친다. 이 두 캐릭터는 시리즈의 지배 가치인 자유/탄압의 양극단에 서 있다.

매트릭스

처음에 영웅은 자신이 1990년대에 살고 있다고 믿지만, 이 거짓 현실에서 깨어나고부터는 대략 21세기의 어느 해에 살고 있음을 알게 된다. 현재는 인공지능이 지구를 지배하는 종말 이후의 세상이고, 그들은 인간을 에너지원으로 이용하고 있다. 인공지능은 인간의 정신을 꿈과 유사한 컴퓨터 시뮬레이션 세상인 매트릭스에 가둬서 달래고 있다.

주인공이 피해자인 토머스 앤더슨에서 영웅인 네오로 진화하는 인물변화곡선은 영화감독의 개인적 분투를 반영한다. 영화감독 라나 워쇼스키(Lana Wachowski)와 릴리 워쇼스키(Lilly Wachowski)는 트랜스젠더다. 두 사람 다 자신의 진정한 성정체성이 아닌 사회적으로 지정된 성정체성에 갇혀 있다고 느꼈다. 그러나 인터넷의 익명성 덕분에 그들은 신체적·사회적 구속에서 벗어나 자신의 젠더를 선택할 수 있었다. 온라인 세계의 무정부성과 자신의 진정한 자아를 찾고자 하는 열망에서 영감을 얻은 그들은 「매트릭스」의 시나리오를 썼고, 영화에 진짜/가짜 정체성이라는 핵심 가치를 가득 채웠다.

의미의 응집

액션의 네 가지 부속장르와 16가지 하위부속장르 모두 순수모험이 될 수 있다. 다음의 세 가지 방식으로 스토리의 의미는 원형으로 응집된다. 캐릭터들이 차원성을 개발하고, 이미지 시스템이 잠재의식을 통해 핵심 가치의 임팩트를 강화하고, 핵심 가치의 의미가 생/사 이상의 의미로 확장된다.

다음의 네 가지 예시를 통해 살펴보자.

액션 결투/추격 플롯

제임스 카메론의 「터미네이터」는 액션 결투 장르의 추격 플롯을 따른다.

액션 결투 : 추격 플롯

고속도로, 길거리, 좁은 골목, 막다른 골목, 건물 복도는
미로를 형성하고 그 미로에서 **악당이 영웅과 피해자를 추격**한다.

배역 구성

터미네이터라고 불리는 시간여행을 하는 다차원적인 암살자는 겉으로는 차가워 보이지만 내면에는 분노가 휘몰아치고 있다. 자신의 몸에 난 상처에는 무심하지만, 자신의 외모에는 신경을 쓴다. 그리고 가장 중요하고도 뚜렷한 모순은 그가 기계와 인간의 하이브리드라는 점이다.

2029년, 인공지능 기계와 인간과의 전쟁에서 인간 진영을 진두지휘하는 존 코너는 자기 휘하의 젊은 장교 카일 리스에게 자신의 어머니 사라 코너를 구하라는 임무를 맡기면서 과거인 1984년 로스앤젤레스로 보낸다. 터미네이터는 사라가 존 코너를 낳기 전에 죽이려고 한다. 터미네이터가 성공한다면 인간 진영의 지도자가 애초에 존재하지 않게 되어 앞으로 도래할 인류 말살 전쟁에서 인공지능이 승리하게 될 것이다.

이미지 시스템: 미궁

카메론 감독은 고대 그리스 신화 테세우스 vs 미노타우로스를 참고해 시나리오를 썼다. 미노타우로스는 크레타섬의 명장 다이달로스가 만든 미로에서 사는 괴물로, 반은 사람, 반은 황소의 모습을 하고 있다. 테세우스와 사랑에 빠진 크레타 공주 아리아드네는 그에게 미로의 중앙으로 들어가 미노타우로스를 죽이고 미궁을 탈출하는 데 필요한 비밀을 누설한다.

테세우스와 아리아드네처럼 카일과 사라도 사랑에 빠져 잠자리를 같이하고, 사라는 리스의 아들 존을 임신한다. 요컨대 미래에 인류를 구원할 구세주의 아버지는 다름 아닌 그 구세주가 어머니를 구하기 위해 과거로 보낸 젊은 장교였다. 이 뒤틀린 인과관계가 코너 가족을 시간의 거미줄로 칭칭 감는다.

목표물을 추적하는 과정에서 터미네이터는 LA 전화번호부에 사라 코너라는 이름으로 등록된 여자들을 차례차례 찾아가 죽이기 시작한다. 그런데 목록의 마지막에 있는 여자를 죽이기 직전에 리스가 그 여자를 구한다. 영웅과 피해자가 도주하고 추격전이 시작된다.

영화의 이미지 시스템은 로스앤젤레스의 거리, 좁은 골목, 고속도로, 골목길, 건물의 복도를 고대 그리스 신화의 미궁을 연상시키는 정교한 미궁으로 변형시킨다. 악당, 영웅, 피해자는 막다른 골목으로 가득한 건물들 사이를 돌아다니면서 공장의 중앙부로 점점 더 깊숙이 들어간다. 거기서 리스는 사라가 최후의 결전에서 승리할 수 있도록 자신의 목숨을 바친다. 이 미궁의 중심에서 사라 코너는 무시무시한 금속압축기로 터미네이터를 짓이겨 버린다.

의미

이 영화의 사건들에는 인류의 멸망이라는 위험부담이 뒤따르며, 그런 위험부담으로 인해 생 vs 사라는 핵심 가치가 생존 vs 전멸이라는 가치로 첨예화된다.

인류를 구원할 운명인 존 코너의 이름 약자 J와 C가 기독교의 예수 그리스도(Jesus Christ)의 약자와 같을 뿐 아니라 마치 우연의 일치인 양 영화감독 제임스 카메론(James Cameron)의 이름 약자와도 같다는 점은 주목할 만하다.

액션 모험/괴물 플롯

허먼 멜빌의 『모비딕』은 액션 모험 장르의 괴물 플롯을 따른다.

산업혁명에 의한 자연파괴를 극화하기 위해 멜빌은 자신의 소설에서 포경 산업에 초점을 맞춘다. 자연 파괴라는 범죄의 중대함을 전달하기 위해서는 그에 못지않게 웅장한 사건들, 캐릭터들, 시적 감성이 필요했다.

액션 모험: 괴물 플롯

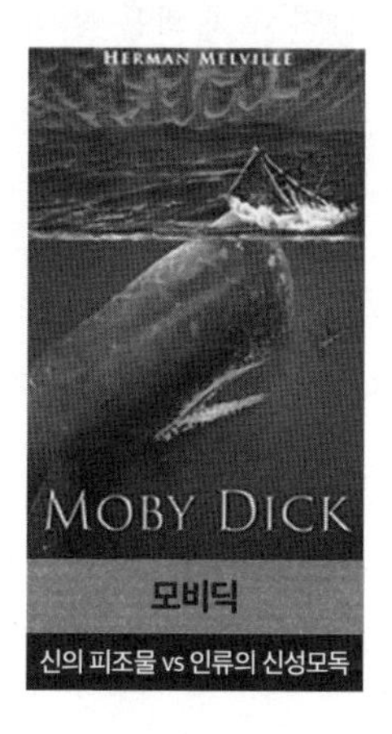

인간의 산업이 범한 **신성모독**에 의해
훼손된 신의 **신성한 작품**으로서의 자연

배역 구성

포경선 선장 에이해브는 복수심에 사로잡혀 모비딕을 쫓는다. 에이해브는 여러 해 전에 알비노 향유고래인 모비딕에게 한쪽 다리를 잃었다. 처음에는 에이해브 선장이 영웅-피해자, 고래는 괴물-악당인 것처럼 보인다. 그러나 시간이 흐르면서 에이해브는 악당이 된다. 그는 복수에 눈이 멀어 거대한 모비딕과의 승산없는 싸움을 벌이면서 선원들을 죽음으로 내몰아 피해자로 전락시킨다. 관점을 뒤집어 바라보면 모비딕은 자연의 영웅이다. 그는 신의 피조물들이 인간의 무자비한 폭력의 피해자가 되기 전에 보호하는 수호자다.

이미지 시스템: 신의 피조물 vs 인류의 신성모독

약 250년 전 산업혁명 때부터 인간은 자연을 훼손했고 지금까지도 산업을 섬기는 노예 취급을 하면서 채찍을 휘두르고 있다. 포경 산업은 기계 윤활유로 쓸 고래 기름과 향수 제조에 쓸 용연향을 얻기 위해 이 경이로운 생명체를 수백만 마리씩 죽인다.

피조물에게 자행된 이런 심각한 범죄에 걸맞은 형벌을 내리기 위해 멜빌은 구약성서를 참고해 이미지 시스템을 구축한다. 이 이미지 시스템은 자연을 미지의 신으로, 인간의 산업은 타락한 신성모독으로, 모비딕은 신의 손으로 표현한다. 모비딕의 상대는 신성모독을 범하는 에이해브와 그가 이끄는 살인자 집단이다.

멜빌의 소설 도입부에는 목사가 등장해 요나와 고래에 대해 설교한다. 멜빌은 화자이자 시점 캐릭터에게 아브라함의 장자 이슈마엘(이스마엘)의 이름을 붙였다. 주인공의 이름으로는 이스라엘 왕의 이름 에이해브를 선택했다. 성경에서는 에이해브(아합) 왕에 대해 "이전의 모든 왕들보다 악하며, 이스라엘 신의 진노를 격발시킨 자"(열왕기上 16장 33절)라고 쓰고 있다. 이야기 중에 이슈마엘은 증오로 가득한 선장에 대해 이렇게 말한다. "에이해브의 가슴이 대포였다면 그는 고래를 향해 자신의 심장을 쐈을 것이다."

절정의 전투 장면에서 에이해브는 광기에 사로잡힌다. 작살에 연결된 밧줄이 에이해브를 그가 그토록 죽이고 싶어 한 리바이어던의 등에 휘감는다. 모비딕이 파도 위로 잠시 솟구쳐 올랐을 때 죽은 에이해브의 팔이 흔들리고, 그 모습이 마치 에이해브가 선원들에게 손짓하며 자신과 함께 깊이를 알 수 없는 심연 속으로 함께 가자고 부르는 것 같다.

의미

멜빌의 소설은 생/사라는 가치를 자연만이 아닌 인류를 포함한 모든 살아 있는 생명의 생존/전멸이라는 가치로 첨예화한다.

액션 스릴러/기한 플롯

앨런 무어가 글을 쓰고 데이브 기븐스가 그림을 그린 『왓치맨』은 액션 스릴러 장르의 기한 플롯을 따른다.

최초의 핵폭탄 투하로 인류 멸종이 좀 더 가까운 미래가 되었다. 곧 냉전이 시작되었고, 쿠바 미사일 위기는 전 세계를 두려움에 떨게 했다. 그로부터 몇 십 년 동안 각종 협정이 체결되었지만, 핵무기는 점점 더 쌓여만 갔다. 스리마일섬 원전 사고가 발생한 뒤에도 그보다 더 끔찍한 체르노빌 원전 사고가 발생했다. 편집증은 체념으로 바뀌었다.

이런 역사에 대한 반응으로 작가 앨런 무어와 일러스트레이터 데이브 기븐스는 그들이 해결하고자 하는 복잡한 갈등에 대한 가장 간단한 답은 슈퍼히어로라고 느꼈다. 그래서 슈퍼히로이즘(superheroism)의 심리와 정신에 숨겨진 가능성들을 탐구하기 시작했다. 어떤 히어로는 정의에 병적으로 집착한다. 어떤 히어로는 소명의식을 상실하고 무력감을 느낀다. 허영심이 거만한 자아를 검은 충동으로 유혹하기도 하고, 자기비하로 인해 검은 충동에 넘어가기도 한다.

이런 통찰을 구현하기 위해 무어와 기븐스는 액션 장르의 이상향을 부수고 그 이상향의 잠재의식에 도사리는 동기의 가면을 벗긴다. 또 이미지와 대화의 이면에 숨은 문화적 가설들을 폭로한다.

액션 스릴러: 기한 플롯

인생은 시간이 서서히 줄어들고,
역사도 끝을 향해 가까워진다.

총 12호로 발행된 코믹스 시리즈 『왓치맨』에서 두 사람은 자신들의 히어로를 대안 세계에 집어넣는다. 그 세계는 1986년, 리처드 닉슨이 대통령이고, 세계는 점점 더 핵 학살에 가까워지고 있는 뒤틀린 세계다. 히어로들은 그 재앙을 막고 싶어 하지만 명백하게 밝혀지거나 특정된 악당이 없다 보니 누구에게 책임을 물어야 할지, 그 재앙이 언제 터질지 알 수 없다. 게다가 인류 멸망을 막기 위한 분투는 존재의 의미에 대한 회의와 그냥 지켜보고 싶다는 유혹에서 비롯된 내적 갈등과 융합된다.

액션 장르의 이상주의의 문제점을 폭로하기 위해 「왓치맨」은 시간, 공간, 사건, 캐릭터를 쪼갠다.

시간

장면은 비선형적인 시간을 오가면서 재구성된 역사의 몇 십 년에 걸친 시간을 교차편집한다. 마치 시간성이 아무 의미가 없다는 듯이.

공간

캐릭터들은 뉴욕, 화성, 남극으로, 그리고 다시 뉴욕으로 순간 이동한다. 이번에도 마치 장소 간 거리라는 것이 아무 의미가 없다는 듯이.

사건

스토리는 배후가 수상쩍은 살인 사건으로 시작하고 핵전쟁으로 지구상의 모든 생명체가 재가 되어 사라질 위기에 처한 것으로 끝난다. 마치 사회구조가 아무 의미가 없다는 듯이.

캐릭터

「왓치맨」에서 뉴욕 시민 수백만 명이 피해자가 되어 고통받는 동안 영웅/악당 파편을 변형한 주요 배역들이 하나씩 소개된다.

로어섀크는 마니교 자경단원에서 영웅적인 죽음을 맞고 싶어 하는 순교자로 변화한다. 실크 스펙터(1대)를 강간한 코미디언은 시가를 피우는 자경단원이며, 이후 정부 기관에 들어간다. 실크 스펙터(2대)의 정체성 위기는 그녀가 코미디언이 자신의 아버지라는 사실을 마침내 받아들이면서 끝난다. 에이드리언 바이트(별칭 오지만디아스)는 전형적인 영웅에서 세계 종말을 설계하는 악당으로 변절한다. 인류를 구해야 한다는 왜곡된 논리로 뉴욕 시민 절반을 제거하는 계획을 세운다.

왓치맨의 배역 구성

닥터 맨해튼의 캐릭터를 구축하면서 앨런 무어는 양자 세계에서 사는 캐릭터가 시간을 선형적·순환적·임의적 중에서 어떤 관점으로 볼지 궁금했다. 어느 관점을 선택하건 인간사에 대한 그의 감각이 왜곡될 것이다. 그래서 무어는 닥터 맨해튼이 허무주의자에서 기적을 믿는 사람으로 변화곡선을 그리도록 했다.

종합적으로는 모순들이 이들 캐릭터를 마구 뒤흔들어서 도덕성과 양심에 대한 관념들이 모조리 의미를 잃는다. 모든 것이 부질없다는 감각이 『왓치맨』 전반에 배어 있다. 기한 플롯의 시계는 계속 돌아가지만 캐릭터들은 최후의 심판의 날이 다가오는 것을 무기력하게 지켜본다.

이미지 시스템: 지구종말시계

『왓치맨』의 타이틀 페이지는 시간성과 거리를 두는 이미지 시스템으로 시작한다. 역사는 시간이 다 되어 가고 있고, 시간은 천천히 멈추고 있으며, 생명이 끝나고 있다. 주요 이미지는 지구종말시계다. 지구종말시계는 지구 재앙의 날까지 시간이 얼마나 남았는지를 측정하는 장비다. 피로 얼룩진 웃는 얼굴인 시계판은 이야기 전반에 걸쳐 다양한 방식으로 재등장한다.

전직 시계공인 닥터 맨해튼은 죽음에서 다시 부활할 수 있고, 사물을 마음대로 바꿀 수 있다. 이런 신과도 같은 초능력은 시계를 고치는 기술에 비유된다. 시계의 모든 부품에 대해 속속들이 알고서 그것들이 어떻게 하나로 조립되는지를 아는 것과 같다고 말한다. 닥터 맨해튼의 미래를 보는 능력은 카운트다운과 같은 역할을 한다. 삶은 시곗바늘이 없는, 시작도 끝도 없는 시계판과도 같다. 그 시계는 핵전쟁에 의해 부숴지기 전까지 쉬지 않고 째각째각 돌아간다.

스토리의 절정에서 히어로들은 마침내 악당의 계획이 무엇인지 알아내지만 그것을 막기에는 이미 늦었다. 악당이 이미 35분 전에 계획을 실행에 옮겼기 때문이다.*

의미

생존/전멸을 지나 「왓치맨」은 희망 vs 절망, 합리 vs 불합리라는 가치를 발동시킨다. 그러나 이야기는 두 가치 대립항의 부정적인 가치값을 받아

* Sara J. Van Ness, 「Watchmen as Literature: A Critical Study of the Graphic Novel」 (London: McFarland & Company, 2010)

들이는 수동적인 체념으로 끝난다.

액션 서사극/반역 플롯

필 로드와 크리스토퍼 밀러의 「레고 무비」는 액션 서사극 장르의 반역 플롯을 따른다.

액션 서사극: 반역 플롯

꽉 막힌 로드 비즈니스는
완벽주의자인 아버지를 상징하고,
에밋은 **자유를 추구**하는 아들을 상징한다.

장난감 캐릭터가 출연하는 이 겸손한 작품은 범상치 않은 깊이와 솔직함으로 그런 것을 기대하지 않았던 관객들을 깜짝 놀라게 한다. 로드와 밀러는 액션과 가정 드라마라는 기본 장르와 기법적 장르인 판타지, 애니메이션, 라이브 액션을 융합시킴으로써 생과 사가 유발하는 흥분에 유일무이한 에너지를 부여한다.

배경설정

영화는 병렬 스토리(parallel stories)를 두 영역에서 풀어 나간다. 핀이라는 소년이 탁자 위에 레고 타운을 만드는 지하실 세계와 브릭스버그라고 불리는, 소년의 상상력이 창조한 판타지 마을에서 이야기가 펼쳐진다.

배역 구성

소년의 아버지(별칭 위층 남자)가 핀의 삶을 통제한다. 통제광인 폭군 로드 비즈니스는 브릭스버그의 통치자다. 로드 비즈니스는 브릭스버그에서 움직이는 모든 피스를 접착체로 붙여 버리고 새로운 것은 무조건 불법으로 규정하는 엄격한 영속성을 추구한다. 핀의 아버지도 핀의 레고 타운을 똑같이 고정하고 싶어 한다. 브릭스버그에서 에밋(핀의 아바타)은 로드 비즈니스에게 반기를 든다. 지하실에서 핀은 에밋에게 영감을 받아 자신의 창의성에 대한 존중을 쟁취하고 그와 더불어 아버지로부터 새로운 자율권을 획득한다.

맥거핀

이야기의 맥거핀은 두 부분으로 구성되어 있으며, 두 배경설정 모두에서 맥거핀 역할을 한다. 핀의 지하실 세계에서는 순간접착제 크레이지 글루와 뚜껑이다. 핀이 상상한 세계 브릭스버그에서 크레이지 글루는 레고 피스들을 영구적으로 붙여 버리는 최종병기 크레글이 된다. 뚜껑은 크레글을 무력화할 수 있는 안전장치 '저항의 피스'다.

사건

오프닝 시퀀스에서 로드 비즈니스는 마법사 비트루비우스를 공격해 크래글을 훔치고, 비트루비우스를 레고 세상 밖 심연으로 던져 버린다. 마법사는 떨어지면서 언젠가 선택받은 자가 나타나 로드 비즈니스를 물리치고 창의성을 구원할 것이라고 예언한다.

몇 년 뒤, 천하태평한 건설 노동자 에밋은 지하세계 비밀 공간으로 굴러떨어지고 저항의 피스를 발견한다. 저항의 피스를 만지자 위층 남자의 모습이 에밋의 시야를 덮으면서 에밋은 정신을 잃는다. 정신을 차려 보니 로드 비즈니스를 위해 일하는 나쁜 경찰/착한 경찰에게 체포되어 구금된 상태다. 이때 영웅적인 와일드스타일이 나타나서 에밋을 구출한다. 와일드스타일은 에밋이 선택받은 자라고 믿고서 비트루비우스에게 데려간다.

에밋은 와일드스타일과 비트루비우스가 마스터 빌더라는 사실을 알게 된다. 마스터 빌더는 설명서 없이 무엇이든 만들어 낼 수 있는 사람들이다. 에밋이 맥거핀을 만졌을 때 본 위층 남자의 모습에 대해 말하자 와일드스타일과 비트루비우스는 에밋이 영웅이며, 자신들의 역사적 반란을 이끌 지도자라고 믿는다.

각양각색의 영웅들이 반란에 동참한다. 배트맨, 슈퍼맨, 그린 랜턴, 원더우먼 같은 슈퍼히어로, 간달프가 이끄는 「반지의 제왕」의 전사들, 「스타워즈」 캐릭터 C-3PO, 랜도 캘리시언, 한 솔로, 기타 에이브러햄 링컨, 샤킬 오닐, 셰익스피어도 힘을 보탠다.

에밋은 이 연합군을 이끌고서 로드 비즈니스에게 맞서지만, 그들 모두의 힘을 합쳤음에도 불구하고 영웅은 포로로 잡히고, 비트루비우스는 죽고, 마스터 빌더들은 감옥에 갇힌다. 저항의 피스를 심연에 던져 버린 로드 비즈니스는 성의 자폭 장치를 작동시켜 나머지 사람들을 죽도록 내버려 둔 채 떠난다.

이 속수무책 장면에서 에밋 앞에 비트루비우스의 유령이 갑자기 나타나 선택받은 자가 되려면 에밋이 먼저 스스로를 믿어야 한다고 말한다. 그러자 에밋은 자폭 장치의 배터리를 떼어 내고 배터리를 등에 짊어진다. 죽음 앞에서 그는 성 밖으로 몸을 던져 마스터 빌더들의 목숨을 구한다.

다시 정신을 차린 에밋은 천국에 있다. 천국은 바로 핀의 지하실이다. 이 시점에서 현실 세계와 상상 세계가 하나로 합쳐지면서 핀의 아버지가 지하실로 내려와 각기 다른 레고 세트를 서로 뒤섞었다며 아들을 나무란다.

아버지가 레고에 접착제를 붙이기 시작하자 에밋은 위험을 감지하고 핀의 주의를 끈다. 핀은 재빨리 에밋과 저항의 피스를 탁자 위 레고 타운으로 되돌려 놓는다. 브릭스버그에 돌아온 에밋은 로드 비즈니스와 대면한다.

그 시간, 핀은 아버지와 대면한다. 핀은 에밋이 로드 비즈니스에게 하는 말을 빌려 아버지에게 자신에게는 창의성이라는 힘이 있다고 말한다. 그 순간 아버지는 핀이 만들어 낸 악당이 자신을 형상화한 것이라는 사실을 깨닫는다. 부끄러워진 아버지는 아들과 화해한다.

다시 상상의 세계로 돌아가서, 로드 비즈니스도 생각을 바꾼다. 그는 저항의 피스로 크래글을 봉인하고 피해자들의 접착제를 제거한다.

두 개의 병렬 반역 플롯이 핀의 성장 플롯을 구성한다. 다시 그 세 플롯은 악당 로드 비즈니스와 완고한 아버지의 구원 플롯으로 이어진다. 두 악당 모두 잔인한 인물에서 자상한 인물로 변화한다.

이미지 시스템: 통치자/반역자인 아버지/아들

영화의 이미지 시스템은 거울의 방이다. 두 개의 세계, 현실 세계와 상상 세계가 서로를 비춘다. 융통성 없는 로드 비즈니스와 완벽주의자 아버지처럼. 역 이미지는 규칙을 중시하는 아버지와 자유를 추구하는 아들을 대립시킨다.

「레고 무비」는 아버지와 아들에게 통치자 vs 반역자라는 제2의 배역을 맡기는 이미지 시스템에 따라 구축된 액션 판타지 스토리를 들려준다. 소년의 상상 세계에서 자신의 아바타인 에밋 브리코스키는 자신의 아버지, 즉 위층 남자를 상징하는 로드 비즈니스와 맞서 싸운다. 상상 세계의 창의적 자유 vs 엄격한 독재라는 이미지 시스템은 규칙을 만드는 아버지와 자유를 추구하는 아들 간 영원한 권력 투쟁을 반영한다.

이 이미지는 에밋이 죽어서 상상 세계의 천국, 즉 진짜 사람들의 지하실로 이동했을 때 전형적인 절정에 이른다. 알레고리의 창작자들은 자신들이 원하는 대로 자유롭게 규칙을 정할 수 있다. 그래서 이 영화의 감독들은 자신들의 설정을 비틀어 현실 세계와 상상 세계가 만나는 순간에 마법을 더해 이 액션 코미디를 순수모험으로 승화시켰다.

의미

이 영화의 감독 필 로드와 크리스토퍼 밀러는 아버지와 아들 사이에서 벌어지는 현실적인 갈등을 반역 vs 복종, 자유 vs 폭정이라는 인류사의 영원한 갈등으로 형상화했다. 그러나 결말에서는 양쪽 가치값 중 어느 한쪽도 완전히 제거되지 않는다.

어쨌거나 레고는 플라스틱 조각들이지 얼룩이나 소음이 아니다. 어른 세계는 책임 있는 부모를 요구하는 반면, 레고는 아이들에게 창의적 자유를 누리도록 격려한다. 그래서 밀러와 로드는 상상 세계에 균형감각을 부여한다. 그런 균형감각을 유지하는 것은 이해가 동반된 부모의 사랑이 아이의 자기표현 욕구를 받아들일 때에만 가능하다.

23장

형식 vs 공식

우리는 머리말에서 제시한 경구를 상기시키면서 이 책을 마무리하고자 한다. 형식(formula)은 공식이 아니다. 형식은 보편적이어서 모든 가능한 예시를 포함한다. 액션 장르는 피해자를 구하기 위해 영웅과 악당을 대적시킨다. 그게 전부다. 모든 액션은 이 형식을 따른다. 변주 가능성이 무한하다. 그러나 공식은 제한적이다. 공식은 보편적인 것의 고정된 부분 집합이며, 형식을 단 하나의 한정적인 방식으로 실행하도록 명령한다.

어떤 작가들은 즉흥성과 재발명이라는 관념에 반감을 느끼는 것 같다. 그들은 형식이라는 아이디어에는 형식이 없다고 말한다. 그들은 청사진을 원한다. 그로 인해 할리우드 역사에서 가장 유명한 창작 공식 두 가지가 등장했다. 바로 왜모 공식(Whammo Formula)과 여정 공식(Journey Formula)이다.

왜모 공식

지금으로부터 50여 년 전에 컬럼비아 픽처스(Columbia Pictures)의 분석가들은 박스오피스 매출을 분석했고 흥행작들이 1편당 6~8개의 주요 전환점으로 구성된다는 사실을 발견했다. 기존 영화계 관행은 영화 1편을 3~4개의 주요 전환점으로 구성했다. 이런 발견은 흥행 수익에 관한 새로운 이론을 낳았다. '폭발적인 반전이 팔린다, 그러니 영화가 더 잘 팔리도록 전환점을 늘려라.'

영화사들은 왜모 차트를 마련했다. 왜모 차트는 시나리오의 페이지 번호로, 주요 전환점의 배치 공식을 제시했다. 영화사의 스토리 개발 부서는 투고된 모든 시나리오를 이 차트와 비교하라는 지시를 받았다. 왜모 차트에 들어맞는 시나리오는 검토 대상이 되었다. 그렇지 않은 시나리오는 거절되었다.

그 결과 컬럼비아 픽처스는 다른 어떤 영화사보다도 더 많은 오스카상 작품상 수상작을 배출했지만, 「록키」, 「패튼 대전차 군단」, 「분노의 주먹」, 「디어헌터」, 「프렌치 커넥션」, 「뻐꾸기 둥지 위로 날아간 새」는 제작하지 않았다. 또한 「대부」 3부작도, 「스타워즈」 3부작도 제작하지 않았다. 컬럼비아 픽처스의 입장에서는 다행하게도, 1980년에 부임한 새 CEO가 왜모 차트를 폐기했고, 컬럼비아 픽처스는 다시 정상 궤도로 돌아왔다.

여정 공식

「스타워즈」 시리즈의 성공은 두 번째 패턴 공식을 낳았다. 조지 루카스는 자신의 성공에 고무된 나머지 그 스토리 아이디어를 조지프 캠벨이 쓴 『천의 얼굴을 가진 영웅』에서 가져왔다고 공식적으로 밝혔다. 「스타워즈」가 엄청난 성공을 거둔 것을 보면서 할리우드는 캠벨의 '영웅의 여정(Hero's Journey)'이 흥행의 새로운 열쇠라고 믿게 되었다. 그 후로 이 공식을 재활용하는 시나리오 원고가 계속 나오고 있다.

『천의 얼굴을 가진 영웅』은 캠벨이 거의 모든 액션 신화의 바탕이 되는 원형이라고 주장하는 사건의 패턴을 개요한다. 그러나 이 책의 출간 이후 인류학자와 신화학자들은 캠벨의 주장을 받아들이지 않았을 뿐 아니라 오류도 지적했다.

첫째, 캠벨이 오토 랑크의 『영웅의 탄생(The Myth of the Birth of the Hero)』(1932)과 칼 융의 「집단 무의식 이론(The Concept of the Collective Unconscious)」(1936)의 내용을 원 작가들이 받아들이지 않았을 방향으로 왜곡했다고 지적했다. 둘째, 자신의 주장이 사실이라고 독자를 설득하기 위해 캠벨은 자신의 주장에 어긋나는 사례는 아예 무시했다. 셋째, 그는 고대 그리스 신화와 중동 신화는 다루지 않았을 뿐더러 아무도 확인할 수 없는 알려지지 않은 부족의 알려지지 않은 설화를 인용했다. 넷째, 자신의 주장을 뒷받침할 예시가 필요하면 그냥 예시를 지어냈다. 마지막으로, 캠벨의 주요 예시들은 과학적 연구의 대상이 되었을 때 명백한 오류임이 드러났다. 간단히 말해, 신화에 대한 조예가 깊은 학자들은 캠벨의 이론을 일축했다.

세계에서 가장 오래된 액션 영웅담 『길가메시 서사시』를 살펴보자. 주인공인 길가메시는 이야기 초반에는 폭군이며, 자신의 백성들에게 원망을 사고 있다. 길가메시는 평생의 동반자 엔키두 덕분에 개과천선한다. 두 사람은 함께 여러 가지 모험에 나서고, 그중 하나가 불멸을 얻기 위한 모험이다. 그러나 두 사람의 모험은 전부 실패로 끝난다. 길가메시는 불로장생의 명약을 가지고 돌아오지 않는다. 누구도 비극으로부터 구하지 못한다. 엔키두도 구하지 못했고, 자기 자신도 구하지 못했다. 죽음이 최종적인 권력을 쥐고 있다. 이 진실이 장엄한 순수모험을 탄생시켰다.

여느 스토리텔링 공식처럼 여정 공식은 부분을 전체로 오인하는 범주오류를 범한다. 전체는 액션 장르에 심어져 있는 스토리의 보편적 형식이고, 그 형식의 한 측면이 도전적인 모험이다. 방향을 헷갈리면 안 된다.

영웅의 여정 공식은 기껏해야 액션 플롯에 성숙 플롯을 엮은 것에 불과하다. 「127시간」에서는 이 융합이 영웅으로 하여금 가만히 서 있게 만든다. 그리고 그것이 핵심이다. 공식은 액션을 클리셰를 줄줄이 엮은 사슬로 환원시킨다.

우리는 액션의 네 가지 부속장르와 16가지 하위부속장르를 살펴보면서 액션 작가들이 그동안 사용한 익숙한 형상을 살펴보았다. 물론 액션 작가들은 그런 관습이 창작 법칙이 아니라는 것을 안다. 관객과 독자는 그런 패턴을 즐기기는 해도 그런 패턴을 요구하지는 않는다. 액션 장르를 활성화시키고 번창시키고 싶다면 액션의 형식을 완전히 정복하라. 그리고 미래의 팬들을 위해 액션 장르를 재발명하고 즉흥적으로 변형하라.

창작적 자유의 감각을 길잡이 삼아 이제 우리 모두 액션 장르에 대한 우리의 사랑을 받아들일 때다.

감사의 말

올리버 브라운과 루크 리온-월에게 감사의 마음을 전한다. 두 사람은 몇 번이고 초고가 나올 때마다 그 원고들을 읽고 통찰력 있는 메모를 남기고 한시도 나에 대한 믿음을 잃지 않았다. 그리고 늘 그렇듯 내 편집자 마시아 프리드먼에게 감사의 마음을 전한다. 말이 되는 것과 말이 안 되는 것을 정확하게 구별하는 그녀의 예리한 눈에도 늘 빚을 지고 있다.

부록

이 책에 등장한 작품들

인명 원어 표기

이 책에 등장한 작품들

영화

007 노 타임 투 다이 NO TIME TO DIE
미국, 영국/2021년
감독: 캐리 후쿠나가Cary Fukunaga
시나리오: 닐 퍼비스Neal Purvis, 로버트 웨이드 Robert Wade, 캐리 후쿠나가
원작: 이언 플레밍Ian Fleming의 소설

007 카지노 로얄 CASINO ROYALE
영국, 미국, 체코/2006년
감독: 마틴 캠벨Martin Campbell
시나리오: 닐 퍼비스Neal Purvis, 로버트 웨이드 Robert Wade, 폴 해기스Paul Haggis
원작: 이언 플레밍Ian Fleming의 소설

007 퀀텀 오브 솔러스 QUANTUM OF SOLACE
미국/2008년
감독: 마크 포스터Marc Forster
시나리오: 닐 퍼비스Neal Purvis, 로버트 웨이드 Robert Wade, 폴 해기스Paul Haggis
원작: 이언 플레밍Ian Fleming의 소설

007 스카이폴 SKYFALL
영국, 미국/2012년
감독: 샘 멘데스Sam Mendes
시나리오: 닐 퍼비스Neal Purvis, 로버트 웨이드 Robert Wade, 존 로건John Logan
원작: 이언 플레밍Ian Fleming의 소설

007 스펙터 SPECTRE
미국, 영국/2015년
감독: 샘 멘데스Sam Mendes
시나리오: 닐 퍼비스Neal Purvis, 로버트 웨이드 Robert Wade, 존 로건John Logan

원작: 이언 플레밍Ian Fleming의 소설

127시간 127 HOURS
미국, 영국/2010년
감독: 대니 보일Danny Boyle
시나리오: 대니 보일, 사이먼 보포이Simon Beaufoy
원작: 아론 랠스톤Aron Ralston의 책

2001: 스페이스 오디세이 2001: SPACE ODYSSEY
영국, 미국/1968년
감독: 스탠리 큐브릭Stanley Kubrick
시나리오: 스탠리 큐브릭, 아서 C. 클라크 Arthur C. Clarke
원작: 아서 C. 클라크의 소설

2012
미국, 캐나다/2009년
감독: 롤랜드 에머리히Roland Emmerich
시나리오: 롤랜드 에머리히, 하랄드 클로저Harald Kloser

24와 1/2세기의 덕 다저스 DUCK DODGERS IN THE 24½TH CENTURY
미국/1953년
감독: 척 존스Chuck Jones
시나리오: 마이클 맬티즈Michael Maltese

300
미국/2007년
감독: 잭 스나이더Zack Snyder
시나리오: 마이클 고든Michael Gordon, 커트 존스타드Kurt Johnstad, 잭 스나이더
원작: 프랭크 밀러Frank Miller, 린 바리 Lynn Varley의 만화

7인의 사무라이 七人の侍
일본/1954년
감독: 구로사와 아키라黒澤明
시나리오: 하시모토 시노부橋本忍, 구로사와 아키라, 오구니 히데오小國英雄

가디언즈 오브 갤럭시 GUARDIANS OF THE GALAXY
미국/2014년
감독: 제임스 건James Gunn
시나리오: 제임스 건, 니콜 펄먼Nicole Perlman
원작: 댄 애브닛Dan Abnett, 앤디 래닝Andy Lanning의 만화

갤럭시 퀘스트 GALAXY QUEST
미국/1999년
감독: 딘 패리소트Dean Parisot
시나리오: 데이빗 하워드David Howard, 로버트 고든Robert Gordon

골든 차일드 THE GOLDEN CHILD
미국/1986년
감독: 마이클 리치Michael Ritchie
시나리오: 데니스 필드먼Dennis Feldman

그래비티 GRAVITY
미국, 영국/2013년
감독: 알폰소 쿠아론Alfonso Cuarón
시나리오: 알폰소 쿠아론, 조나스 쿠아론Jonás Cuarón

그린 랜턴: 반지의 선택 GREEN LANTERN
미국/2011년
감독: 마틴 캠벨Martin Campbell
시나리오: 그렉 버랜티Greg Berlanti, 마이클 그린Michael Green, 마크 구겐하임Marc

Guggenheim
원작: 만화 그린 랜턴 시리즈

나이트메어 A NIGHTMARE ON ELM STREET
미국/1984년
감독, 시나리오: 웨스 크레이븐Wes Craven

노인을 위한 나라는 없다 NO COUNTRY FOR OLD MEN
미국/2007년
감독: 조엘 코언Joel Coen
시나리오: 조엘 코언, 에단 코언Ethan Coen
원작: 코맥 매카시Cormac McCarthy의 소설

니모를 찾아서 FINDING NEMO
미국/2003년
감독: 앤드루 스탠턴Andrew Stanton, 리 언크리치 Lee Unkrich
시나리오: 앤드루 스탠턴, 밥 비터슨Bob Peterson, 데이비드 레이놀즈David Reynolds

다이 하드 DIE HARD
미국/1988년
감독: 존 맥티어난John McTiernan
시나리오: 젭 스튜어트Jeb Stuart,
스티븐 E. 드 수자Steven E. de Souza
원작: 로데릭 소프Roderick Thorp의 소설
「영원한 것은 없다Nothing Lasts Forever」

다이 하드 2 DIE HARD 2
미국/1990년
감독: 레니 할린Renny Harlin
시나리오: 스티븐 E. 드 소우자Steven E. de Souza, 더그 리처드슨Doug Richardson
원작: 월터 웨거Walter Wager의 소설 「58분 Minutes」

다이 하드 3 DIE HARD WITH A VENGEANCE
미국/1995년
감독: 존 맥티어난John McTiernan
시나리오: 조너선 헨즐리Jonathan Hensleigh, 로데릭 돌프Roderick Thorp

다이 하드 4.0 LIVE FREE OR DIE HARD
미국/2007년
감독: 렌 와이즈먼Len Wiseman
시나리오: 존 칼린John Carlin, 로데릭 돌프 Roderick Thorp, 마크 봄백Mark Bomback

다이 하드: 굿 데이 투 다이 A GOOD TO DIE HARD
미국/2013년
감독: 존 무어John Moore
시나리오: 스킵 우즈Skip Woods
원안: 로더릭 소프Roderick Thorp

다크 나이트 THE DARK KNIGHT
미국/2008년
감독: 크리스토퍼 놀란Christopher Nolan
시나리오: 크리스토퍼 놀란, 조나단 놀란Jonathan Nolan, 데이빗 S. 고이어David S. Goyer

다크 나이트 라이즈 THE DARK KNIGHT RISES
미국, 영국/2012년
감독: 크리스토퍼 놀란Christopher Nolan
시나리오: 크리스토퍼 놀란, 조나단 놀란Jonathan Nolan, 데이빗 S. 고이어David S. Goyer

닥터 스트레인지 DOCTOR STRANGE
미국/2016년
감독: 스콧 데릭슨Scott Derrickson
시나리오: 스콧 데릭슨, 존 스파이츠Jon Spaihts, C. 로버트 카길C. Robert Cargill

대부 THE GODFATHER

미국/1972년

감독: 프랜시스 포드 코폴라Francis Ford Coppola

시나리오: 프랜시스 포드 코폴라,

마리오 푸조Mario Puzo

원작: 마리오 푸조의 소설

대부 2 THE GODFATHER PART II

미국/1974년

감독: 프랜시스 포드 코폴라Francis Ford Coppola

시나리오: 프랜시스 포드 코폴라,

마리오 푸조Mario Puzo

원작: 마리오 푸조의 소설

대부 3 THE GODFATHER PART III

미국/1990년

감독: 프랜시스 포드 코폴라Francis Ford Coppola

시나리오: 프랜시스 포드 코폴라,

마리오 푸조Mario Puzo

원작: 마리오 푸조의 소설

더 그레이 THE GREY

미국, 캐나다/2011년

감독: 조 카나한Joe Carnahan

시나리오: 조 카나한, 이안 맥켄지 제퍼스Ian Mackenzie Jeffers

더 이퀄라이저 THE EQUALIZER

미국/2014년

감독: 안톤 후쿠아Antoine Fuqua

시나리오: 리처드 웬크Richard Wenk

원작: 마이클 슬로안Michael Sloan,

리처드 린드하임Richard Lindheim의 TV 시리즈

데드풀 DEADPOOL

미국/2016년

감독: 팀 밀러Tim Miller

시나리오: 렛 리즈Rhett Reese,

폴 워닉Paul Wernick

도망자 THE FUGITIVE

미국/1993년

감독: 앤드루 데이비스Andrew Davis

시나리오: 젭 스튜어트Jeb Stuart, 데이비드 투이 David Twohy, 로이 허긴스Roy Huggins

드라큘라 DRACULA

미국/1931년

감독: 토드 브라우닝Tod Browning

시나리오: 가렛 포드Garratt Ford, 더들리 머피 Dudley Murphy(보충 대사, 이하 크레디트에는 빠짐), 루이스 브롬필드Louis Bromfield, 루이스 스티븐스Louis Stevens

원작: 브람 스토커Bram Stoker의 소설을 해밀턴 딘Hamilton Deane과 존 L. 볼더스턴John L. Balderston이 각색한 연극

디어헌터 THE DEER HUNTER

미국/1978년

감독: 마이클 치미노Michael Cimino

시나리오: 마이클 치미노, 데릭 워시번Deric Washburn, 루이스 가핑클Louis Garfinkle

러시 아워 RUSH HOUR

미국/1998년

감독: 브렛 래트너Brett Ratner

시나리오: 로스 라마나Ross LaManna,

짐 커프Jim Kouf

레고 무비 THE LEGO MOVIE

미국, 덴마크, 오스트레일리아/2014년

감독: 필 로드Phil Lord, 크리스토퍼 밀러

Christopher Miller
시나리오: 필 로드, 크리스토퍼 밀러, 단 헤이지맨 Dan Hageman, 케빈 헤이지맨Kevin Hageman
원작: 레고Lego Construction Toys

레이더스 RAIDERS OF THE LOST ARK
미국/1981년
감독: 스티븐 스필버그Steven Spielberg
시나리오: 로렌스 캐스단Lawrence Kasdan
원안: 조지 루카스George Lucas, 필립 카우프만 Philip Kaufman

로건 LOGAN
미국/2017년
감독: 제임스 맨골드James Mangold
시나리오: 제임스 맨골드, 스콧 프랭크Scott Frank, 마이클 그린Michael Green

로맨싱 스톤 ROMANCING THE STONE
미국/1984년
감독: 로버트 저메키스Robert Zemeckis
시나리오: 다이앤 토마스Diane Thomas, 렘 돕스Lem Dobbs, 하워드 프랭클린Howard Franklin

록키 ROCKY
미국/1976년
감독: 존 어빌드센John G. Avildsen
시나리오: 실베스터 스텔론Sylvester Stallone

루퍼 LOOPER
미국, 중국/2012년
감독, 시나리오: 라이언 존슨Rian Johnson

리썰 웨폰 LETHAL WEAPON
미국/1987년
감독: 리처드 도너Richard Donner
시나리오: 셰인 블랙Shane Black

말타의 매 THE MALTESE FALCON
미국/1941년
감독, 시나리오: 존 휴스턴John Huston
원작: 대실 해밋Dashiell Hammit의 소설

매드 맥스2 MAD MAX 2: THE ROAD WARRIOR
오스트레일리아/1981년
감독: 조지 밀러George Miller
시나리오: 테리 헤이즈Terry Hayes, 조지 밀러, 브라이언 헤넌트Brian Hannant

매그니피센트 7 THE MAGNIFICENT SEVEN
미국/2016년
감독: 안톤 후쿠아Antoine Fuqua
시나리오: 닉 피촐라토Nic Pizzolatto, 리처드 웬크 Richard Wenk
원작: 존 스터지스John Sturges의 영화 「황야의 7인」, 구로사와 아키라Akira Kurosawa의 영화 「7인의 사무라이」

매트릭스 MATRIX
미국/1999년
감독, 시나리오: 릴리 워쇼스키Lilly Wachowski, 라나 워쇼스키Lana Wachowski

매트릭스 리로디드 THE MATRIX RELOADED
미국/2003년
감독, 시나리오: 릴리 워쇼스키Lilly Wachowski, 라나 워쇼스키Lana Wachowski

맨 오브 스틸 MAN OF STEEL
미국, 캐나다/2013년
감독: 잭 스나이더Zack Snyder

시나리오: 데이빗 S. 고이어David S. Goyer, 제리 시겔Jerry Siegel
원안: 데이빗 S. 고이어, 크리스토퍼 놀란 Christopher Nolan

맨 온 파이어 MAN ON FIRE
미국, 영국/2004년
감독: 토니 스콧Tony Scott
시나리오: A. J. 퀴넬A. J. Quinnell, 브라이언 헬겔랜드Brian Helgeland

맨 인 블랙 MEN IN BLACK
미국/1997년
감독: 배리 소넨필드Barry Sonnenfeld
시나리오: 에드 솔로몬Ed Solomon
원작: 로웰 커닝햄Lowell Cunningham의 만화

몬티 파이튼의 성배 MONTY PYTHON AND THE HOLY GRAIL
영국/1975년
감독: 테리 길리엄Terry Gilliam, 테리 존스Terry Jones
시나리오: 그레이엄 채프먼Graham Chapman, 존 클리즈John Cleese, 에릭 아이들Eric Idle

무법자 조시 웰즈 THE OUTLAW JOSEY WALES
미국/1976년
감독: 클린트 이스트우드Clint Eastwood
시나리오: 필립 카우프만Philip Kaufman, 소니아 체너스Sonia Chernus
원작: 포리스트 카터Forrest Carter의 소설

미션 임파서블: 고스트 프로토콜 MISSION: IMPOSSIBLE - GHOST PROTOCOL
미국/2011년
감독: 브래드 버드Brad Bird
시나리오: 브루스 겔러Bruce Geller, 조시 애펠바움Josh Appelbaum, 안드레 네멕André Nemec

미션 임파서블: 로그 네이션 MISSION: IMPOSSIBLE - ROGUE NATION
미국/2015년
감독: 크리스토퍼 맥쿼리Christopher McQuarrie
시나리오: 브루스 겔러Bruce Geller, 크리스토퍼 맥쿼리, 드류 피어스Drew Pearce

미션 임파서블: 폴 아웃 MISSION: IMPOSSIBLE - FALLOUT
미국/2018년
감독: 크리스토퍼 맥쿼리Christopher McQuarrie
시나리오: 브루스 겔러Bruce Geller, 크리스토퍼 맥쿼리

반지의 제왕 3부작 THE LORD OF THE RINGS
미국/2001, 2002, 2003년
감독: 피터 잭슨Peter Jackson
시나리오: 프랜 월시Fran Walsh, 필리파 보엔스 Philippa Boyens, 스티븐 싱클레어Stephen Sinclair, 피터 잭슨
원작: J.R.R. 톨킨J.R.R. Tolkien의 소설

배트맨: 유령의 마스크 BATMAN: MASK OF THE PHANTASM
미국/1993년
감독: 케빈 알티에리Kevin Altieri, 보이드 커클랜드 Boyd Kirkland, 프랭크 포어Frank Paur
Writers
시나리오: 앨런 버넷Alan Burnett, 폴 디니Paul Dini, 마틴 파스코Martin Pasko

배트맨 비긴즈 BATMAN BEGINS
미국/2005년

감독: 크리스토퍼 놀란Christopher Nolan
시나리오: 밥 케인Bob Kane, 데이빗 S. 고이어
David S. Goyer, 크리스토퍼 놀란

배트맨 대 슈퍼맨: 저스티스의 시작 BATMAN V SUPERMAN: DAWN OF JUSTICE

미국/2016년
감독: 잭 스나이더Zack Snyder
시나리오: 밥 케인Bob Kane,
제리 시겔Jerry Siegel, 빌 핑거Bill Finger

백악관 최후의 날 OLYMPUS HAS FALLEN

미국/2013년
감독: 안톤 후쿠아Antoine Fuqua
시나리오: 크레이튼 로텐베르거Creighton Rothenberger, 카트린 베네딕트Katrin Benedikt

백 투 더 퓨처 BACK TO THE FUTURE

미국/1985년
감독: 로버트 저메키스Robert Zemeckis
시나리오: 로버트 저메키스, 밥 게일Bob Gale

백 투 더 퓨처 2 BACK TO THE FUTURE 2

미국/1989년
감독: 로버트 저메키스Robert Zemeckis
시나리오: 로버트 저메키스, 밥 게일Bob Gale

백 투 더 퓨쳐 3 BACK TO THE FUTURE 3

미국/1990년
감독: 로버트 저메키스Robert Zemeckis
시나리오: 로버트 저메키스, 밥 게일Bob Gale

본 슈프리머시 THE BOURNE SUPREMACY

미국, 독일/2004년
감독: 폴 그린그래스Paul Greengrass
시나리오: 토니 길로이Tony Gilroy
원작: 로버트 러들럼Robert Ludlum의 소설

본 아이덴티티 THE BOURNE IDENTITY

미국/2002년
감독: 더그 라이먼Doug Liman
시나리오: 토니 길로이Tony Gilroy, 윌리엄 블레이크 헤런William Blake Herron
원작: 로버트 러들럼Robert Ludlum의 소설

본 얼티메이텀 THE BOURNE ULTIMATUM

미국, 독일/2007년
감독: 폴 그린그래스Paul Greengrass
시나리오: 토니 길로이Tony Gilroy, 스콧 Z. 번스 Scott Z. Burns, 조지 놀피George Nolfi
원작: 로버트 러들럼Robert Ludlum의 소설

북북서로 진로를 돌려라 NORTH BY NORTHWEST

미국/1959년
감독: 알프레드 히치콕Alfred Hitchcock
시나리오: 어니스트 리먼Ernest Lehman

분노의 주먹 RAGING BULL

미국/1980년
감독: 마틴 스콜세지Martin Scorsese
시나리오: 폴 슈라더Paul Schrader, 마딕 마틴 Mardik Martin
원작: 제이크 라 모타Jake La Motta, 피터 새비지 Peter Savage, 조셉 카터Joseph Carter

분노의 질주 THE FAST AND THE FURIOUS

미국/2001년
감독: 롭 코헨Rob Cohen
시나리오: 게리 스콧 톰슨Gary Scott Thompson, 켄 리Ken Li, 에리크 베그퀴스트Erik Bergquist

분노의 질주: 더 얼티메이트 Fast & Furious 9 THE FAST SAGA
미국/2021년
감독: 저스틴 린Justin Lin
시나리오: 다니엘 케이시Daniel Casey, 저스틴 린, 알프레도 보텔로Alfredo Botello

브레이브 원 THE BRAVE ONE
미국, 오스트레일리아/2007년
감독: 닐 조던Neil Jordan
시나리오: 로데릭 테일러Roderick Taylor, 브루스 A. 테일러Bruce A. Taylor, 신시아 모트 Cynthia Mort

브레이브하트 BRAVEHEART
미국/1995년
감독: 멜 깁슨Mel Gibson
시나리오: 랜달 웰러스Randall Wallace

블랙클랜스맨 BLACKKKLANSMAN
미국/2018년
감독: 스파이크 리Spike Lee
시나리오: 찰리 왓첼Charlie Wachtel, 데이빗 라비노위츠David Rabinowitz, 케빈 윌못 Kevin Willmott

블랙 팬서 BLACK PANTHER
미국/2018년
감독: 라이언 쿠글러Ryan Coogler
시나리오: 라이언 쿠글러, 조 로버트 콜Joe Robert Cole
원작: 스탠 리Stan Lee의 만화

뻐꾸기 둥지 위로 날아간 새 ONE FLEW OVER THE CUCKOO'S NEST
미국/1975년
감독: 밀로스 포만Milos Forman
시나리오: 로렌스 하우벤Lawrence Hauben, 보 골드먼Bo Goldman, 켄 케시Ken Kesey

삼국-무영자 SHADOW
중국/2018년
감독, 시나리오: 장이머우張藝謀

삼총사 THE THREE MUSKETEERS
미국, 오스트리아, 영국/1993년
감독: 스티븐 헤렉Stephen Herek
시나리오: 데이비드 루어리David Loughery
원작: 알렉상드르 뒤마Alexandre Dumas의 소설

색, 계 LUST, CAUTION
미국, 중국, 홍콩, 대만/2007년
감독: 리안Ang Lee
시나리오: 왕후이링Wang Hui-ling, 제임스 샤머스James Schamus
원작: 장아이링Eileen Chang의 소설

샤이닝 THE SHINING
미국/1980년
감독: 스탠리 큐브릭Stanley Kubrick
시나리오: 다이앤 존슨Diane Johnson, 스탠리 큐브릭
원작: 스티븐 킹Stephen King의 소설

성룡의 폴리스 스토리 4 JACKIE CHAN'S FIRST STRIKE
홍콩/1996년
감독: 당계례唐季礼
시나리오: 당계례, 그레그 멜럿Greg Mellott, 닉 트래몬테인Nick Tramontane 외

셰인 SHANE

미국/1953년
감독: 조지 스티븐스George Stevens
시나리오: A.B. 구스리 주니어A.B. Guthrie Jr., 잭 셔Jack Sher
원작: 잭 섀퍼Jack Schaefer의 소설

슈퍼맨 SUPERMAN

영국/1978년
감독: 리처드 도너Richard Donner
시나리오: 마리오 푸조Mario Puzo, 데이비드 뉴먼 David Newman, 레슬리 뉴먼Leslie Newman, 로버트 벤튼Robert Benton, 톰 맨키비츠Tom Mankiewicz(크레디트에는 빠짐)
원작: 제리 시겔Jerry Siegel과 조 셔스터Joe Shuster의 만화

슈퍼맨 2 SUPERMAN II

영국, 미국/1980년
감독: 리처드 레스터Richard Lester
시나리오: 마리오 푸조Mario Puzo, 데이비드 뉴먼 David Newman, 레슬리 뉴먼Leslie Newman
원작: 제리 시겔Jerry Siegel과 조 셔스터Joe Shuster의 만화

스타워즈 4: 새로운 희망 STAR WARS: EPISODE IV - A NEW HOPE

미국/1977년
감독, 시나리오: 조지 루카스George Lucas

스타워즈 5: 제국의 역습 STAR WARS: EPISODE V-THE EMPIRE STRIKES BACK

미국/1980년
감독: 어빈 커슈너Irvin Kershner
시나리오: 리 브래킷Leigh Brackett, 로렌스 캐스단Lawrence Kasdan
원안: 조지 루카스George Lucas

스타워즈 6: 제다이의 귀환 STAR WARS: EPISODE VI-THE RETURN OF THE JEDI

미국/1983년
감독: 리처드 마콴드Richard Marquand
시나리오: 로렌스 캐스단Lawrence Kasdan, 조지 루카스George Lucas
원안: 조지 루카스

스타 트렉 STAR TREK: THE MOTION PICTURE

미국/1979년
감독: 로버트 와이즈Robert Wise
시나리오: 진 로든버리Gene Roddenberry, 해롤드 리빙스톤Harold Livingston, 앨런 딘 포스터 Alan Dean Foster

스타 트렉 2: 칸의 분노 STAR TREK II: THE WRATH OF KHAN

미국/1982년
감독: 니콜라스 메이어Nicholas Meyer
시나리오: 진 로든버리Gene Roddenberry, 잭 B. 소워즈Jack B. Sowards, 하브 베넷Harve Bennett

스타 트렉 3: 스팍을 찾아서 STAR TREK III: THE SEARCH FOR SPOCK

미국/1984년
감독: 레너드 니모이Leonard Nimoy
시나리오: 진 로든버리Gene Roddenberry, 하브 베넷Harve Bennett

스타 트렉 다크니스 STAR TREK INTO DARKNESS

미국/2013년
감독: J. J. 에이브럼스J. J. Abrams

시나리오: 로베르토 오르시Roberto Orci,
앨릭스 커츠먼Alex Kurtzman,
데이먼 린들로프Damon Lindelof

스파르타쿠스 SPARTACUS

미국/1960년
감독: 스탠리 큐브릭Stanley Kubrick
시나리오: 달턴 트럼보Dalton Trumbo,
칼더 윌링햄Calder Willingham(전투 장면,
이하 크레디트에는 빠짐),
피터 우스티노프Peter Ustinov
원작: 하워드 패스트Howard Fast의 소설

스피드 SPEED

미국/1994년
감독: 얀 드 봉Jan De Bont
시나리오: 그레이엄 요스트Graham Yost

십자군 THE CRUSADES

미국/1935년
감독: 세실 B. 드밀Cecil B. DeMille
시나리오: 해롤드 램Harold Lamb, 월드머 영
Waldemar Young, 더들리 니콜스Dudley
Nichols

아르고 ARGO

미국/2012년
감독: 벤 애플렉Ben Affleck
시나리오: 크리스 테리오Chris Terrio
원작: 토니 멘데스Tony Mendez의 책

아마겟돈 ARMAGEDDON

미국/1998년
감독: 마이클 베이Michael Bay
시나리오: 조나단 헨슬레이Jonathan Hensleigh,
J. J. 에이브럼스J. J. Abrams,
토니 길로이Tony Gilroy

아바타 AVATAR

미국/2009년
감독, 시나리오: 제임스 카메론James Cameron

아이리시맨 THE IRISHMAN

미국/2019년
감독: 마틴 스콜세지Martin Scorsese
시나리오: 스티븐 제일리언Steven Zaillian
원작: 찰스 브랜트Charles Brandt의 책

아이언맨 IRON MAN

미국/2008년
감독: 존 파브로Jon Favreau
시나리오: 마크 퍼거스Mark Fergus, 호크 오스트비
Hawk Ostby, 아트 마컴Art Marcum

아이언맨 3 IRON MAN 3

미국, 중국/2013년
감독: 셰인 블랙Shane Black
시나리오: 드루 피어스Drew Pearce , 셰인 블랙
원작: 스탠 리Stan Lee의 만화

아틱 ARCTIC

아이슬란드/2018년
감독: 조 페나Joe Penna
시나리오: 조 페나, 라이언 모리슨Ryan Morrison

앤트맨 ANT-MAN

미국, 영국/2015년
감독: 페이턴 리드Peyton Reed
시나리오: 에드거 라이트Edgar Wright, 조 코니시
Joe Cornish, 애덤 맥케이Adam McKay

양들의 침묵 THE SILENCE OF THE LAMBS
미국/1991년
감독: 조너선 드미Jonathan Demme
시나리오: 테드 탤리Ted Tally
원작: 토머스 해리스Thomas Harris의 소설

어메이징 스파이더맨 THE AMAZING SPIDER-MAN
미국/2012년
감독: 마크 웹Marc Webb
시나리오: 제임스 반더빌트James Vanderbilt, 엘빈 사전트Alvin Sargent, 스티브 클로브스Steve Kloves

어벤져스 THE AVENGERS
미국/2012년
감독, 시나리오: 조스 웨던Joss Whedon
원안: 조스 웨던, 잭 펜Zak Penn

어벤져스: 에이지 오브 울트론 THE AVENGERS: AGE OF ULTRON
미국/2015년
감독, 시나리오: 조스 웨던Joss Whedon
원작: 스탠 리Stan Lee와 잭 커비Jack Kirby의 만화

어벤져스: 엔드게임 AVENGERS: ENDGAME
미국/2019년
감독: 안소니 루소Anthony Russo, 조 루소Joe Russo
시나리오: 크리스토퍼 마커스Christopher Markus, 스티븐 맥피리Stephen McFeely
원작: 스탠 리Stan Lee의 만화

어벤져스: 인피니티 워 AVENGERS: INFINITY WAR
미국/2018년
감독: 안소니 루소Anthony Russo, 조 루소Joe Russo
시나리오: 크리스토퍼 마커스Christopher Markus, 스티븐 맥피리Stephen McFeely
원작: 스탠 리Stan Lee의 만화

언브레이커블 UNBREAKABLE
미국/2020년
감독, 시나리오: M. 나이트 샤말란M. Night Shyamalan

언스토퍼블 UNSTOPPABLE
미국/2010년
감독: 토니 스콧Tony Scott
시나리오: 마크 봄백Mark Bomback

업 UP
미국/2009년
감독: 피트 닥터Pete Docter, 밥 피터슨Bob Peterson
시나리오: 피트 닥터, 밥 피터슨, 토마스 맥카시 Thomas McCarthy

에너미 오브 더 스테이트 ENEMY OF THE STATE
미국/1998년
감독: 토니 스콧Tony Scott
시나리오: 데이빗 마코니David Marconi

에볼루션 EVOLUTION
미국/2001년
감독: 이반 라이트만Ivan Reitman
시나리오: 돈 자코비Don Jakoby, 데이빗 다이

아몬드David Diamond, 데이빗 웨이스만David Weissman

에이리언 ALIEN

미국/1979년
감독: 리들리 스콧Ridley Scott
시나리오: 댄 오베논Dan O'Bannon, 데이비드 길러David Giler(이하 크레디트에는 빠짐), 월터 힐Walter Hill
원안: 댄 오베논, 로널드 슈셋Ronald Shusett

에이리언2 ALIENS

미국/1986년
감독, 시나리오: 제임스 카메론James Cameron
원안: 제임스 카메론, 데이비드 길러David Giler, 월터 힐Walter Hill, 댄 오베논과 로널드 슈셋이 쓴 전편의 인물들을 바탕으로 함

엑스맨 탄생: 울버린 X-MEN ORIGINS: WOLVERINE

미국/2009년
감독: 개빈 후드Gavin Hood
시나리오: 데이비드 베니오프David Benioff, 스킵 우즈Skip Woods

엑스맨: 데이즈 오브 퓨처 패스트 X-MEN: DAYS OF FUTURE PAST

미국/2014년
감독: 브라이언 싱어Bryan Singer
시나리오: 사이먼 킨버그Simon Kinberg, 제인 골드만Jane Goldman, 매튜 본Matthew Vaughn

엑스맨: 퍼스트 클래스 X-MEN: FIRST CLASS

미국/2011년
감독: 매튜 본Matthew Vaughn
시나리오: 애슐리 밀러Ashley Miller, 잭 스텐츠Zack Stentz, 제인 골드만Jane Goldman

엣지 오브 투모로우 EDGE OF TOMORROW

미국/2014년
감독: 더그 라이만Doug Liman
시나리오: 크리스토퍼 맥쿼리Christopher McQuarrie, 제즈 버터워스Jez Butterworth, 존-헨리 버터워스John-Henry Butterworth

올 이즈 로스트 ALL IS LOST

미국/2013년
감독, 시나리오: J. C. 챈더J. C. Chandor

왕이 되려 한 남자 THE MAN WHO WOULD BE KING

미국/1975년
감독: 존 휴스턴John Huston
시나리오: 존 휴스턴, 글래디스 힐Gladys Hill
원작: 러디어드 키플링Rudyard Kipling의 단편 소설

원더우먼 WONDER WOMAN

미국/2017년
감독: 패티 젠킨스Patty Jenkins
시나리오: 앨런 하인버그Allan Heinberg
원작: 윌리엄 몰턴 마스턴William Moulton Marston의 만화

월-E WALL-E

미국/2008년
감독, 시나리오: 앤드류 스탠튼Andrew Stanton

요짐보 YOJIMBO

일본/1961년

감독: 구로사와 아키라黑澤明
시나리오: 구로사와 아키라,
키쿠시마 류조菊島隆三

레이드 THE RAID
인도네시아/2011년
감독, 시나리오: 가렛 에반스Gareth Evans

인디펜던스 데이 INDEPENDENCE DAY
미국/1996년
감독: 롤랜드 에머리히Roland Emmerich
시나리오: 롤랜드 에머리히, 딘 데블린Dean Devlin

인크레더블 THE INCREDIBLES
미국/2004년
감독, 시나리오: 브래드 버드Brad Bird

인크레더블 2 INCREDIBLES 2
미국/2018년
감독, 시나리오: 브래드 버드Brad Bird

인크레더블 헐크 THE INCREDIBLE HULK
미국/2008년
감독: 루이스 리터리어Louis Leterrier
시나리오: 잭 펜Zak Penn
원작: 스탠 리Stan Lee와
잭 커비Jack Kirby의 만화

장고: 분노의 추적자 DJANGO UNCHAINED
미국/2012년
감독, 시나리오: 쿠엔틴 타란티노
Quentin Tarantino

조스 JAWS
미국/1975년
감독: 스티븐 스필버그Steven Spielberg
시나리오: 피터 벤츨리Peter Benchely, 칼 고트리브Carl Gottlieb, 존 밀리어스John Milius(크레디트에는 빠짐), 하워드 새클러Howard Sackler(크레디트에는 빠짐), 로버트 쇼Robert Shaw(크레디트에는 빠짐)
원작: 피터 벤츨리의 소설

존 윅 JOHN WICK
미국/2014년
감독: 채드 스타헬스키Chad Stahelski,
데이빗 레이치David Leitch
시나리오: 데릭 콜스타드Derek Kolstad

존 윅 3: 파라벨룸 JOHN WICK: CHAPTER 3 - PARABELLUM
미국/2019년
감독: 채드 스타헬스키Chad Stahelski
시나리오: 데릭 콜스타드Derek Kolstad, 셰이 해튼Shay Hatten, 크리스 콜린스Chris Collins

주먹왕 랄프 WRECK-IT RALPH
미국/2012년
감독: 리치 무어Rich Moore
시나리오: 리치 무어, 필 존스턴Phil Johnston, 짐 리어든Jim Reardon

카사블랑카 CASABLANCA
미국/1942년
감독: 마이클 커티즈Michael Curtiz
시나리오: 줄리어스 J. 엡스타인Julius J. Epstein, 필립 G. 엡스타인Philip G. Epstein, 하워드 코치 Howard Koch, 케이시 로빈슨Casey Robinson(크레디트에는 빠짐)
원작: 머레이 버넷Murray Burnett과 조안 앨리슨Joan Alison의 미발표 희곡「모두가 릭의 가게에 온다(Everybody Comes to Rick's)」

캡틴 아메리카: 시빌 워 CAPTAIN AMERICA: CIVIL WAR
미국/2016년
감독: 안소니 루소Anthony Russo,
조 루소Joe Russo
시나리오: 크리스토퍼 마커스Christopher Markus,
스티븐 맥피리Stephen McFeely, 조 시몬Joe Simon

캡틴 아메리카: 퍼스트 어벤저 CAPTAIN AMERICA: THE FIRST AVENGER
미국/2011년
감독: 조 존스톤Joe Johnston
시나리오: 크리스토퍼 마커스Christopher Markus, 스티븐 맥피리Stephen McFeely, 조 시몬Joe Simon

캡틴 필립스 CAPTAIN PHILLIPS
미국/2013년
감독: 폴 그린그래스Paul Greengrass
시나리오: 빌 레이Billy Ray
원작: 릴처드 필립스Richard Phillips,
스티븐 탈티Stephan Talty의 책
『A Captain's Duty』

콘스탄틴 CONSTANTINE
미국/2005년
감독: 프란시스 로렌스Francis Lawrence
시나리오: 케빈 브로드빈Kevin Brodbin
원작: 제이미 델라노Jamie Delano,
가스 에니스Garth Ennis의 만화

콰이어트 플레이스 A QUIET PLACE
미국/2018년
감독: 존 크래신스키John Krasinski
시나리오: 존 크래신스키,
브라이언 우즈Bryan Woods, 스콧 벡Scott Beck

쿵푸 허슬 KUNG FU HUSTLE
중국/2004년
감독, 시나리오: 주성치周星馳

킬 빌 KILL BILL: VOL. 1
미국/2003년
감독: 쿠엔틴 타란티노Quentin Tarantino
시나리오: 쿠엔틴 타란티노, 우마 서먼Uma Thurman

킹콩 KING KONG
미국/2005년
감독: 피터 잭슨Peter Jackson
시나리오: 피터 잭슨, 프랜 월시Fran Walsh,
필리파 보엔스Philippa Boyens

태평양의 지옥 HELL IN THE PACIFIC
미국/1968년
감독: 존 부어만John Boorman
시나리오: 알렉산더 제이콥스Alexander Jacobs,
에릭 버코비치Eric Bercovici

터미네이터 THE TERMINATOR
미국/1984년
감독: 제임스 카메론James Cameron
시나리오: 제임스 카메론, 게일 앤 허드Gale Anne Hurd, 할란 엘리슨Harlan Ellison, 윌리엄 위셔 William Wisher

터미네이터 2: 심판의 날 TERMINATOR 2: JUDGMENT DAY
미국, 프랑스/1991년
감독: 제임스 카메론James Cameron

시나리오: 제임스 카메론, 윌리엄 위셔William Wisher

터미네이터 3: 라이즈 오브 더 머신 TERMINATOR 3: RISE OF THE MACHINES

미국, 독일/2003년
감독: 조나단 모스토우Jonathan Mostow
시나리오: 존 브란카토John Brancato, 마이클 페리스Michael Ferris, 테디 사라피안Tedi Sarafian

테넷 TENET

미국, 영국/2020년
감독, 시나리오: 크리스토퍼 놀란Christopher Nolan

테이큰 TAKEN

프랑스, 미국/2008년
감독: 피에르 모렐Pierre Morel
시나리오: 뤽 베송Luc Besson, 로버트 마크 캐먼 Robert Mark Kamen

토르: 다크 월드 THOR: THE DARK WORLD

미국/2013년
감독: 앨런 테일러Alan Taylor
시나리오: 크리스토퍼 요스트Christopher Yost, 크리스토퍼 마커스Christopher Markus, 스티븐 맥필리Stephen McFeely
원작: 스탠 리Stan Lee와 잭 커비Jack Kirby의 만화

토르: 라그나로크 THOR: RAGNAROK

미국/2017년
감독: 타이카 와이티티Taika Waititi
시나리오: 에릭 피어슨Eric Pearson, 크레이그 카일Craig Kyle, 크리스토퍼 요스트 Christopher Yost

토이 스토리 3 TOY STORY 3

미국/2010년
감독: 리 언크리치Lee Unkrich
시나리오: 존 래시터John Lasseter, 앤드류 스탠튼Andrew Stanton, 리 언크리치

트랜스포머: 더 무비 THE TRANSFORMERS: THE MOVIE

미국, 일본/1986년
감독: 넬슨 신Nelson Shin
시나리오: 란 프리드먼Ron Friedman, 플린트 딜Flint Dille, 더글러스 부스Douglas Booth

트로이 TROY

미국/2004년
감독: 볼프강 페테르젠Wolfgang Petersen
시나리오: 데이비드 베니오프David Benioff
원작: 호메로스Homer의 일리아스

패튼 대전차 군단 PATTON

미국/1970년
감독: 프랭클린 J.샤프너Franklin J. Schaffner
시나리오: 프란시스 포드 코폴라Francis Ford Coppola, 에드먼드 H 노스Edmund H. North
원작: 라디슬라스 파라고Ladislas Farago의 책

퍼펙트 스톰 THE PERFECT STORM

미국/2000년
감독: 볼프강 페테르젠Wolfgang Petersen
시나리오: 세바스찬 융거Sebastian Junger, 윌리엄 D. 위틀리프William D. Wittliff

페이스 오프 FACE/OFF

미국/1997년
감독: 오우삼吳宇森

시나리오: 마이크 워브Mike Werb, 마이클 콜리어리Michael Colleary

포드 V 페라리 FORD V FERRARI

미국/2019년
감독: 제임스 맨골드James Mangold
시나리오: 제즈 버터워스Jez Butterworth,
존-헨리 버터워스John-Henry Butterworth,
제이슨 켈러Jason Keller

푸른 골짜기 FERNGULLY

오스트레일리아, 미국/1992년
감독: 빌 크로이어Bill Kroyer
시나리오: 짐 콕스Jim Cox, 다이아나 영Diana Young

퓨리 FURY

미국,영국/2014년
감독, 시나리오: 데이비드 에이어David Ayer

프라미싱 영 우먼 PROMISING YOUNG WOMAN

미국/2020년
감독, 시나리오: 에머럴드 피넬Emerald Fennell

프레데터 PREDATOR

미국/1987년
감독: 존 맥티어난John McTiernan
시나리오: 짐 토머스Jim Thomas, 존 토머스John Thomas

프렌치 커넥션 THE FRENCH CONNECTION

미국/1971년
감독: 윌리엄 프리드킨William Friedkin
시나리오: 어네스트 타이디먼Ernest Tidyman
원작: 로빈 무어Robin Moore의 소설

해리 브라운 HARRY BROWN

영국/2009년
감독: 다니엘 바버Daniel Barber
시나리오: 게리 영Gary Young

헝거 게임 THE HUNGER GAMES

미국/2012년
감독: 게리 로즈Gary Ross
시나리오: 게리 로즈, 빌리 레이Billy Ray
원작 : 수잔 콜린스Suzanne Collins의 소설

황야의 무법자 A FISTFUL OF DOLLARS

독일, 스페인, 이탈리아/1964년
감독: 세르조 레오네Sergio Leone
시나리오: 안드리아노 볼조니Adriano Bolzoni,
마크 로웰Mark Lowell,
빅터 안드레스 카테나Víctor Andrés Catena

TV 및 롱폼 시리즈

24

미국/2001년~2010년(시즌 1~9)
크리에이터: 로버트 코크런Robert Cochran,
조엘 서노우Joel Surnow
감독: 존 카사르Jon Cassar,
브래드 터너Brad Turner 외
시나리오: 로버트 코크런, 조엘 서노우 외

고담 GOTHAM

미국/2014-2019년(시즌1~3)
크리에이터: 브루노 헬러Bruno Heller
감독: 롭 베일리Rob Bailey, 대니 캐논Danny
Cannon 외
시나리오: 브루노 헬러, 빌 핑거Bill Finger 외
원작: 만화 배트맨 시리즈

닥터 후 DOCTOR WHO

영국/2005년~
크리에이터: 시드니 뉴먼Sydney Newman
감독: 그레이엄 하퍼Graeme Harper,
유로스 린Euros Lyn 외
시나리오: 스티븐 모팻Steven Moffat,
러셀 T. 데이비스Russell T. Davies 외

더 굿 로드 버드 THE GOOD LORD BIRD

미국/2020년(7부작)
크리에이터: 에단 호크Ethan Hawke
감독: 케빈 훅스Kevin Hooks, 하이파 알 만수르
Haifaa Al-Mansour 외
시나리오: 에단 호크, 제임스 맥브라이드
James McBride 외

만달로리언 THE MANDALORIAN

미국/2019년~
크리에이터: 존 파브로Jon Favreau
감독: 릭 파미아Rick Famuyiwa,
브라이스 달라스 하워드Bryce Dallas Howard 외
시나리오: 존 파브로, 데이브 필로니Dave Filoni,
릭 파미아 외

메어 오브 이스트타운 MARE OF EASTTOWN

미국/2021년(7부작)
크리에이터: 브래드 인겔스비Brad Ingelsby
감독: 크레이그 조벨Craig Zobel
시나리오: 브래드 인겔스비

바이킹스 VIKINGS

캐나다, 아일랜드/2013년~2020년(시즌 1~6)
크리에이터: 마이클 허스트Michael Hirst
감독: 시아란 도넬리Ciaran Donnelly 외
시나리오: 마이클 허스트 외

슈퍼맨: 애니메이션 SUPERMAN: THE ANIMATED SERIES

미국/1996~2000년(시즌)
크리에이터: 제리 시겔Jerry Siegel, 조 셔스터Joe
Shuster, 밥 케인Bob Kane
감독: 커트 게다Curt Geda, 댄 리바Dan Riba 외
시나리오: 폴 디니Paul Dini, 밥 골드먼Bob
Goodman, 앨런 버넷Alan Burnett 외
원작: 제리 시겔Jerry Siegel과 조 셔스터
Joe Shuster의 만화

왕좌의 게임 GAME OF THRONES

미국/2011년~2019년(시즌 1~8)
크리에이터: 데이비드 베니오프David Benioff,
D. B. 와이스D.B. Weiss
감독: 앨런 테일러Alan Taylor,

다니엘 미나한Daniel Minahan,
팀 반 패튼Timothy Van Patten,
브라이언 커크Brian Kirk 외
시나리오: 데이비드 베니오프,
조지 R.R. 마틴George R.R. Martin,
D.B. 와이스 외
원작: 조지 R.R. 마틴의 판타지 소설
「얼음과 불의 노래(A Song of Ice and Fire)」

저스티스 리그 언리미티드 JUSTICE LEAGUE UNLIMITED
미국/2004~2006년
크리에이터: 잭 커비Jack Kirby
감독: 조아킴 도스 샌토스Joaquim Dos Santos,
댄 리바Dan Riba
시나리오: 드웨인 맥더피Dwayne McDuffie,
J.M. 드마티스J.M. DeMatteis 외

소설

1984
조지 오웰George Orwell
영국/1949년

노인과 바다 THE OLD MAN AND THE SEA
어니스트 헤밍웨이Ernest Hemingway
미국/1951

모르그 가의 살인 사건 THE MURDERS IN THE RUE MORGUE
에드거 앨런 포Edgar Allan Poe
미국/1841년

모비딕 MOBY-DICK
허먼 멜빌Herman Melville
미국/1851년

반지의 제왕 THE LORD OF THE RINGS
J. R. R. 톨킨J. R. R. Tolkien
영국/1954~1955년

본 THE BOURNE IDENTITY, THE BOURNE SUPREMACY, THE BOURNE ULTIMATUM
로버트 러들럼Robert Ludlum
미국/1980~1990

사조영웅전 射鵰英雄傳
김용金庸
홍콩/1957년

시녀 이야기 THE HANDMAID'S TALE
마거릿 애트우드Margaret Atwood
캐나다/1985년

언더그라운드 레일로드 THE UNDERGROUND RAILROAD
콜슨 화이트헤드Colson Whitehead
미국/2016년

얼어붙은 바다 THE NORTH WATER
이언 맥과이어Ian McGuire
영국/2016년

얼음과 불의 노래 A SONG OF ICE AND FIRE
조지 마틴George R. R. Martin
미국/1996년~

왕이 되려 한 남자 THE MAN WHO WOULD BE KING
러디어드 키플링Rudyard Kipling
영국/1888년

조스 JAWS
피터 벤츨리Peter Benchley
미국/1974년

해리 포터 HARRY POTTER
J. K. 롤링J. K. Rowling
영국/1997~2007

희곡

개구리 THE FROGS
아리스토파네스Aristophanes
그리스/기원전 5세기

구름 THE CLOUDS
아리스토파네스Aristophanes
그리스/기원전 5세기

덴마크 왕자 햄릿의 비극 THE TRAGEDY OF HAMLET, PRINCE OF DENMARK
윌리엄 셰익스피어 William Shakespeare
영국/1603년

말벌들 THE WASPS
아리스토파네스Aristophanes
그리스/기원전 5세기

안티고네 ANTIGONE
소포클레스Sophocles
그리스/기원전 4세기

서사시

길가메시 서사시 EPIC OF GILGAMESH
작자미상
바빌로니아/기원전 28세기

베어울프 BEOWULF
작자미상
북유럽/8~9세기

오디세이아 ODYSSEIA
호메로스Homeros
그리스/기원전 8세기

일리아스 ILIAS
호메로스Homeros
그리스/기원전 8세기

만화

공각기동대 攻殼機動隊
시로 마사무네 士郎正宗
일본/1989~1997년

땡땡의 모험 LES AVENTURES DE TINTIN
에르제Hergé
벨기에/1929~1976년

럭키 루크 LUCKY LUKE
모리스 드 베베르Maurice De Bevere

벨기에/1970년대

북두의 권 北斗の拳
부론손 武論尊, 하라 테츠오原哲夫
일본/1983~1988년

아스테릭스 ASTÉRIX
르네 고시니René Goscinny,
알베르 우데르조Albert Uderzo
프랑스/1959~2009년

아키라 AKIRA
오토모 카츠히로 大友克洋
일본/1982~1990

진격의 거인 進撃の巨人
이사야마 하지메
일본/2009~2021

게임

그랜드 테프트 오토 V GRAND THEFT AUTO V
오픈 월드 액션 어드벤처
락스타 게임즈/2013년

레드 데드 리뎀션II RED DEAD REDEMPTION II
오픈 월드 액션 어드벤처
락스타 게임즈/2019년

월드 오브 워크래프트 WORLD OF WARCRAFT
MMORPG
블리자드 엔터테인먼트/2004년

젤다의 전설: 야생의 숨결 THE LEGEND OF ZELDA: BREATH OF THE WILD
3인칭 오픈 에어 액션 어드벤처
닌텐도/2017년

헤일로 HALO
FPS
번지/2001년

뮤지컬

스파이더맨 SPIDER-MAN: TURN OFF THE DARK
보노Bono, 디 엣지The Edge
미국/2011년

라이온 킹 THE LION KING
줄리 테이머Julie Taymor, 엘튼 존Elton John,
팀 라이스Tim Rice
미국/1997
원작: 디즈니의 애니메이션

인명 원어 표기

J. K. 롤링 J. K. Rowling
J. R. R. 톨킨 J. R. R. Tolkien
김용 金庸
데이브 기븐스 Dave Gibbons
덴젤 워싱턴 Denzel Washington
라나 워쇼스키 Lana Wachowski
러디어드 키플링 Rudyard Kipling
로버트 러들럼 Robert Ludlum
로버트 레드포드 Robert Redford
리처드 닉슨 Richard Nixon
릴리 워쇼스키 Lilly Wachowski
사드 Sade
성룡 成龙
세실 B. 드밀 Cecil B. DeMille
소포클레스 Sophocles
아리스토파네스 Aristophanes
아서 코난 도일 Arthur Conan Doyle
알프레드 히치콕 Alfred Hitchcock
앨런 무어 Alan Moore
앵거스 맥파일 Angus MacPhail
어니스트 리먼 Ernest Lehman
어니스트 헤밍웨이 Ernest Hemingway
에드거 앨런 포 Edgar Allan Poe
오토 랑크 Otto Rank
윌리엄 셰익스피어 William Shakespeare
이언 맥과이어 Ian McGuire
조지 R. R. 마틴 George R. R. Martin
제임스 카메론 James Cameron
조지 루카스 George Lucas
조지 오웰 George Orwell
조지프 캠벨 Joseph Campbell
찰스 디킨슨 Charles Dickens
칼 융 Carl Jung
크리스토퍼 밀러 Christopher Miller
프레드 아스테어 Fred Astaire
피터 벤츨리 Peter Benchley

필 로드 Phil Lord
허먼 멜빌 Herman Melville
헨릭 입센 Henrik Ibsen
호메로스 Homeros

옮긴이 | 방진이

연세대학교 정치외교학과를 졸업하고, 같은 대학교 국제학대학원에서 국제무역과 국제금융을 공부했다. 현재 펍헙 번역 그룹에서 전문 번역가로 활동하고 있다. 옮긴 책으로 『어머니를 돌보다』,『내 삶의 이야기를 쓰는 법』,『보호받고 있다는 착각』,『작가를 위한 세계관 구축법: 구동 편』,『우연한 생』 등이 있다.

로버트 맥키의 액션 시나리오 어떻게 쓸 것인가 4

1판 1쇄 찍음 2024년 1월 15일
1판 1쇄 펴냄 2024년 1월 24일

지은이 | 로버트 맥키 · 바심 엘-와킬
옮긴이 | 방진이
발행인 | 박근섭
책임편집 | 정지영
펴낸곳 | ㈜민음인

출판등록 | 2009. 10. 8 (제2009-000273호)
주소 | 06027 서울 강남구 도산대로 1길 62 강남출판문화센터 5층
전화 | **영업부** 515-2000 **편집부** 3446-8774 **팩시밀리** 515-2007
홈페이지 | minumin.minumsa.com

도서 파본 등의 이유로 반송이 필요할 경우에는 구매처에서 교환하시고
출판사 교환이 필요할 경우에는 아래 주소로 반송 사유를 적어 도서와 함께 보내주세요.
06027 서울 강남구 도산대로 1길 62 강남출판문화센터 6층 민음인 마케팅부

ISBN 979-11-7052-364-2 04680

㈜민음인은 민음사 출판 그룹의 자회사입니다.